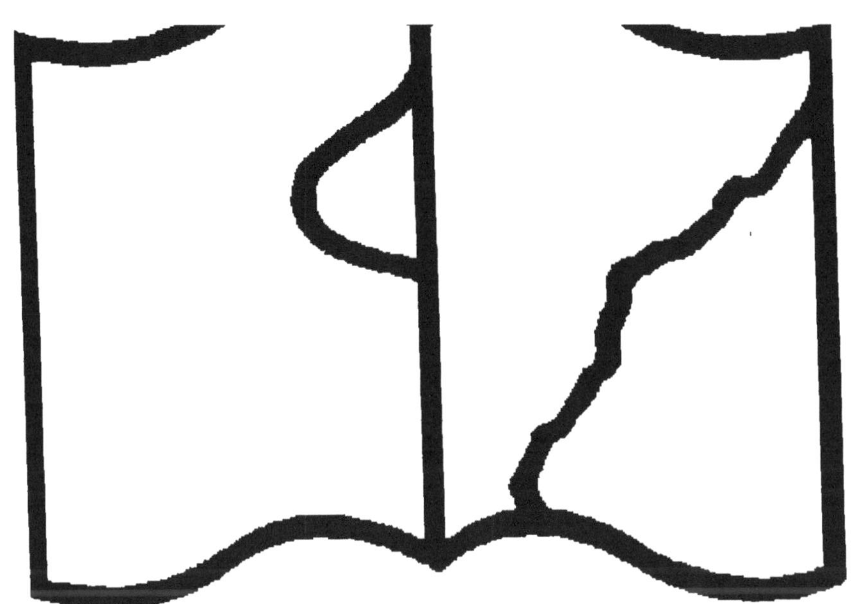

A
B

A monsieur Renan, membre de l'institut

Hommage très-respectueux

Lebègue

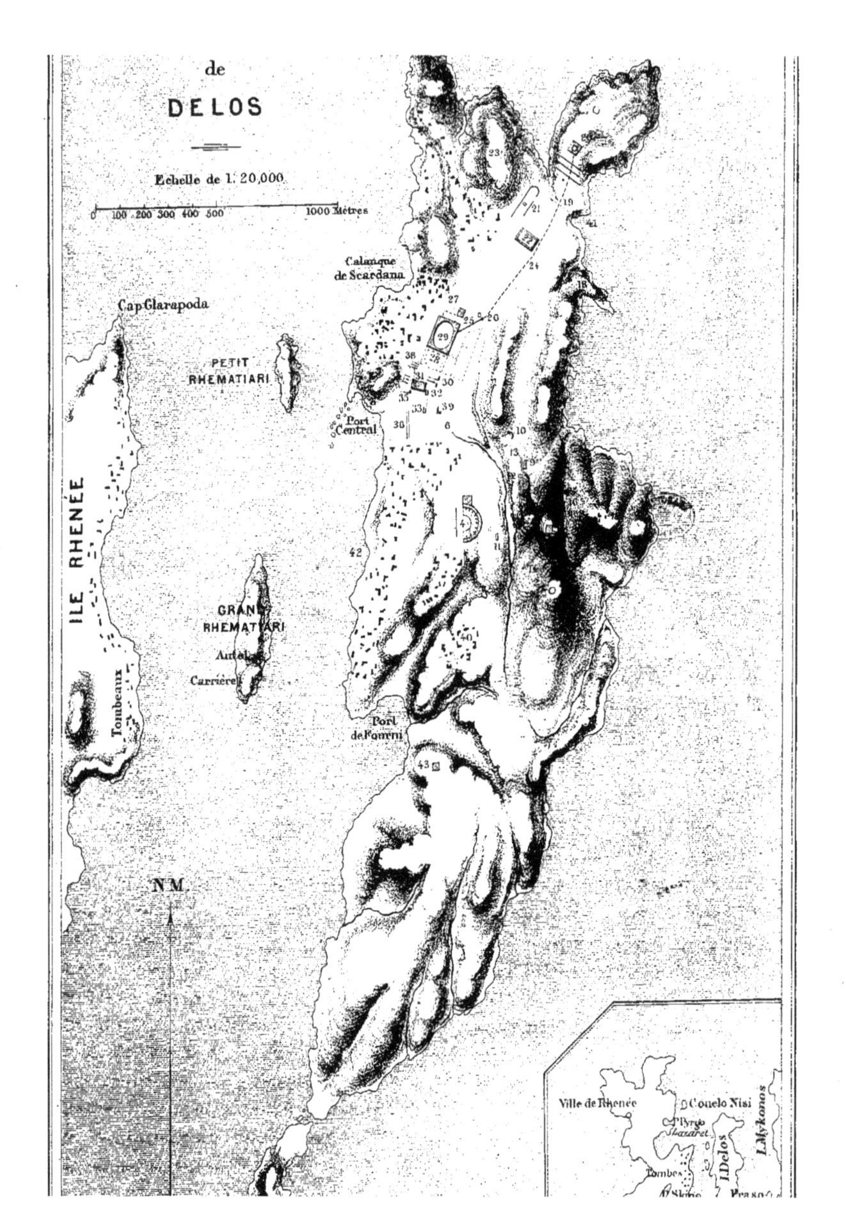
de
DELOS
Echelle de 1: 20,000
0 100 200 300 400 500 1000 Mètres
Calanque de Scardana
Cap Glarapoda
PETIT RHEMATIARI
Port Central
ILE RHENÉE
GRAND RHEMATIARI
Carrière
Tombeaux
Port de Fourni
N.M.
Ville de Rhenée
Lazaret
Tombes
I. Delos
I. Mykonos

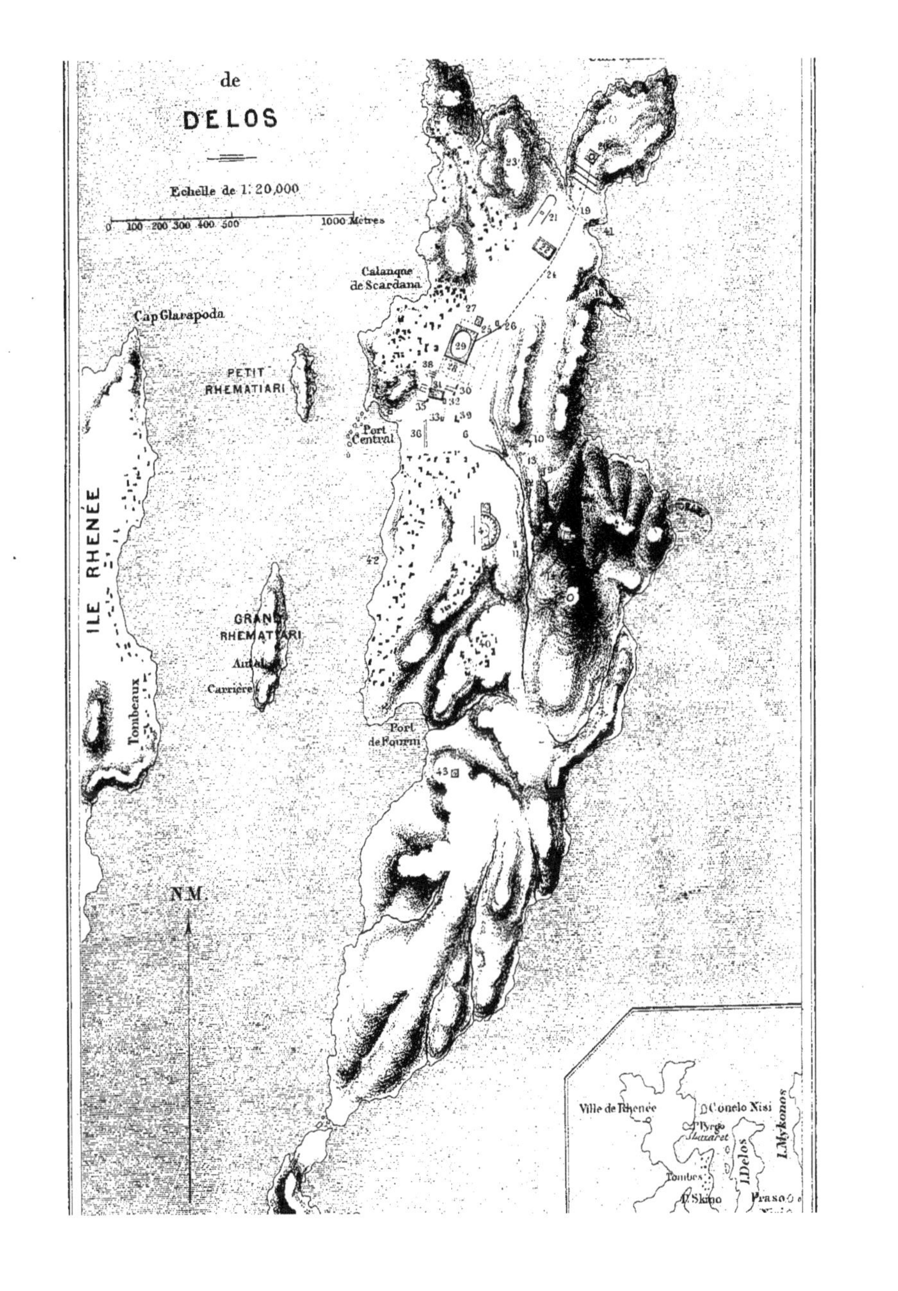
de
DELOS
Echelle de 1: 20,000
0 100 200 300 400 500 1000 Mètres
Calanque de Scardana
Cap Glarapoda
PETIT RHEMATIARI
Port Central
ILE RHENÉE
GRAND RHEMATIARI
Carrière
Tombeaux
Port de Fourni
N.M.
Ville de Rhenée
Conelo Nisi
Pyrgo
Lazaret
Tombes
I. Delos
L. Mykonos

ILE
de
DELOS

C. Camilla

Chersonisos

Gravé par Erhard, 12 Rue Duguay-Trouin

Imp. Monrocq 3 Rue Suger.

RECHERCHES

SUR

DÉLOS

RECHERCHES
SUR
DÉLOS

PAR

J. Albert LEBÈGUE

ANCIEN ÉLÈVE DE L'ÉCOLE D'ATHÈNES
DOCTEUR ÈS-LETTRES

PARIS
E. THORIN, LIBRAIRE-ÉDITEUR
7, RUE DE MÉDICIS, 7

1876

A MONSIEUR ÉMILE BURNOUF

ANCIEN DIRECTEUR DE L'ÉCOLE D'ATHÈNES

Son élève respectueux,

J. ALBERT **LEBÈGUE.**

AVANT-PROPOS

Ce livre se divise en deux parties : la première contient l'exposé de récentes découvertes ; la seconde est consacrée à la mythologie et à l'histoire de Délos. Ces deux parties s'expliquent et se soutiennent; mais, traitées par des méthodes différentes, elles doivent rester séparées. On établit la réalité d'une découverte par une série de discussions et d'analyses ; la mythologie et l'histoire font ensuite la synthèse de ces documents que l'archéologie a trouvés, puis expliqués.

Ils m'ont appris quelques vérités certaines, mais parfois aussi ils m'ont conduit à des hypothèses. Je n'exposerai que les plus vraisemblables, et je tâcherai de faire savoir avec précision quelle confiance chacune d'elles m'inspire. Les moins solidement établies ne paraîtront que dans les notes.

Un travail d'érudition ne doit pas dissimuler ses lacunes. Les recherches de l'explorateur se sont arrêtées quand le temps ou les forces lui ont fait défaut. — Il reste à dresser une carte de l'île qui soit tout-à-fait exacte et complète, à relever le plan de plusieurs temples, à fouiller, à restaurer quelques-uns d'entre eux. J'indiquerai quelles places doivent surtout provoquer l'attention de la science.

La première partie de ce livre se subdivise en trois chapitres. Le premier renferme quelques documents de bibliographie surtout et de géographie; les deux suivants sont consacrés l'un au sanctuaire primitif d'Apollon prophète, découvert sur le flanc du Cynthe, l'autre au temple de Jupiter Cynthien et de Minerve Cynthienne, déblayé au sommet de la montagne.

La seconde partie comprend deux chapitres. Le premier traite des dieux déliens, de leurs légendes, des poésies qu'ils ont inspirées, de leurs fêtes et de leurs cultes; le dernier renferme l'histoire de Délos et de ses rapports avec Athènes. Personne, jusqu'ici, n'avait rien écrit de complet sur l'île sainte. Deux thèses, très-courtes, de Schwenck et de Schläger; deux mémoires, l'un de l'abbé Sallier et l'autre de D'Orville; quelques inscriptions commentées par Bœckh, tels étaient les travaux qui pouvaient préparer une étude sur Délos. D'autres auteurs, quelquefois recommandables par leur mérite d'écrivain, nous offraient trop peu de ressources, sous le rapport de l'érudition, pour être souvent consultés avec fruit[1]. Je dois en revanche beau-

[1] Voici les noms des principaux auteurs qui ont écrit sur Délos.

1° Auteurs qui ont visité l'île : BONDELMONTE (*Liber insularum*, ch. 32). Il décrit, malheureusement avec trop peu de précision, les merveilles de Délos encore toute couverte de statues et de colonnades.— SPON et WHEELER (*Voyage d'Italie, de Dalmatie, de Grèce et du Levant*, Lyon 1678, t. I, p. 172). Ils ont à peine eu le temps de faire dans l'île une courte promenade et d'y recueillir quelques inscriptions. — TOURNEFORT (*Voyage du Levant*, Lyon, 1727, t. I, p. 290). Nous aurons plusieurs fois à le citer. — Leake n'a passé qu'un jour à Délos ; il a pris cependant sur la topographie du Cynthe plusieurs notes fort exactes. LEAKE, *Voyages dans la Grèce du nord*, vol. III, p. 96, 102). — L'expédition de Morée qui a visité Délos en 1829, en a rapporté quelques dessins précieux. (EXPÉDITION DE MORÉE, vol. III, p. 3 et suiv.). Citons pour mémoire THÉVENOT; CHOISEUL-GOUFFIER (*Voyage pittoresque dans l'empire ottoman*, 2e édit., Paris 1842, t. I, p. 77). STOCHOVE, *Voyage du Levant*. Il a trouvé sur le Cynthe, des monuments, des statues, entr'autres les fragments d'un colosse de Diane. Vicomte DE MARCELLUS (*Souvenirs de l'Orient*, Paris, 1839, t. I, p. 213 et *Episodes littéraires en Orient*, Paris, 1851, t. II, p. 7 et suiv.)— Vient presque à la même date ROSS (*Reisen auf den griechischen Inseln des Ægaïschen Meeres*, Stuttgart et Tubinge, 1840, t. 1, p. 30). Il a vu à Délos un stade et un gymnase. — M. BENOIST (*Archives des missions scientifiques*, juillet 1851), a écrit sur Délos une notice que l'on consultera avec fruit si l'on veut avoir une idée générale de l'aspect de l'île et des souvenirs qu'elle rappelle.

2° Auteurs qui n'ont pas visité l'île: D'ANSSE DE VILLOISON. — L'abbé SALLIER (*Acad. des inscr.*, 1717, t. III, p. 376 et suiv.) promet une histoire de l'île et ne donne qu'un trop court préambule. — Un *Mémoire sur les jeux déliens* de FRÉRET, a été remanié par l'abbé BARTHÉLEMY, puis par M. ALFRED MAURY.

coup de reconnaissance à quelques personnes dont la bienveillance m'a été fort utile ; au directeur de l'Ecole d'Athènes et à deux de mes prédécesseurs : M. Burnouf m'a fourni la première idée et l'occasion de ces recherches; le mémoire inédit de M. Terrier est le meilleur ouvrage que je connaisse sur Délos, il m'a été confié et j'en ai usé largement. Enfin, M. Foucart a bien voulu examiner avec moi un grand nombre de problèmes que ce travail met en lumière. Qu'il me soit permis de rendre aussi un hommage spécial à mon père, ancien inspecteur de l'Université ; il m'a préparé depuis long-

— LARCHER (*Acad. des inscr.*, t. XLVIII), *Mémoire sur les Délies.* —D'ORVILLE (*Miscellaneæ observationes*, Lugd. Batav., vol. VII), complète Sallier et quelques auteurs qui ont incidemment parlé de Délos, entr'autres DAUSQUIER (*Traité sur les îles flottantes*), et l'historien CLAVIER. — On a de FIEDLER, *Reise*, 11, 269, ff., quelques pages sur Délos. — BRONSTED, *Reisen*, etc., I, 59, décrit Délos dans une notice abrégée.

Nous ne citerons pas d'autres auteurs de seconde main. — On trouve dans la numismatique de H. GOLTZE une description de Délos faite par LUD. NONNIUS. — SCHWENCK (*Deliacorum particula* 1, Francofurti, 1825, cite le traité de VOSSIUS sur Ortygie (*Deutsches Museum, viertes Stück*, 1780). L'ouvrage de Schwenck n'est qu'une dissertation fort courte sur les noms de Délos. — SCHLAEGER (*Pauca quædam de rebus Deli cycladis nsulæ*, Mittau, 1840) a publié seulement quelques pages sur Délos. Trois de ces auteurs, Sallier, Schwenck, Schlaeger, ont exprimé l'intention d'écrire un ouvrage plus complet et ont renoncé. Les autres n'ont étudié que des questions de détail. D'Orville seul a publié une histoire de l'île.

temps à ces travaux d'érudition et ses conseils m'ont puissamment aidé dans l'accomplissement de ma dernière tâche. Heureux d'avoir eu de tels auxiliaires, je dois les remercier ici du service signalé qu'ils m'ont rendu.

DÉLOS

CHAPITRE PREMIER

SOMMAIRE : § 1er. — Noms des auteurs anciens qui ont composé des chants, des poèmes, des discours, des traités spéciaux sur Délos et noms de ces différentes œuvres. — § 2. Noms de Délos et de ses lieux les plus célèbres. — § 3. Géographie de l'île.

§ I. *Noms des auteurs anciens qui ont composé des chants, des poèmes, des discours, des traités spéciaux sur Délos, et noms de ces différentes œuvres.*

Presque tous les auteurs, grecs ou latins, ont incidemment parlé de Délos, et plusieurs d'entre eux ont composé sur cette île des poèmes ou des traités spéciaux [1]. La plupart de ces œuvres ont disparu, mais quelques écrivains, surtout Athénée, nous en ont conservé le souvenir.

POETES.

De vieilles poésies épiques, quelques chants cypriens,

[1] Cf. SALLIER, *op. cit.* p. 376 et suiv.

par exemple, paraissent avoir été composés sur Délos[1].

Il n'y a peut-être pas de poète lyrique qui n'ait célébré l'île sainte ou la naissance d'Apollon. Le plus ancien d'entre eux fut, suivant la tradition, le lycien Olen. Il chanta des hymnes à Délos, en l'honneur d'Ilithye, et des vierges hyperboréennes Argé et Opis. En général, les plus anciens hymnes déliens semblent lui avoir été attribués[2].

Vient ensuite Mélanopus de Cumes[3], auteur d'hymnes sur Hécaergé, Opis et sur leur voyage à Délos. Philammon organisa le premier des chœurs de jeunes filles en l'honneur d'Apollon, mais plutôt à Delphes[4]. Les vieux chants cadencés que l'on dédia à Apollon sont quelquefois appelés des Nomes[5] (Νόμοι).

On ne sait à quelle époque la sibylle érythréenne Hérophile a composé, en l'honneur d'Apollon, un hymne que les Déliens n'avaient pas oublié[6]. Il ne faut pas chercher si elle est postérieure à Olen, car son existence est légendaire. On lui attribua ces chants d'une inspiration désordonnée, qui semblent venir plutôt

[1] Cf. dans l'édition d'Homère, par Didot, les *Chants cypriens*, p. 593, fr. 11.—LYCOPHR., *Cassandr.*, v. 569 et suiv.—WELCKER, *Cycl. ep.*, t. II, passim.

[2] HÉRODOT., IV, 35. — CALLIM., *H. in Del.*, 304. — PAUS., V, 7, 8.

[3] PAUS., loc. cit.

[4] HERACL. PONT., apud PLUT., *De music.*, 3. — *Schol. Odyss.* XIX, 432.

[5] STRAB., IX, 421. — CALLIM., *H. in Del.*, 304.

[6] PAUS., X, 12, 1. — CLINTON (*Fasti hellen.*) fait vivre la sibylle érythréenne pendant la 9e ol.

d'Apollon prophète que d'Apollon dieu de la poésie[1]. On connaît aussi sur Délos quelques courtes prophéties, attribuées plus tard à la sibylle hébraïque[2]; mais elles viennent plutôt de la sibylle érythréenne[3], c'est-à-dire de l'inspiration prophétique qui se répandit à plusieurs reprises sur les bords de la mer Egée. Elles ne semblent pas antérieures au ve siècle.

Peut-être les Déliens connurent-ils d'autres vieux poètes, car ils chantaient, aux fêtes solennelles, des hymnes de toutes les factures, de tous les âges, de tous les dialectes[4]. C'étaient, avant de commencer les jeux, les προοίμια ou préludes[5] et, pendant les fêtes, les οὔπιγγες autrement nommés οὔπιγγοι; les Pæans, les Prosodies[6]. Les οὔπιγγοι tirent leur nom de la vieille déesse Opis, dont le culte semble avoir précédé celui d'Artémis et d'Apollon. Le nom seul de ces hymnes témoigne donc de leur haute antiquité. On composa pour Délos des pæans prosodiaques[7] qui se chantaient autour de l'au-

[1] FERD. DELAUNAY. *Moines et sibylles*, Paris, Didier, 1874, p. 131 et suiv.

[2] ID. *Ibid.* p. 379. — *Orac. sib.* (édit. Alex.), L. III, 3, 363. Ἔσται καὶ Σάμος ἄμμος, ἐσεῖται Δῆλος ἄδηλος..—Cf. TERTULL., *de Pallio*, 2. — *Orac. Sib.*, L. IV, 92 ; VII, 4 ; VIII, 165.

[3] On rencontre la sibylle érythréenne surtout en Troade, en Ionie, en Lycie. Elle vient à Délos, à Delphes et à Cumes en Italie.

[4] *Hymn. hom. in Del.*, v. 156 et suiv.

[5] *Thes. gr.* ed. Dind., ad verb.

[6] POLL., *Onom.*, A. 38. ἰδίως Ἀρτέμιδος ὕμνος οὔπιγγος, Ἀπόλλωνος ὁ παιάν, ἀμφοτέρων προσόδια.

[7] Pindare composa pour Délos un παιὰν προσοδιακός, qui paraît avoir été destiné aux habitants de Céos. Les prosodies étaient

tel d'Apollon [1], et aussi des prosodies qui retentissaient avant les fêtes sacrées, au débarquement des Théories ou même pendant leur voyage [2]. — Des hymnes ἐπιδεικτικοί et ἀποπεμπτικοί célébraient les absences (ἀποδημίαι) et les retours périodiques des dieux. Or, l'hiver, Apollon quittait sa ville sainte qu'il revoyait au mois de Thargelion ; aussi entonnait-on dans l'île, à ces époques fixes, les cantiques du départ et du retour [3]. C'est au printemps surtout que ces chants étaient variés ; strophes lyriques, vers hexamètres, vers élégiaques, toutes les différentes formes de poésie furent employées. Plusieurs d'entre elles portent des noms qu'on ne retrouve pas ailleurs. Les chœurs envoyés par les Cyclades se nomment ῥύσια [4] ; quand des

accompagnées par le chant des flûtes : Cf. *Schol. ad isthm.*, I, PINDARE, *Bœckh*, part. II, t. II, p. 586.

[1] ALFRED MAURY, *Histoire des religions de la Grèce antique*, Paris, Ladrange, 1857, t. II, p. 133. — EURIP., *Herc. Fur.* 688 et suiv. — THÉOGNIS, *Poèt. lyr. gr.* éd. Bergk, Leipsig, 1866, t. II, p. 482. — Les Pæans doivent leur nom à l'ancien dieu de la médecine Pæeon ; ils s'adressent surtout à l'Apollon secourable, guérisseur des hommes, et, dans les combats, sauveur de qui l'invoque. Il est chanté par tous les Grecs sans distinction de race, avant les sacrifices et les batailles.

[2] De là le proverbe : ἄδεις ὥσπερ εἰς Δῆλον πλέων : tu chantes comme si tu allais à Délos ; tu passes agréablement ta vie. Cf. ZÉNOB., 2, 37 ; DIOGENIAN., 1, 22 ; SUID., I, 21

[3] PRELLER, *Griechische Mythologie*, Berlin, 1861, t. I, p. 190, 191. On chantait à Délos, à Delphes, à Milet, à Métaponte des hymnes sur l'arrivée et sur le départ d'Apollon. Cf. CALLIM., *H. in Ap.* v. 13 éd. Spanheim, Schol. de MÉNANDRE LE RHÉTEUR.

[4] *Paraph. d'Eustathe*, GEOGR. MIN. Didot II, 416 — *Comment. d'Eustathe*, id. p. 317, 318, 320. — DENYS, *Orbis descriptio*, v. 525-530.

cérémonies instituées, dit-on, par Thésée, se célébraient en souvenir du héros ionien [1], une danse appelée γέρανον imitait ses allées et ses venues dans le labyrinthe; elle était réglée par le son des instruments ou par celui de chansons appelées hyporchèmes [2]. Les danses si variées des jeunes filles déliennes [3] étaient accompagnées de musique et de chants spéciaux qui sont aujourd'hui perdus.

On ne peut savoir à quelle date ces différentes poésies ont été chantées pour la première fois, ni quels en furent les auteurs.

Passons aux temps historiques. Le plus ancien hymne délien qui nous soit resté, est l'hymne de l'Homéride de Chios en l'honneur d'Apollon. C'est probablement un prélude, un chant de fête qui précédait les jeux et les cantiques consacrés. Suivant Thucydide, Homère en est l'auteur; nous lisons ailleurs que cet hymne est l'œuvre de Cynæthus de Chios. Cynæthus, suivant Hippostrate, date environ de la 69e olympiade. L'auteur de ce morceau, écrit dans un style plus moderne que celui de l'Odyssée, est certainement plus ancien que Cynæthus; car Cynæthus vivait moins d'un siècle avant Thucydide, et Thucydide était un critique trop bien informé pour attribuer à Homère l'œuvre d'un

[1] POLL., *Onom.* Γέρανον, ailleurs γέρανος. — On pense que cette marche de Thésée dans le labyrinthe rappelait celle du soleil dans le ciel.

[2] LUCIEN, *De la danse*, 16.

[3] HOMÈRE, *H. in Ap. Del.*, 155 et suiv. — Les danses des jeunes filles déliennes imitaient les voyages et les douleurs de Latone, et les courses de l'île errante, mais à une époque probablement postérieure à l'âge homérique.

moderne, presque d'un contemporain. Peut-être l'hymne composé vers la fin des temps homériques, a-t-il été remanié en dernier lieu par Cynæthus : car tous les vers de cette poésie n'appartiennent pas à la même époque [1].

Quand les Messéniens envoyèrent leur première Théorie à Délos, Eumélus leur composa une prosodie (ᾆσμα προσόδιον) [2].

Alcée a composé des Pæans [3]; l'on connaît l'argument de l'un d'eux, qui célébrait moins la naissance d'Apollon que ses voyages à la fontaine de Castalie et au pays des Hyperboréens [4]. Ce pæan dut être chanté à Delphes. Alcée a composé aussi un prooemion, probablement aussi pour Delphes [5].

Stésichore aussi composa un pæan [6]; fut-il destiné à Délos? On l'ignore.

Nous n'en savons pas plus long sur les hymnes de Télésilla chantés en l'honneur d'Apollon [7].

Simonide [8] fit un pæan pour Apollon pythien, et

[1] Voir pour plus de détails BAUMEISTER, *Hymni Homerici* Teubner, Leipsig, 1860. in præfat. — Une tradition veut qu'Homère ait chanté à Délos en même temps qu'Hésiode. *Schol. Pind. nem.*, II, 1.

[2] POET. LYR. GR., *éd. cit.*, t. III, page 811. — PAUS., IV, 4, 1; VI, 33, 3; V, 19, 10. — Eumélus semble dater de la VIIe ol. CLINTON, *Fast. hell.*)

[3] POET. LYR. GR., *éd. cit.*, loc. cit., p. 930.

[4] HIMER., *or.* XIV, 10.

[5] PAUS., X, 8, 95.

[6] ATHEN., VI, 250, b.

[7] POET. LYR. GR., éd. cit., p. 1111 et 1112. — ATHEN., XIV, 619, b.

[8] POET. LYR. GR., éd. cit., p. 1125. — Cf. SUIDAS, *ad Simonid.*

pour Memnon un dithyrambe que Strabon met au nombre des poésies déliennes [1]. Le dithyrambe est généralement consacré à Bacchus, qui était honoré dans l'île d'Apollon et peut-être dans l'un de ses temples.

Bacchylide écrivit des poésies apopemptiques et des pæans qui, d'après Ménandre, ont été composés en partie pour Délos [2].

On cite de Timothée un hymne dédié à Artémis-Ilithye [3]. La tradition délienne ne distingue pas toujours ces deux déesses.

Théognis [4] a écrit sur la naissance d'Apollon délien une élégie dont il nous reste quelques fragments. Cette œuvre était inspirée de l'hymne homérique. On conservait aussi de Théognis quelques vers inscrits sur les propylées du Letoüm délien.

Nous avons de Pindare [5] deux fragments d'une prosodie sur Délos.

Nicocharis [6], cité par Aristote, a composé des parodies contre les Déliens, parasites de la Grèce.

Cratinus est l'auteur d'une comédie intitulée Δηλιάδες [7].

[1] STRAB., XV, 728.

[2] POET. LYR. GR., éd. cit., p. 1229, 1230. — SCHOL. CALL. *in Del.*, v. 28.

[3] POET. LYR. GR., éd. cit., p. 1268, 1274.

[4] POET. LYR. GR., éd. cit., t. II, p. 482, 483. — ARISTOT., *Eth. ad Nic.*, I, 8.

[5] POET. LYR. GR., éd. cit., t. I, p. 308.

[6] ARISTOT., *Poét.*, II, 5. — L'abbbé Sallier pense que Nicocharis a composé sur Délos et ses merveilles un poème sérieux mais sans intérêt. Il est réfuté par SCHWENCK, *Deliaca*, pars prima, p. 1.

[7] HESYCH., Αἴθρια. — *Schol. Aristoph. in Vesp.*, 544.

Nous savons seulement par le souvenir qui en reste, que les présents des Hyperboréens étaient laissés à Délos en plein air.

Les comiques, Sophile, auteur d'une pièce intitulée Δηλία [1], Aristophane, Timoclès [2], et Criton [3] ont écrit des comédies où il est question de Délos.

Un Délien, Dinarque, écrivit un poème sur Dionysos, qui eut peut-être une légende à Délos [4].

A la prière des habitants de Chalcis, le joueur de flûte Pronomus, de Thèbes, fit une prosodie sur Délos [5].

Un Palæphate d'Athènes, composa des vers sur la naissance d'Apollon [6].

Deux hymnes de Callimaque, dédiés l'un à Apollon et l'autre à Diane, mentionnent souvent Délos ; un troisième est entièrement consacré à l'île sainte.

L'hymne homérique, le fragment de Théognis, celui de Pindare, deux chœurs de l'*Iphigénie en Tauride* d'Euripide, quelques vers de Criton, les hymnes de Callimaque, et trois courtes épigrammes d'Apollonidès ou d'Antipater de Thessalonique et d'Alphée [7], sont les seules poésies qui nous restent sur Délos.

[1] SUIDAS, Σώφιλος.
[2] ATHEN., IX, 373. — VIII, 341. — IV, 172, 173.
[3] ATHEN., IV, 172 et 173.
[4] FABRICIUS, *Bibl. gr.*, t. II, p. 863.— EUSÈBE, *Chron.*, 712.— CYRILLE, *Adv. Julian.*, X, p. 341.
[5] PAUS., *Bœot.*, IX, 12, 4.
[6] SUIDAS, ad verb.
[7] *Anthologie grecque*, éd. Bosch. 1795, l. I, t. LVIII, ép. 1, 2, 3.

PROSATEURS.

Un délien, Sémus [1], écrivit un traité intitulé Δηλιάς qui avait au moins huit livres ; Phanodème composa des Δηλιακά [2] et Démade, d'Athènes [3], une histoire sur Délos et la naissance des enfants de Latone. Il ne faut pas le confondre avec l'orateur Démade [4]. L'ancien commentateur d'Apollonius [5] nomme encore, au livre premier, un autre historien de Délos, Phanodicus, dont l'ouvrage se divisait en plusieurs livres.

Anticlide ou Anticlès d'Athènes, parle d'Apollon Délien et d'une de ses statues dans un livre composé sur « les apparitions des dieux [6] ».

Aristote écrivit un traité intitulé Δηλιακά [7], et Palæphate d'Abydos, contemporain d'Alexandre, composa des mémoires sur Délos [8].

Ces œuvres ont disparu, de même qu'un traité de Critias, sur le Gouvernement des Déliens [9].

Pline a écrit sur Délos quelques pages, et son imitateur, Solin, un traité spécial.

[1] *Fragm. hist. gr.*, éd. Didot, t. III, p. 492. Ce traité, suivant Athénée, est intitulé Δηλιάς, et suivant Suidas, Δηλιακά.

[2] *Frag. hist. gr.*, id., ibid.

[3] SUID., ad verb.

[4] L'orateur Démade n'a pas laissé d'écrits. QUINTIL., XII, 10, 49.

[5] *Schol. ad Apoll. Rhod. Argonaut.*, 1, 419.

[6] PLUT., *De Music.*, ch. XIV.

[7] ATHÉN., VII, 296, c.

[8] SUID., ad verb.

[9] Ce traité a été cité par Héraclide de Pont. Cf. MEURSIUS, *Bibl. att.*, 88; HÉRACL. DE PONT, Kœhler, éd. 1804, p. 131.

Plusieurs orateurs ont parlé de la population délienne, généralement, pour en médire. Hypéride cite un discours, prononcé avant 425 par un orateur nommé Démade, contre les Déliens qui avaient assassiné de riches Éoliens et qui accusaient de ce meurtre les habitants de l'île voisine [1]. Les orateurs Apollodore d'Athènes [2] et Polycrate de Rhénée ont aussi parlé contre les Déliens.

Un procès fut plaidé devant les Amphictyons de 346 à 344, pour savoir si Délos ou bien Athènes administrerait les temples Déliens. Hypéride fut chargé par l'Aréopage de soutenir la cause d'Athènes, à l'exclusion d'Eschine nommé par le peuple. L'avocat des Déliens fut probablement Euthycrate d'Olynthe. On a quelques renseignements sur le discours déliaque d'Hypéride [3].

Il reste aussi quelques fragments d'un discours déliaque prononcé par Eschine ; mais il n'est pas sûr que

[1] Cf. HYPERID., *Deliaca oratio*, (*Oratores attici*, éd. Didot, t. II p. 392 et suiv.). — Démade fait remarquer que la ville de Rhénée se trouvait à 30 stades du point où l'on débarquait à Délos, et, par conséquent, fort loin de la place où les cadavres avaient été jetés. — Ces détails sont exacts. Les ruines de la ville de Rhénée sont situées à la distance fixée par Démade, au N.-O. de l'île, sur le bord d'une anse qui regarde Syra. J'ai reconnu une partie de ses murs, de ses tombeaux, de ses maisons ; mais cette découverte, qui est encore inédite, avait déjà été faite par M. Terrier (*Mém. inéd.*). Tournefort a pris pour l'emplacement de la ville de Rhénée celui des sépultures déliennes. — Rhénée, appelée aussi Délos (THÉOCR., XVII, 68, 70 et schol.), Celadussa et Artémis (PLIN., IV, 22, 2), était à la fois une île et une cité. On atteignait à la ville par un chemin escarpé. Strabon appelle cette île Νησύδριον ἔρημον ; HESYCHIUS lui donne le nom de ville, et ZOZIME, de métropole.

[2] ATHÉN., IV, 172-173.

[3] Cf. HYPERID., éd. Didot, *op. cit.*, loc. cit.

cet Eschine soit le célèbre orateur rival de Démosthènes [1].

Un certain discours περὶ τῆς Δήλου θυσίας, paraît avoir été faussement attribué à Dinarque, de même qu'un discours déliaque Ἀπόλλωνος καὶ Ῥοιοῦς καὶ Σταφύλου qui contient l'histoire de Délos et de Léros [2].

On cite d'un orateur nommé Polyxène, un discours déliaque dont la première phrase nous a été conservée [3].

§ *II. Noms de Délos. — Noms de ses lieux les plus célèbres.*

Ἀγάθουσα. — (HESYCH. Ad verb.) Ἀγάθουσα ἡ Δῆλος ἐκαλεῖτο πρότερον. Les commentateurs d'Hésychius pensent qu'il s'agit plutôt ici d'une île de Télos. (V. SCHWENCK, p. 22.)

Ἀνάφη. — (PHILO, Περὶ ἀφθ. Κόσμ. p. 960.) Ce nom est resté à l'une des Cyclades où le culte d'Apollon était le plus en faveur. Suivant Philon, ce nom fut appliqué à l'île de Délos parce que, après avoir été invisible, (et cachée sous les flots), elle finit par apparaître. — Cf. SCHWENCK, p. 7.

Astarte. — (ANGELO MAI, *Cod. vatic. classic. auct.*,

[1] *Op. cit.*, éd. Didot, t. II, p. 434. Philostrate, Apollonius, Plutarque, Planude, attribuent ce discours au célèbre Eschine, et Photius à un orateur du même nom.

[2] DENYS D'HALIC., édit. Reiske, *De Dinarcho judicium*, p. 660 et 661.

[3] HYPERID., Didot, t. II, p. 475.

1831 ; *mythogr.*, t. III, l. I, n° 37 et le second mythographe n° 17.) Ce nom d'Astarté n'est appliqué à Délos que par les mythographes latins de la décadence. Ailleurs le nom d'Astérie est seul usité.

'Αστερίη, Asteria. — (STEPH. BYZ. — PLINE, *Hist. nat.*, IV, 22. — SOLIN, 11, 19 : Asteria, a cultura Apollinis.) Suivant APOLLODORE, (*Bibl. gr.*, IV, 1) et HYGIN, 53, Astérie, poursuivie par Jupiter, fut changée en caille, et donna son nom à la ville d'Astérie, plus tard appelée Délos. D'après OVIDE (*Métam.*, VI, 107), Astérie fut enlevée par un aigle. NONNUS (XLII, 399 et suiv.) et PINDARE (fr. 57, 58, éd. Berg.) racontent que Neptune poursuivit Astérie et qu'Apollon la fixa. (Cf. HESIOD., *Theog.*, 404 et suiv. et le commentaire de VAN LENNEP, Amsterd. 1854.) — PINDARE, loc. cit., et CALLIMAQUE, *Hymn. in Del.*, 37 et suiv. comparent l'île sainte à une étoile. Les anciens croyaient donc que Délos se nommait Astérie parce qu'elle ressemblait à un astre, ou bien parce qu'elle était tombée dans la mer comme une étoile filante.

La Crète s'est aussi appelée Astérie. (HESYCH., 'Αστερίη, ἡ Κρήτη καὶ ἡ Δῆλος οὕτως ἐκαλοῦντο) — Nous trouvons encore dans Hésychius qu'Astérie était le nom d'une ville de Thessalie. Les premiers habitants de Ténédos s'appelaient 'Αστέριοι. Cf. PLUT., *De Pyth. orac.*, 12. — PAUS., I, 35, 5, mentionne près de Milet une île nommée Astérie, qui renferme le tombeau d'Astérios. (Cf. *Schol. ad Apollon. Rhod. Argonautic.*, I, 186.) PLINE cite une île d'Astérie près d'Ithaque (*Hist. nat.*, IV, 12), et SUIDAS une ville d'Astérie en Lydie. Un fleuve Astérion coulait près de Mycènes (Paus., ii, 17, 2.). Une étoile filante étant tombée sur le Cithéron, qui ne portait encore aucun nom, il s'appela d'abord Astérios. (Pseudo plutarch., *De fluviis*, 2.) De tous ces renseignements, on peut conclure que ce nom d'Astérie est fort ancien et que la légende de l'astre ou de l'étoile filante y peut être attachée. Cet astre qui a donné son nom à l'île peut aussi avoir été le soleil lui-même ; mais aucun texte ancien ne confirme cette hypothèse.

Δῆλος. — Suivant la plupart des auteurs, la brillante, la visible, celle qui apparaît. C'est l'étymologie la plus vraisemblable que l'on donne à ce nom, mais elle est expliquée de diverses manières. Son nom lui vient, d'après Pline qui cite Aristote (Hist. nat., iv, 12), de ce qu'elle apparut tout d'un coup. Hygin, *Fable* 140, raconte qu'elle disparut, puis réapparut. On lit dans l'Etymologicum magnum qu'elle était cachée, que Jupiter la fit apparaître, et qu'elle s'éleva sur sa base invisible. (Cf. Pind., *Fr. cit. in Del.*) Cette base est formée par quatre colonnes. Elle sortit donc du fond de l'Archipel, soulevée par Neptune, et peut-être par un tremblement de terre. Philon, Περὶ ἀφθαρ. Κόσμ. p. 960, suppose aussi que Délos et Rhodes ont surgi du fond de la mer. (Cf. Plin., ii, 87.) Suivant ces deux auteurs, quand une île s'élève une autre s'abîme. D'après Lucien, *Dial. mar.*, x, Délos avait été détachée de la Sicile.

Isidore, *Orig.*, xiv, et Solin, xi, 18, pensent que le premier rayon de soleil qui éclaira la terre après le déluge d'Ogygès tomba sur Délos et qu'elle apparut ainsi la première aux regards des hommes. Cette étrange opinion ne s'appuie sur aucune légende ancienne. — Quand les deux astres nés à Délos apparaissent, tout s'éclaire; de là lui vient son nom, suivant MACROBE, *Saturn.* I, 17. — Elle s'appelle Délos parce qu'elle est la première où le dieu se soit manifesté (STEPH. BYZ., ad verb.). Enfin, l'on trouve encore dans Stéphane de Byzance et dans SERVIUS, *Ad Virg. Æneid.*, III, 73) que Délos fut ainsi appelée à cause de la clarté de ses oracles. Ni cette interprétation, ni celle de Macrobe ne s'appuient sur aucun autre texte; elles semblent donc être dues à la fantaisie de leurs auteurs.

Délos est-elle l'île « qui s'est manifestée », ou bien le lieu où s'est « manifesté le culte d'Apollon », ou, plus simplement, l'île « brillante »? Sans trop préciser, on peut supposer qu'elle dut son nom à l'éclat dont elle fut environnée, grâce à ses légendes et à son dieu solaire [1].

A quelle date s'est-elle pour la première fois appelée Délos? Homère la nomme une fois Délos, (*Od.* VI, 162.) et plus souvent Ortygie. Ce nom de Délos est également porté par d'autres localités. Une ville de Carie s'appelle Δηλία. (STEPH. BYZ., ad verb.) On trouve aussi une ville de Delium à Naxos, (PARTHEN., *Erot.*, IX, 1. — PLUT., *de Virtut. mul.*, p. 254) une montagne de Délos en Béotie, (PLUT., *Pélop.*, 16) et enfin une ville de Delium en face de l'Eubée, (THUC., IV, 76, 89, etc.) mais qui tire peut-être son nom de la ville sainte des Cyclades.

[1] Nous ne citons que pour mémoire des étymologies plus modernes très-hasardées, celle de BOCHART, par exemple, qui fait dériver Délos du phénicien. — Sur Apollon délius, révélateur, cf. PLUT., *de ei ap. Delphos*, ch. II.

Si l'on en croit le Scholiaste d'Apollonius de Rhodes, (*Argonaut.*, I, 308) l'île s'est nommée d'abord Astérie, puis Ortygie ; d'après Servius (VIRG., *Æneid.*, III, 72 et *id.* III, 12), le nom de Délos plus ancien que celui d'Ortygie est plus moderne que celui de Cynthos, et les noms de l'île ont d'abord été Cynthos, puis Délos, puis Ortygie, et encore Délos. Suivant CALLIMAQUE, *H. in Del.*, 39, le nom d'Astérie a précédé celui de Délos.

Ζάκυνθος. — (STEPH. BYZ., *art.* Δῆλος.) Suivant Stéphane, ce nom a été par erreur, appliqué à Délos. — Il faut le rapprocher de la racine Κύνθος.

Κυναῖθος, Cynæthus. — (PLIN., H. N., IV, 22, 2. — SOLIN, XI, 19.) A venatibus Cynæthus. Pline et Solin font dériver presque tous les mots anciens de coutumes familières aux civilisations commençantes. Il faut tenir plus de compte de leurs renseignements que de leurs interprétations. Peut-être αἶθος vient-il de αἴθω, brûler, et le radical κυν n'a-t-il pas une signification bien différente.

Κύνθος. — A d'étroites relations avec le mot précédent. C'est le nom de la principale montagne de l'île. De là viennent les dérivés Κύνθια (Cynthia) et Κυνθίας qui désignent quelquefois l'île entière. Nous ne citerons pas toutes les épithètes de Délos, telles que Cynthia, Latonia, Apollonias, qui ont pu être prises substantivement. Sur Κύνθος, cf. PLIN., loc. cit.; SOLIN, loc. cit.; STEPH. BYZ.; ANTIMAQUE, *Scriptorum græcorum bibliotheca*, ed. Didot, t. VII ; HESIOD., in fine, p. 33.) Ce nom lui vient, suivant Antimaque et Nicanor d'Alexandrie, cité par Stéphane, ἀπὸ Κύνθου τοῦ Ὠκεανοῦ. Si l'île est sortie des flots, le Cynthe est bien, en effet, un « fils de l'Océan ».

Lagia.— (Plin., H. N, iv, 22. — Solin., xi, 30.) Ce nom lui vient-il de ses lièvres, de ses chasses (a venatibus)? Ce mot est une corruption de Pelasgia, nom que Délos a porté.

Ὀρτυγία. — L'île de la Caille. (Plin.; Solin., loc. cit. — Athen., ix, 392, d. — Hygin, 140. — Servius, *Æneid.*, iii, 72, etc.)

D'autres îles s'appelèrent Ortygie. Une Ortygie est située en face de Syracuse; une autre devant Ephèse. Suivant Nicandre (cf. *Schol. Apoll. rhod.*, i, 419) elles furent colonisées par une ville étolienne d'Ortygie. Nous ne savons quelles raisons Nicandre invoquait à l'appui de son hypothèse que rien ne nous semble justifier.

L'île de Délos, dans Homère s'appelle Ortygie, et cette île est déjà une île sainte [1]. Le Scholiaste suppose que l'île était basse avant de s'élever au-dessus des flots ; or, le vol de la caille est lui aussi très-peu élevé au-dessus de la terre; et de là ce nom d'Ortygie. Voilà où peut conduire la fureur de tout vouloir expliquer. La caille, oiseau sacré de Latone était aussi consacrée

[1] Voici les deux vers d'Homère (Od., 5, 123, 124.)

Ἕως μιν ἐν Ὀρτυγίῃ χρυσόθρονος Ἄρτεμις ἁγνὴ
Οἷς ἀγανοῖς βελέεσσιν ἐποιχομένη κατέπεφνεν.

Il est probable que ἁγνή se rapporte à Ortygie et non pas à Artémis (Apion, *Pal. harl. amb*, 9).

à un Hercule phénicien, fils d'Astérie. (ATHEN., IX, 392. d.)

Nous sommes peut-être autorisés à tirer de ce fait un rapprochement entre Ortygie et Astérie. — Ortygie est presque toujours considérée comme l'île de Diane. Cf. OTF. MULLER, *die Dorier*, Breslau, 1844, t. I p. 377 — 382.

D'après un vers de l'hymne homérique (v. 16) que l'on retrouve dans les orphiques :

Τὴν μὲν ἐν Ὀρτυγίῃ, τὸν δὲ κραναῇ ἐνὶ Δήλῳ,

il semble qu'Ortygie et Délos n'aient pas toujours été la même île. Peut-être s'agit-il ici de l'Ortygie d'Ephèse.

Πελασγιά. —(STEPH. BYZ., ad verb.) Ce nom prouve que l'île fut habitée par les Pélasges; mais il n'est pas sûr qu'il date de l'époque primitive. Des Pélasgés, chassés de l'Attique, colonisèrent quelques Cyclades [1], à peu près à l'époque où les Doriens envahirent la Grèce. L'une de ces Cyclades fut appelée Pelasgia,

Pyrpile ou Pyrpolon. — (PLIN., loc. cit. — SOLIN., loc. cit.) Elle dut ce nom, suivant Pline et Solin, à ce que le «feu y fut découvert»[2]. Solin, plus explicite que Pline,

[1] Cf. MILLER, *Supplément aux dernières éditions des petits géographes*, Paris, 1839, p. 287. Un fragment de Nicéarque place dans les Cyclades une île de Πελασγιά, habitée par les Pélasges chassés de l'Attique ὡς ἄδικοι καὶ ἅρπαγες. . Cf. EUSTATH., *ad Dionys.* 520.

[2] L'abbé Sallier qui cite ce texte, pense que l'on faisait autrefois du feu en frottant du lierre contre du laurier, mais rien ne prouve que l'on ait ainsi allumé le feu sacré à Délos. Nous

ajoute « et ignitabula». Le radical πῦρ, feu, entre probablement dans la composition de ce mot. Bacchus πυρπόλος est le dieu des fêtes nocturnes célébrées à la lueur des flambeaux. Peut-être de pareilles cérémonies étaient-elles célébrées à Délos. Schwenck (p. 21 propose cette hypothèse ingénieuse, mais incertaine.

Σκυθίας.—(STEPH. BYZ. —HESYCH.), Peut-être faut-il lire Cynthias. Elle porte aussi le nom de Chlamydia, et ressemble aussi peu à un bouclier qu'à une chlamyde. Ce nom de Scythias ne paraît pas lui venir non plus des Scythes, qui ont autrefois envoyé à Délos, par l'intermédiaire d'autres peuples, les offrandes sacrées des Hyperboréens.

Χλαμύδια, chlamydia.—(PLIN., loc. cit.—STEPH.BYZ., art. Délos).—Vid. supra [1]. Citons encore pour mémoire les noms altérés de Corana et de Midia que Délos avait autrefois portés, si l'on en croit Bondelmonte (*Lib. insul.* c. 32).

trouvons au vers 1 de l'hymne de Callim. à Apollon, éd. Otto Schneider, Leips., Teubn., 1870, la note suivante : «Ideo laurus Phœbo sacra vel quod divini nescio quid in se continere credita est a veteribus, et in prunas conjecta, si magnum ex se strepitum ederet, fausta ; si nullum aut exiguum, infausta portendere. Vel quod in lauro femina ignis lateat, eaque ratione solem adumbret. Laurus enim hederæ adfricata perinde atque silici chalybs ignem emittit. — Cf. CALLIM. *H. à Merc.* v. 108. Mercure allume du feu en frottant du laurier.

[1] Nous ne citons pas d'autres noms que les poëtes seuls ont donnés à Délos. CALLIMAQUE (*H.in Del.*325), l'a encore appelée Ἱστίη c'est-à-dire Ἑστια, parceque Délos est comme un foyer et un autel au centre des Cyclades (Cf. SCHOL ad loc. cit.)

Cette position lui a aussi valu le nom de Cyclas (CALL., *H, in Del.*, 3 et 199)

Délos, au moyen-âge, a été appelée par les pirates « Lo Scholio » l'école, ou plutôt « Lo Scoglio » l'écueil. Délos et Rhénée portent le nom de Dhilès. Délos se nomme la « petite Dhiles, » ou « les petites Dhiles » car chacune de ces deux îles, dans le langage populaire, est nommée au pluriel.

LIEUX CÉLÈBRES SITUÉS A DÉLOS.

Κολωνός. — (C. I. Gr. 158). Le temple d'Apollon possédait une maison dans un lieu de Délos appelé Colone, et dans l'île plusieurs autres propriétés ; parmi lesquelles une tuilerie dans la plaine et une forge.

Κύνθος. — Le Cynthe, montagne de Délos, haute d'environ 106 mètres.

Ἰνωπός. — L'Inopus, ruisseau à Délos. Vid. infra.

Melos. — Servius, (*ad* Virg. *Eclog.*, VIII, 37) raconte qu'un certain Mélus, né à Délos, puis associé au sort d'Adonis, fut métamorphosé en pommier. Il eut un fils du même nom qui vint fonder à Délos une ville de Mélos. — Il est à peu près sûr que Servius s'est trompé de nom, et que cette ville de Mélos ne fut pas fondée à Délos, mais dans l'île de Mélos.

Τρέμων. Trémon. — (Tzetz. *ad Lycophr.*, 387, 402, 1141. Eustath., *ad Dionys. perieg.*, 528. — Cf. Schlaeger, *Pauca quædam de rebus Deli*, Mittau, 1840, p. 23).

C'est à Trémon, localité délienne, que se trouvait le tombeau d'Ajax [1], On lit en effet dans Tzetzès : « Ἄιαν-

[1] Ce tombeau a été à Mykonos, suivant une épigramme d'Aristote (*Anthol.* Bergk, p. 120).

τα,... ἡ Θέτις θάψει περὶ τὸν Τρέμοντα, χωρίον τῆς Δήλου, et dans le Scholiaste : Τρέμων δὲ ὀνομαστικῶς καλεῖ χωρίον παρὰ τῇ Δήλῳ, ἔνθα ὁ Αἴας τέθαπται, εἰκότως δὲ οὕτως κέκληται διὰ τὸ σείεσθαι πάλαι τὴν Δῆλον... Et plus loin : ἐν τῷ Τρέμοντι γάρ, χωρίῳ Δήλου, ὁ Αἴας Λοκρὸς κεῖται, πλησίον Τήνου καὶ Μυκώνου.

Le tombeau d'Ajax était donc situé près de la ville, dans la partie nord de l'île qui regarde Tinos et Myconos.

L'hypothèse par laquelle l'auteur suppose que ce lieu dut son nom à un ancien tremblement de terre, est gratuite. N'oublions pas cependant que Délos,à laquelle les dieux avaient promis l'immobilité la plus complète, a été agitée par de nombreux tremblements de terre. Quand les Perses envahirent la Grèce, Délos trembla pour la première fois, et ce présage annonçait de grandes guerres étrangères ou civiles. HÉRODOT., VI, 98. — THUC., II, 8. — Elle trembla quand le trésor de Delphes fut pillé (MACR., *Sat.*, III, 6). — SÉNÈQUE, *Quæst. natur.*, VI, 26, rapporte, d'après Callisthènes, que le tremblement de terre qui renversa Hélicé et Bura ébranla Délos (ol. C I, 4); et PLINE (*H. N.* IV, 22), cite un passage de Mucien d'après lequel Délos avait tremblé à l'époque de Varron. TERTULL., *Apologet.*, 40, raconte qu'un tremblement de terre, survenu avant le règne de Tibère, bouleversa Hiéra, Anaphé, Délos, Rhodes, Cos. (Cf. TACIT., *Annal.*, II, 47.) Les épigrammes d'Antipater de Thessalonique, d'Apollonide et d'Alphée semblent faire à cet événement une allusion voilée. (Cf. SCHLAEGER, *op. cit.*, p. 20 et suiv.). Les anciens avaient affirmé que Délos, protégée par Neptune qui ébranle la terre, ne tremblerait jamais ; aussi, quand Délos tremblait, en tiraient-ils de funestes présages, et le consignaient-ils dans leur histoire. Nous devons à cette circonstance de savoir que Délos a tremblé nombre de fois. Κινήσω καὶ Δῆλον ἀκίνητόν περ ἐοῦσαν, a dit l'oracle. HÉRODOT., VI, 98.

Tymbra. — Un certain endroit de l'île a dû porter ce nom, si l'on en croit Servius (*Comment.ad* VIRG. *Æneid.*, III, 85 et *Georg.*, IV, 31). Alii Tymbram locum in Delo consecratum Apollini tradunt. Peut-être faut-il lire Thymbra, car on voit dans Apollodore (*Bibl. gr.*, I, 4, 1) que Pan, fils de Thymbris, apprit à Apollon l'art divinatoire. Cet Apollon est nommé par Virgile Thymbréen, soit qu'il vienne de son sanctuaire de Thymbra en Troade, soit qu'on ait en effet connu à Délos un lieu nommé Thymbra. En ce cas, ce lieu a été situé sur le versant occidental du Cynthe (Vid. infra).

L'ILE D'HÉCATE.

Deux îles situées dans le canal qui sépare Délos de Rhénée sont nommées aujourd'hui, à cause de leur position, ῥευματιάρια, les îles du courant. La plus grande, où l'on trouve des fragments en marbre qui ont appartenu à un autel et peut-être à un temple, s'est appelée autrefois l'île d'Hécate (Ἑκάτης νῆσος) parce que les femmes déliennes y venaient offrir des gâteaux à cette divinité (SUIDAS ad verb.). Elles en consacraient également à Iris. (ATHEN., XIV, 645). Cet îlot portait aussi le nom de ψαμίτη ou ψαμμιτίχη parce que les gâteaux offerts à la déesse se nommaient ψάμιτα. (HAR-

POCRATION, — SÉMUS, cité par Athénée, 14, 637, écrit ψάμμητα.)

§ III. *Géographie de l'île.*

L'île de Délos n'a pas plus de six kilomètres de long sur trois de large; son point culminant, la plateforme du Cynthe, s'élève à cent six mètres environ au-dessus de la mer, et cependant les ruines dont elle est couverte sont tellement nombreuses qu'il faudrait, non pas des semaines, mais des mois pour en dresser le plan et pour les restaurer par la pensée ou par le dessin. Le concours d'hommes spéciaux est nécessaire.

Sauf M. Terrier, les explorateurs qui m'ont précédé n'ont pas eu le temps d'étudier l'île ; à peine ont-ils trouvé celui d'en visiter les ruines principales, et aucun ne me paraît l'avoir parcourue toute entière. Par conséquent, la description que j'en donne est due à mes observations personnelles, fortifiées et complétées par le mémoire, les cartes et les dessins inédits que M. Terrier a mis généreusement à ma disposition. Ma description est sommaire. J'ai moins songé à étudier ces débris innombrables qu'à donner sur les principaux monuments de l'île quelques idées nettes, utiles aux futurs explorateurs.

La carte qui éclaire toutes ces indications est due à Tournefort. Je l'ai modifiée, profitant de mes observations personnelles et de corrections nombreuses, faites auparavant par M. Terrier.

Pour faire comprendre et la forme de l'île, et sa position entre Rhénée et Mykonos, je reproduis en même temps une petite carte de l'île et de ses environs. J'y fixe la place de l'ancienne ville de Rhénée.

Ces explications fournies, il ne me reste plus qu'à publier la carte avec un commentaire.

Les ports de l'île sont au N. E. [41] une crique mal abritée ; à l'Ouest : 1° l'anse ou Calanque de Scardana, défendue contre les vents du nord, qui sont dangereux, ouverte à tous les autres. Elle porte des traces de quais et de colonnes aujourd'hui submergées ; 2° Le por central, protégé par la petite île de Rhématiari et une digue ancienne. Ce fut autrefois le port principal. Il est ensablé ; 3° Le port de Fourni, plus profond aujourd'hui et mieux abrité. Un quai et une colonnade longeaient la mer entre ces trois ports.

La ville s'étend depuis la Calanque de Scardana jusqu'au port de Fourni. Elle monte au pied du théâtre [n° 4]. Les maisons datent généralement de l'époque romaine : petites et très-agglomérées sur le promontoire qui sépare Scardana du port central, plus grandes et souvent ornées de jardins entre le port central et le théâtre. Les murs sont en pierre de l'île, c'est-à-dire en schiste et en granit. On rencontre des moëllons couverts de trois couches d'enduit, les deux premières sont grossières, la troisième est un stuc très-fin. Il n'existe à Délos d'autre construction moderne que trois ou quatre étables [1] près du gymnase découvert par Ross. [n° 22].

[1] Ces étables (calyvia) ne sont habitées que deux ou trois

Hors de la ville, il y avait encore des maisons et des temples [17, 18, 40]. On trouve dans l'île quelques petits ruisseaux qui tarissent en mai. Elle est couverte de citernes. Elle est sillonnée par un grand ravin [6] et, au sud de ce ravin, par une succession de pentes et de marais [7]. Elle renferme en outre une source abondante [20] et un puits rempli d'eau vive [26]. Un marais au pied du Cynthe [5] sert de bassin principal au partage des eaux. Nous reviendrons sur cette topographie.

Voici tous les points remarquables de l'île :

1. Plateforme du Cynthe. Une gorge étroite la relie à un sommet un peu moins élevé, couronné par une petite enceinte [2].

3. Caverne du Dragon (Temple primitif et oracle d'Apollon).

4. Théâtre. L'aile gauche est creusée dans la colline. L'aile droite est en marbre. Elle s'appuie contre une petite plateforme artificielle qui servait à soutenir le théâtre, ou bien à supporter un autel. Monsieur Terrier propose ces deux hypothèses. — Sur le devant du théâtre, de grandes citernes.

5. 6. Ravin très-profond, traversant une partie de la ville. Les bords sont maçonnés. Ross pense que c'est l'ancien lit de l'Inopus.

7. Suite de marais qui se commandent et descendent vers la mer. Choiseul-Gouffier y voit, mais à tort, l'ancien lit de l'Inopus.

mois par les troupeaux des mykoniates. L'île (pâturage et culture) est affermée 4,000 dr. par an.

8. Fondations d'un édifice en pierres à côté de la caverne. — A fouiller.

9. Temple de Sérapis [1] avec péribole. Fouille à terminer.

10. Petit amphithéâtre, ne tenant guère plus de cent places. Une assemblée doit y avoir siégé, probablement un Sénat ou un prytanée [2].

Tout l'espace compris entre les monuments 9 et 10 est couvert de décombres; on y trouvera certainement des inscriptions.

11. Restes d'un portique, qui s'élevait à l'entrée de la ville.

12. Voie sacrée montant à la caverne.

13. 14. Larges voies munies d'escaliers gravissant le Cynthe. Autrefois une route, partant du temple d'Apollon [31] rejoignait la voie 13.

15. Large voie aboutissant à la même porte d'entrée. Elle contourne la plateforme et descend à l'est. Elle était bordée de stèles ou de statues.

16. Petite enceinte en marbre.

17. 18. Ruines de temples. Les ruines n° 18 ont été décrites par Tournefort.

19. Murs transversaux barrant un isthme. Dans les environs, fondations de grands bâtiments oblongs. C'étaient, pense M. Terrier, des magasins où l'on gardait les esclaves. Cette hypothèse me semble très-vraisemblable.

[1] Il a porté jusqu'ici le nom de temple d'Isis. Cf. LEAKE, *Travels in north. Gr.* t. III, p. 100 et 101.

[2] Délos avait un prytanée, C. I. GR., 2266. On y déposait la

20. Source abondante et limpide [1], qui affleure au sol, dans une presqu'île fort élevée. Du reste, on ne rencontre d'eau vive à Délos que dans le puits du Maltais (τοῦ Μαλτέσου τὸ πυγάδιον) [26]. Ce puits est beaucoup plus bas que la source. Il se déversait dans le bassin trochoïde [29]. M. Terrier pense que la source communiquait avec le puits, par un canal aujourd'hui détruit, [24] et formait ainsi le cours de l'ancien Inopus. Nous discuterons cette hypothèse.

21. Stade découvert et décrit par Ross. Esplanade longue et étroite. Le côté N. O. est adossé à la colline. De l'autre côté, mais seulement au centre, on voit des gradins, où s'asseyaient probablement les personnages de distinction, [2] les magistrats et les étrangers que l'on voulait honorer. En face se trouve un piédestal de marbre. Il supportait une statue. Ross y a lu l'inscription mentionnée par Spon et par Wheeler [3] et citée par Bœckh au n° 2277.

22. Calyvia et gymnase étudié par Ross. Parmi les débris de ce gymnase, quelques pleins cintres témoignent d'un art de décadence. Ils ressemblent fort à ceux du petit aqueduc qui aboutissait dans Athènes à la tour d'Andronicos Cyrrhestes. Je pense donc, avec M. Terrier qui les a étudiés, qu'ils datent d'un siècle avant J.-C.

mesure de longueur (ὀργυιά) usitée dans l'île. Délos avait aussi un Sénat, Βουλευτήριον, ID. *ibid.* 2267.

[1] TOURNEFORT., I, p. 290, 291 : « Notre source a 24 pieds d'eau en été. »

[2] ROSS, *Griech. inseln*, t. I, p. 33.

[3] SPON et WHEELER, t. III, p. 86.

23. Colline, ruines, soubassement, et citerne très-ancienne.

24. V. Supra.

25. Rigole d'environ 0 m. 60, versant l'eau du puits du Maltais dans le bassin trochoïde. V. Supra.

26. Puits du Maltais, moderne, à côté d'un orifice ancien qui a 2 mètres de large sur 5 mètres de long.

27, 28, 29. Le bassin trochoïde et ses annexes. Il a quelques pieds seulement de profondeur. Un enduit imperméable le couvrait. Spon [1] a trouvé au centre quelques colonnes, et Tournefort [2] deux piédestaux sur lesquels il a pu lire les noms de Mithridate et de Nicomède Epiphane. L'aspect de cet étang, malgré les modifications qu'il a subies, et sa position nous prouvent que c'était « l'étang en forme de disque » signalé par les auteurs. Hérodote le compare à l'étang de Saïs, à peu près de la même grandeur, comme lui circulaire et comme lui entouré d'un mur [3]. Il était voisin du palmier de Latone, de l'autel de cornes, et nourrissait les cygnes d'Apollon [4]. Il est ceint d'un portique. [29]

Le monument n° 27 est probablement un gymnase. Il avait des colonnes au moins de deux côtés. Quelques-unes sont encore debout. (Diam., 0 m. 60; mesure des entrecolonnements, 2 m. 50.) Les chapiteaux sont doriques, d'un art médiocre. La tradition en fait un

[1] Spon, I, 179.

[2] Tournefort, I, 297, 298.

[3] Hérodot., II, 170, 171.

[4] Cf. Eurip., *Ion*, 161, 170; *Iph. in Taur.*, 1103; Callim., *H. in Del.*, 261; *H. in Ap.*, 59; Theognis, 7.

gymnase, et Spon a trouvé dans le voisinage [1] une inscription qui mentionne le gymnasiarque Séleucus. Il peut y avoir eu plusieurs gymnases à Délos. Monsieur Terrier voit, je crois, avec raison, dans le monument n° 28, l'agora de la ville. Ce monument était un portique formé par une double rangée de colonnes en marbre, séparées de loin en loin par des colonnes de granit [2]. Les colonnes, fort nombreuses du temps de Tournefort [3], ont aujourd'hui presque disparu.

30. Sur deux lignes parallèles à ce dernier monument, nous trouvons des fragments de siéges en marbre, semi-circulaires, des piédestaux, des têtes de taureaux. Cet édifice, s'il dépendait de l'agora, servait peut-être aux jeux et aux cérémonies sacrées de Délos. Une fouille y serait fort utile.

J'en dirai autant pour les édifices 31, 32, 33, 34. On doit retrouver dans ce groupe le temple d'Apollon, le sanctuaire de Diane et leurs annexes. La place du temple d'Apollon [31] et celle du colosse des Naxiens [35] élevé autrefois devant ce temple [4], est fixée par la seule inspection des ruines.

31. Le temple d'Apollon. Il renfermait tant de marbres que son emplacement est encore tout couvert de débris. L'expédition de Morée en a étudié et dessiné quelques-uns [5]. Les colonnes n'étaient cannelées que

[1] Spon, vol. III, p. 86.

[2] Cette disposition de l'agora grecque est mentionnée par Vitruve, 5, 1.

[3] Tournefort, I, 300.

[4] Plut., *Nicias*, 3.

[5] Expéd. de Morée, vol. III, pl. 3 et 4.

près du sol et à la gorge du chapiteau. Cependant, nous fait observer M. Terrier, elles étaient achevées, puisque le temple fut réparé entre l'olympiade 110 et l'olympiade 150 [1], longtemps avant la dévastation de l'île. Les tambours ont, les uns 0 m. 95, les autres, 0 m. 70. La plinthe du chapiteau mesurait 0 m. 20 d'épaisseur sur 1 m. 15 de largeur. L'édifice n'était guère plus grand que le temple de Thésée à Athènes, et n'avait pas 50 mètres de long.

Les édifices 32 et 33 semblent avoir été reliés l'un à l'autre. On voit entre eux des têtes de dauphins, des tuiles de marbre, des fragments de pilastres. Parmi les ruines du premier, on rencontre des chapiteaux, doriques d'un côté, représentant de l'autre des taureaux agenouillés [2].

L'édifice n° 33 est un temple dorique de 16 mètres de long [3]. Le diamètre des colonnes est de 0 m. 65. Parmi ces débris, une petite base ronde porte une inscription qui est donnée incomplètement dans le troisième volume de l'Expédition de Morée [4].

Les édifices 34 et 35 furent un grand temple et peut-être des propylées. En 35 [5] se trouve la base d'une

[1] C. I. Gr., n° 2266.

[2] Expéd. de Morée, vol. III, pl. 7. Ces génisses ou ces taureaux ne seraient-ils par les représentations de divinités lunaires ? d'Artémis taurique ? des vierges hyperboréennes ?

[3] Voir le dessin d'un fragment d'antéfixe. Expéd. de Morée, vol. III, pl. 9, fig. 5.

[4] Cf. C. I. Gr. add. n° 2283 c.

[5] Kirchhoff (*Histoire de l'alphabet grec*), et M. Terrier (*Mém. inéd.*), ont fait l'histoire de cette base et de l'inscription qu'on y trouve gravée.

statue colossale que les Naxiens avaient érigée au dieu de Délos. Cette statue fut renversée par le palmier de bronze que Nicias consacra[1] devant le temple d'Apollon. La base de la statue est encore en place. On y a gravé deux inscriptions, l'une, aujourd'hui très-mutilée : « Les Naxiens à Apollon » ; l'autre, beaucoup plus ancienne, et qui doit être ainsi restituée : τοῦ αὐτοῦ λίθου εἰμὶ ἀνδριὰς καὶ τὸ σφέλας [2]. — « Nous ne sommes qu'une même pierre, la statue et la base ». Sans doute le colosse abattu fut relevé, et l'inscription des Naxiens gravée après coup. Au moyen âge, le dieu était encore debout ; les Vénitiens voulurent l'enlever et ne réussirent qu'à le renverser [3]. On a raconté à Wheeler[4] qu'un Anglais avait mutilé cette statue, et à Spon, qu'un provéditeur de Tinos avait fait scier le visage du dieu. Tournefort vit le colosse brisé en deux morceaux. Ils ont été transportés à quelque distance de leur base [37].

36. Portique de Philippe. Ce monument mesurait plus de 100 mètres de long. Les colonnes sont en style dorique, très-élancées, puisqu'elles n'avaient à supporter qu'un plafond. Sur l'architrave courait une inscription[5] consacrée au roi de Macédoine Philippe, fils de Démétrius. On ne distingue plus que le mot βασιλέως.

37. Fragments du colosse.

[1] Plut., *Nicias*, 3.

[2] Montfaucon, Hardouin (Cf. Tournefort, vol. I, p. 360), d'Orville, Bœckh et enfin Kirchhoff ont commenté cette inscription.

[3] Bondelmonte, *Liber insularum*, ch. xxxii, p. 92.

[4] *Voy. en Grèce*, p. 56.

[5] C. I. Gr. n° 2274.

38, 39. Vestiges de temples. Tournefort a trouvé des lions en marbre, probablement près des ruines de l'édifice n° 39.

40. Un temple et une muraille couronnant le sommet d'une colline.

41. Anse au N. E., où l'on aborde en venant de Mykonos.

42. Petite anse située en face du grand Rhématiari.

43. Temple en granit. Les colonnes en sont renversées sans être brisées.

Nous ignorons à quels édifices beaucoup de ces ruines ont appartenu; et, d'un autre côté, nous connaissons les noms de plusieurs monuments dont nous ne saurions encore marquer exactement la place.

Autour du temple d'Apollon, et dans l'intérieur même de ses murs, s'élevaient des édicules nombreux, des statues, des autels, dont le souvenir s'est conservé.

Sans doute on ne retrouvera ni les ξόανα [1] renversés par Ménophane, ni la fameuse statue qu'avaient apportée les Méropes, contemporains d'Hercule [2]. Mais on dé-

[1] PAUS., III, 23, 2.

[2] PLUT., *De music.*, ch. XIV. Elle tenait de la main droite un arc, de la main gauche les trois Grâces. L'une portait une lyre, la seconde une double flûte, la troisième une syrinx. Anticlide d'Athènes et Istros l'ont décrite. Les Méropes, qui l'avaient apportée, habitaient l'île de Cos. — La statue d'Apollon Délien comptait avec celles d'Athéné Poliade, de Bacchus Limnæen, d'Apollon Amycléen, parmi les plus anciennes de la Grèce. Suivant le récit fabuleux de Philostrate, Apollonius de Thyane

blaiera peut-être quelques bases de statues offertes par Antiochus Epiphane [1], ou les débris de l'opisthodome qui a sans doute renfermé le trésor sacré, ceux de la cella, de ses inscriptions et de ses dédicaces [2]. Dans le temple, ou près du temple, s'élevèrent plusieurs autels dont il faudrait déterminer l'emplacement. Ce sont :

1° L'autel que l'on doubla par ordre de l'oracle [3];

2° L'autel de cornes (κεράτειος, κεράτινος), situé près du bassin trochoïde, et probablement en-dehors du temple. Il était fait, suivant Callimaque [4], avec les cornes gauches des chèvres que Diane chassait sur le Cynthe, et ce fut le premier ouvrage d'Apollon âgé de quatre ans. Il l'entoura d'une enceinte construite également en cornes. Cet autel, qui passa pour l'une des merveilles du monde, est l'un des plus anciens monuments qui aient été élevés à Délos près du rivage. On en connaissait un semblable dans le temple d'Ephèse [5].

Mais l'autel délien est plus souvent cité [6]. Suivant

en rencontra de semblables à Paraca, dans l'Inde (PHILOSTR., *Vit. Ap.*, III, 14).

[1] POLYB., XXVI, 7, 10-12.

[2] Le traité de paix conclu entre Persée et les Béotiens avait été placé dans le temple de Délos. Cf. T. L. XLII, 12.

[3] PLUT., *De Genio Socratis*, ch. VII. — *De e. ap. Delphos*, ch. VI. Pensant le doubler, les Déliens l'octuplèrent. Platon leur apprit que, pour doubler un cube, il n'en faut pas multiplier par deux toutes les dimensions. Il leur donna une solution approximative du problème, qui revient à chercher la racine cubique de deux.

[4] *Hymn. in Ap.*, 60 et suiv.

[5] EUSTATH., ad *Iliad.*, VIII, 249.

OVID., *Héroïd.*, 21, 98. — POLL., *Onom.*, Δ, 101. — PLUT., *Vit. Thes.*, 21. — PLUT., *De Solert. anim.*, 35.

Plutarque, c'est avec des cornes de bœufs, arrachées du côté droit, qu'il avait été édifié, et non pas avec des cornes gauches enlevées à des chèvres.

Nous n'insisterons pas sur cette grave question qui a préoccupé Spanheim [1]. Tout autour, on dansait le Γέρανος.

3° Près de cet édicule, s'élevait « le mauvais autel de Délos », Δήλου κακὸς βωμός. Les matelots, les mains liées derrière le dos, recevaient des coups de fouet tout autour en mordant un olivier sacré. On ne connaît pas l'origine de cette coutume bizarre [2].

Ces autels n'étaient pas très loin du temple, et l'on peut croire qu'ils ont été enfermés dans l'enceinte de son péribole. Il y faudrait chercher aussi tous ceux que les Hyperboréens, puis Erysichthon, ont consacrés au Dieu [3].

4° L'autel d'Apollon Génitor peut au contraire avoir été élevé assez loin de l'édifice principal. Il était situé

[1] CALLIM., *H. in Ap.* 59 et suiv., et le commentaire de Spanheim.

[2] HESYCH. — CALLIM., *Schol. h. in Del.*, 321. Une nymphe avait mordu l'olivier pour amuser l'enfance d'Apollon. Cette explication, que donne Callimaque, ne doit pas être fort ancienne. En voici une autre que l'on pourrait proposer : On verra plus loin que les Œnotropes, déesses du vin, de l'huile et du blé, eurent un culte à Délos, et que l'île célébra des fêtes pastorales. Ce fidèle qui, les mains liées, essaie de mordre un olivier dont il est repoussé à coups de fouet, n'est-il pas frappé comme l'animal que l'on écarte des jeunes plantations ? Cette cérémonie délienne, populaire et joyeuse, nous fait songer aux fêtes des vendanges, célébrées en Mégaride, et qui jouèrent un rôle si considérable dans l'histoire du théâtre grec. L'esprit en est le même.

[3] Cf. GERHARD, *Mythologie*, t. I, p. 300. — PLUT., *de dædalis plat.* X.

derrière le κεράτινος βωμός, on ne sait à quelle distance. L'autel d'Apollon Génitor, suivant Clément d'Alexandrie, le plus ancien que l'on connût à Délos [1], était aussi appelé ἁγνὸς, ἀναίμακτος, et « autel des hommes pieux. » On n'y portait aucune offrande qui eût vécu [2], et l'on n'y allumait point de feu. On y consacrait du blé, de l'orge, des gâteaux [3]. Ce fut le seul auquel Pythagore voulut sacrifier [4].

Autour du temple d'Apollon, et, en quelque sorte, sous sa dépendance, se groupaient quelques édifices, chacun avec son enceinte spéciale. C'était le Létoüm [5] et ses propylées, ornés des vers de Théognis; c'était l'Artémisium avec ses escaliers [6], sous la dépendance directe du temple d'Apollon [7]. Ce temple d'Artémis renfermait une statue célèbre de la déesse [8]. Le tombeau des vierges hyperboréennes Hypéroché et Laodicé se trouvait dans l'Artémisium, à gauche, en entrant [9]. Celui des

[1] Clem. Alex., *Strom.*, VII, 717, Paris. Cet autel existait encore du temps de Julien. — Cyrill., *adv. Julian.*, IX, 307, 6.

[2] Les ministres du Zeus crétois s'abstenaient aussi de viande. Porphyr. *De abstin.*, IV, 19.

[3] Porphyr., *De abstin.*, II, 28. — Macrob., *Saturn.*, III, 6. — Cyrill., *adv. Julian.*, X, p. 348. — Clem. Alex., *Strom.*, VII, 304. — Ælien, *Hist. var.*, XI, 5, etc.

[4] Diog. Laert., VIII, 13. — Jambl., *Vit. Pyth.*, V, 25. — Cic., *De nat. Deor.*, III, 36.

[5] Strab., 485. — Cf. *Poët. lyr. gr.*, éd. Bergh, art. Theogn., loc. cit. — Aristot., *Eth. ad Nic.*, 1, 8.

[6] Ovid., *Héroid.*, XXI, 105.

[7] Clem. Alex., *Cohort. ad gentes*, III, 29.

[8] Hyperid., *Orat. attic.*, éd. Didot, fr. 78. — Harpocr., Ἀρτεμίσιον.

[9] Hérodot., IV, 34. — Clem. Alex., loc., cit.

vierges Argé et Opis était tourné vers l'orient, derrière l'Artémisium, et près de la salle des Céïens. Elles avaient un autel sur lequel on versait les cendres des sacrifices [1].

Une statue d'Aphrodite, œuvre de Dédale, et un temple édifié par Thésée [2] avaient été consacrés à Phœbus-Apollon. Ce temple d'Aphrodite ne doit pas être loin du sanctuaire principal. Peut-être aussi faut-il chercher dans ces environs l'édifice dédié à la Providence de Minerve [3]. Une inscription porte la mention d'un temple des Déliens [4]. Il était probablement voisin du grand temple d'Apollon ou de son oracle situé dans la montagne.

D'autres sanctuaires, des pinacothèques, des portiques, des salles de festins destinées aux théores [5], des habitations de néocores [6], se groupaient aussi autour du temple d'Apollon et du marais trochoïde. Des arbres sacrés s'élevaient parmi les demeures des dieux. Le plus célèbre était le palmier qui, depuis Homère [7], avait eu sans doute un assez grand nombre de successeurs [8].

Suivant quelques légendes, Apollon était né près du bassin trochoïde, au pied de ce palmier. Mais l'emplacement des arbres sacrés à Délos est difficile à fixer,

[1] HÉRODOT., IV, 35.
[2] CALLIM., *H. in Del.*, 308 et suiv., cf. Schol. — PLUT., *Thés.*, 21. — PAUS., IX, 40, 2.
[3] MACROB., *Saturn.*, 1, 17.
[4] LE BAS, *Inscr. att.*, 242, l. 11.
[5] HÉRODOT., IV, 35.
[6] LE BAS, *Inscr. att.*, 244, l. 9.
[7] HOM., *Od.*, VI, 162.
[8] CIC., *De leg.*, I, § 1.

parce que les différents récits qui s'y rapportent, se contredisent. Ainsi, quand Latone enfante, tantôt elle embrasse le palmier [1], tantôt le palmier et l'olivier [2], ou l'olivier seul [3], ou deux lauriers [4].

Artémis est née près d'un olivier [5] qui se trouvait probablement dans l'Artémisium. Un autre olivier croissait près du « mauvais autel », et un autre encore sur le tombeau des vierges hyperboréennes Hypéroché et Laodicé [6].

Un laurier s'est agité près de l'oracle du Cynthe [7]. Suivant Euripide [8] trois arbres sacrés, un palmier, un laurier, un olivier, s'élevaient à côté du temple de Diane. Il est donc probable qu'il y avait en différentes places plusieurs arbres sacrés, ayant chacun leur histoire. Ces légendes pouvaient se contredire sans que la piété des fidèles en fût offensée ; mais le palmier qu'a cité Cicéron devait être considéré comme le plus ancien et le plus vénérable.

Ces autels, ces sanctuaires, ces arbres sacrés s'élevaient près du temple d'Apollon et du bassin trochoïde.

[1] *H. hom. in Del.*, 18.

[2] NONNUS, XXXVI, 125. — OVID. *Metam.*, VI, 335. — CALLIM., *H. in Del.*, 210, comment. Spanheim.

[3] HYGIN, 140.

[4] SERVIUS, *Comment. ad Æneid.*, III, 90 et suiv. Il s'agit peut-être aussi d'un bois de lauriers. L'un de ces lauriers est, suivant un vieux mythe délien, le plus ancien qui ait existé. EUSTATH., *Od.* Z, 162.

[5] CATULL., XXXIV, 8.

[6] HÉRODOT., IV, 34.

[7] VIRG., *Æneid.*, III, 90 et suiv.

[8] EURIP., *Iph. in Taur.*, 1097 et suiv.

Pour en retrouver les emplacements, si quelques vestiges les marquent encore, il suffira de fouiller près de trois points nettement déterminés : la base du colosse [35], le temple d'Apollon [31], l'étang trochoïde [29]. J'incline à penser avec M. Terrier que les propylées et le Létoüm avaient été construits devant le temple d'Apollon [en 34] et que les édifices [32 et 33] voisins de ce temple, et dont les colonnes supportaient des têtes de taureaux ou de génisses, étaient consacrés à des divinités lunaires, à Diane ou bien aux vierges hyperboréennes.

L'île possédait d'autres temples : c'étaient ceux d'Anios, de Dionysos, de Proserpine [1], d'Hercule Tyrien [2], de Neptune [3], d'Esculape et des Dioscures [4].

Si l'on ajoute à cette liste les noms déjà cités des arbres et des autels déliens, le Létoüm et l'Artémisium, dans le cas où nous en aurions mal fixé l'emplacement, les tombeaux où les vierges hyperboréennes furent ensevelies, le tombeau d'Ajax [5], le temple d'Aphrodite et celui de Minerve Pronoia, on saura quels lieux sacrés doivent encore être cherchés dans l'île.

Elle possédait en outre plusieurs édifices civils, des banques, un sénat [6], un prytanée [7], une place où se réunissaient en assemblée les Athéniens de Délos (ἐκκλη-

[1] Cf. Eustratiadès, Ἐπιγραφαὶ ἀνέκδοτοι, 3e livraison. Athènes, 1855, p. 67.

[2] C. I. Gr. 2271.

[3] C. I. Gr. 2271.

[4] C. I. Gr., 2270, 2292.

[5] Vid. supr., p. 31.

[6] C. I. Gr., 2267.

[7] C. I. Gr., 2266.

σιαστήριον) [1], et des habitations destinées aux théores [2].

Nous sommes sûrs de connaître les emplacements du port et des quais [37], de plusieurs voies sacrées [12, 13, 14, 15], du théâtre [4], du stade [21] et d'un gymnase [22], du bassin trochoïde [29] et du temple d'Apollon [31], du portique de Philippe [36] et du portique qui terminait la ville à l'est [11], du temple de Sérapis [9]; enfin du temple de Jupiter et de Minerve Cynthiens [1] et de l'oracle d'Apollon [3].

Après avoir indiqué à nos successeurs quelle tâche ils devront accomplir et leur avoir annoncé une réussite presque assurée, passons à l'étude de ces deux derniers temples que nous avons déblayés sur le Cynthe.

[1] C. I. Gr., 2270.
[2] C. I. Gr., 2329.

CHAPITRE II

Le Temple primitif d'Apollon.

SOMMAIRE : § 1. Introduction. — § 2. Caverne du Dragon. Description de l'édifice faite avant la fouille. — § 3. Le bassin de marbre et le mur de soutènement. — § 4. Histoire de la fouille pendant les premiers jours. — § 5. Description du temple. — § 6. Description du téménos. — § 7. Etude raisonnée de l'édifice. Le toit et les murs du temple. Disposition générale. Caverne pélasgique. — § 8. Exposition et orientation. Caverne astronomique du soleil. — § 9. Le bætyle. La statue. Le χάσμα et le séjour de l'oracle. Le trépied. — § 10. Vérification par les textes. Hélios et Apollon. — § 11. L'oracle d'Apollon mentionné dans l'hymne homérique. Naissance d'Apollon. — § 12. L'oracle d'Apollon décrit par Virgile. — § 13. L'oracle d'Apollon, ses trépieds, et le mythe de la naissance mentionnés par Himère. — § 14. Le Dragon. — § 15. L'Inopus. — § 16. La divination à Délos. — § 17. Conclusion.

§ I. *Introduction.*

I.

Au mois de mars 1873, une somme de mille francs, qui fut bientôt doublée, était mise à ma disposition par le Ministère de l'Instruction publique, sur les instances de M. Burnouf, directeur de l'Ecole d'Athènes. Cette somme était destinée à une fouille que j'allais entreprendre sur le Cynthe. Voici quelles raisons m'avaient décidé à me charger de ce travail.

M. Burnouf avait été conduit « par une suite » de considérations astronomiques, appuyées par des » textes nombreux, à penser que l'île de Délos avait été

» un centre d'observations très-anciennes et avait » joué parmi les Ioniens, un rôle analogue à celui » qu'eut plus tard l'acropole d'Athènes. La nature » même du principal dieu de Délos, d'Apollon, dieu so» laire par excellence, était d'accord avec cette sup» position [1]. »

M. Burnouf avait trouvé en outre dans l'Odyssée un texte accompagné de scholies sur lesquelles nous reviendrons [2]. D'après Homère et ses commentateurs, Syros ou Ortygie, c'est-à-dire Délos, et peut-être chacune de ces deux îles, avaient possédé une « caverne du soleil. » Cette caverne avait servi d'ob-

[1] EM. BURNOUF, *Revue archéologique*, nouvelle série, 14e année, 8 août 1873. — Cf. *Archæologische Zeitung* (CURTIUS UND SCHÖNE) neue Folge, 8en Band 1tes und 2tes Heft, 4 mai 1875, p. 59. M. Adler attribue au sanctuaire cynthien la plus haute antiquité ; mais, tout en insistant sur l'importance du temple, il n'admet ni que Diane et Apollon y soient nés, ni que des observations astronomiques y aient jamais été faites. J'ai mis en avant la première de ces deux hypothèses, et j'essaierai de la démontrer : je pense que la caverne du Cynthe est l'oracle d'Apollon, et, suivant quelques légendes, le lieu de sa naissance. Le problème astronomique, posé par M. Burnouf, est complexe. 1° On verra ici quelles raisons doivent faire penser avec lui que des préoccupations astronomiques ont présidé au choix de l'emplacement et à la construction du temple ; 2° Dans quelle mesure ce temple a-t-il été un observatoire, et, pour étendre la question, des sanctuaires ont-ils été disposés, en Asie et en Grèce, sur des alignements déterminés par des observations solaires ou sidérales ? Ce problème n'est pas de ma compétence, et il n'appartient qu'à M. Burnouf, qui l'a posé, de le résoudre. Sa théorie est indiquée avec une grande netteté dans un de ses derniers articles. (Cf. *La Revue de l'Architecture* de César Daly, vol. XXXI, 1874).

[2] HOM., *Od.*, O, 403 et les scholies.

servatoire, grâce à son orientation, ou bien à quelque instrument qu'elle pouvait avoir contenu.

La question en était là, quand elle me fut proposée. Je ne voulus pas entreprendre une fouille et risquer un échec avant d'être à peu près sûr de trouver un monument très-ancien, et d'en avoir déterminé la place. Je rencontrai deux textes, l'un attribué à Homère [1], l'autre de Virgile [2], qui mettent sur le Cynthe un sanctuaire antique d'Apollon. C'est dans ce sanctuaire qu'avait résidé l'oracle primitif du dieu. Mais restait-il des traces de l'édifice et en retrouverait-on l'emplacement exact ? Ce problème a été résolu en commun par M. Burnouf et par moi. Nous connaissions déjà l'existence du temple d'Apollon, situé sur le bord de la mer : il s'agissait pour nous d'en trouver un second, plus ancien, dans la montagne. Nous avons lu quelques descriptions de l'île ; nous avons étudié les planches de l'expédition française ; et cet examen nous a fait penser que l'édifice cherché existait encore. Sur le flanc du Cynthe, dix énormes dalles de granit formaient une sorte de voûte appelée « porte de pierre » ou « antre du dragon ». Si ce n'était pas un réservoir, comme le pensait Ross, et avec Ross l'érudition allemande, c'était la caverne du soleil, c'était le toit de l'oracle d'Apollon. Notre siége était donc fait d'avance ; M. Burnouf m'avait donné la première idée ; je l'avais précisée, et notre découverte allait être le fruit d'efforts communs et d'une entente complète.

[1] *Hymn. hom. à Ap. dél.*, éd. Baumeister, Teubner, Leipsig, 1860, 15-18 et 79-81.
[2] Virg., *Æneid.*, III, 84 et suiv.

II.

Déjà cette voûte avait attiré l'attention de nombreux voyageurs. De quel monument avait-elle fait partie? Suivant Leake [1], la porte de pierre était l'entrée d'un trésor; M. Benoist [2] et, après lui, M. Lacroix y voyaient plutôt le toit d'un adyton, et M. Terrier y plaçait [3] un sanctuaire ancien. Un rédacteur de l' « Expédition de Morée », la soupçonnant d'être un λητῷον, trouvait un moyen ingénieux d'indiquer son opinion sans se compromettre : il faisait dessiner une vignette [4] représentant la caverne, et, à l'entrée, Latone avec ses deux enfants. On avait approché de la vérité ; mais l'érudition tout-à-fait moderne s'en éloignait complètement. Elle prenait cette porte de pierre, soit pour une galerie de forteresse, comme celle de Tirynthe, soit plutôt, avec Ross [5], pour un réservoir.

III.

Je ne conterai pas ici l'histoire de mes espérances et de mes fatigues ; cela n'importe guère à la science. Les difficultés matérielles, peu considérables du reste, qui m'ont souvent retardé, ne l'intéressent pas davantage [6].

[1] LEAKE, *Travels in northern Gr.*, t. III, p. 101.

[2] BENOIST, *Archives des missions scientifiques et littér.*, t. II, p. 386.

[3] TERRIER, *Mém. inéd.*

[4] EXPÉD, DE MORÉE, in-4°, t. I, (relation) in fine.

[5] ROSS, *Griech. Inseln.*, I, p. 31 et suiv.

[6] J'ai été soutenu, encouragé dans cette tâche, par le gou-

Il a fallu briser à coups de maillet ou rouler à la force des leviers hors de l'enceinte sacrée, des blocs énormes de granit tombés du toit; et ce travail, accompli avec les plus grandes précautions, a fait perdre un temps considérable. On enlevait aussi la terre qui comblait le temple presque à la hauteur du faîte, et qui couvrait le péribole. On atteignait partout au sol primitif, qui est tantôt du granit, tantôt une terre durcie et battue. Cette terre a été défoncée en deux endroits, et je me suis ainsi convaincu qu'il n'y avait pas au-dessous de sol plus ancien.

§ II. *Caverne du dragon. — Description de l'édifice faite avant la fouille.*

Voici tout ce qu'on pouvait savoir de la caverne avant de l'avoir déblayée. Elle est située à mi-hauteur

vernement grec, qui, après m'avoir autorisé à faire cette fouille, m'a recommandé aux principales autorités des Cyclades; par le consul de France à Syra, M. Challet, qui m'a offert la plus cordiale hospitalité, et qui est venu le premier, avec quelques compatriotes, m'encourager pendant mes longues fouilles ; enfin, par le maire de Mykonos, M. Kampanis, qui a mis sa maison et son temps à ma complète disposition, m'a procuré les meilleurs ouvriers du pays, m'a aidé de tout son pouvoir avec la bonté la plus dévouée. Je dois aussi une mention spéciale à M. Panaïotis Stamatakis, envoyé par son gouvernement afin de recueillir les antiquités que je découvrirais. Pour appliquer cette clause légale et ménager en même temps l'amour-propre d'un étranger, on m'avait subordonné mon surveillant avec le titre d'auxiliaire : ὡς βοηθῶν. Il m'a rejoint avec deux ouvriers, quelques jours après le commencement de mes fouilles, et s'est acquitté avec zèle et prudence de sa mission délicate.

du Cynthe. Adossée à l'est contre la montagne, qui n'en ferme pas exactement le fond, elle regarde Syra, au-dessus de la partie basse de Rhénée, par l'ouverture occidentale, qui est la plus large. Elle occupe l'extrémité inférieure d'un ravin, long et étroit, qui descend entre deux murs naturels de granit. Ce ravin est comblé au-dessus de la grotte par une quantité de gros blocs que l'eau, venant du sommet de la montagne, lave pendant les pluies d'orage. Autrefois, il était protégé contre ces pluies par une large voie sacrée, qui montait entre la caverne du dragon et la plate-forme supérieure du Cynthe.

Dès qu'on a franchi la caverne, à l'ouest, en descendant, les deux parois de granit s'abaissent et s'écartent.

La grotte est couverte par une sorte de toit que la main des hommes a mis sur ces deux murailles naturelles. Ce toit est formé de dix pierres longues et épaisses, s'appuyant deux à deux par leurs sommets taillés à la hache [1]. Leurs bases, également taillées, sont posées de chaque côté sur une marge qui entame les flancs du ravin à 0 m. 12 environ de profondeur. Comme les parois de la grotte vont en se rétrécissant depuis l'ouverture jusqu'au fond, ces cinq couples de pierres sont de longueur inégale ; il a fallu les équarrir avant de les ajuster ; par conséquent, les mesurer et calculer avec précision l'angle qu'elles forment deux à

[1] Largeur du ravin au-dessus duquel ces pierres forment toit : partie antérieure 4^{m}70, partie postérieure 3^{m} 27. Longueur de chacune des deux pierres antérieures du toit, 2^{m} 90 ; largeur 1^{m}, hauteur 0^{m} 43.

deux. Cela fait, il n'aura pas été non plus très-facile de mouvoir et de mettre en place ces blocs de granit, dont le moindre pèse environ 2000 kilog.

La face de ces blocs qui regarde l'intérieur de la grotte, est brute. On ne les a donc taillés qu'aux places où ce travail était nécessaire, et à l'extérieur. Sans doute cette opération était difficile, parce que l'on disposait d'outils imparfaits. Les instruments employés pour la taille des pierres aux époques les plus reculées ont été la pointe (τύκος) et une sorte de hache à deux tranchants (πέλεκυς), analogue à notre marteline. Ils ont dû suffire à la construction de cet édifice [1].

Sauf aux places où le toit s'appuie, les parois de la grotte ne portent presque pas trace du travail des hommes. Seule, une pierre triangulaire a été encastrée dans une petite brèche ; peut-être aussi quelques aspérités du granit ont été enlevées, mais il n'a été nulle part ni poli ni strié par une pointe.

Le toit soutenait une quantité considérable de blocs de granit ; ils ne portent aucune trace de main d'œuvre. On en rencontre de pareils sur le Cynthe [2], près de la

[1] La gravure que nous publions, et qui est due aux dessins de M. Burnouf donne une idée tout-à-fait exacte de la caverne. Les pierres du toit sont pourtant un peu plus frustes qu'elles ne paraissent sur ces planches.

[2] La partie supérieure du Cynthe est formée de granits gris auxquels l'atmosphère donne une teinte fauve. Cette pierre, qui n'est pas très-dure, présente beaucoup d'arêtes, de surfaces arrondies, de cavités naturelles. Dans les parties moins hautes, la roche est un schiste micacé, d'un brun jaunâtre, divisé en couches minces, dont le plan est parfois presque vertical. (TERRIER, *Mém. inéd.*)

caverne. Il a donc suffi de les rouler et de les amonceler sur le toit. Quelques-uns mesurent près d'un mètre cube. Une grande partie de ces blocs s'est depuis longtemps écroulée dans la grotte et aux environs. Entre ceux qui sont restés à leur place et le toit, s'étend une couche épaisse de petites pierres et de chaux. J'ai peine à croire qu'elle date de la construction primitive. Si on l'a introduite plus tard, il aura fallu déplacer les blocs cyclopéens qui s'étageaient au-dessus et les remettre ensuite. Cette couche de petites pierres et de chaux protégeait la grotte contre la pluie ; cet amoncellement de blocs de granit roulés sans symétrie sur le toit qu'ils semblent écraser, faisait ressembler ce monument plutôt à une caverne naturelle qu'à un édifice construit par la main des hommes.

La face occidentale du toit, à peu près dégrossie, porte, sur le côté sud, plusieurs longues lignes droites creusées dans le granit. Nous en reparlerons.

Du sable, des pierres, des fragments de marbre remplissaient presque la caverne [1] avant notre fouille.

§ III. *Le bassin de marbre et le mur de soutènement.*

Au delà de cet édifice, les deux murs naturels s'écartent brusquement et continuent à descendre contre le flanc de la montagne, sur une longueur d'environ huit mètres. Cet espace était comblé par des alluvions et des blocs de granit tombés du toit, et le sol s'abaissait

[1] Il y avait 1^{m}10 entre le sol de la grotte et la base du toit.

en pente douce jusqu'à une petite construction circulaire, située à sept mètres de la caverne.

Cette construction est en marbre, d'un travail assez grossier, qui semble accuser une époque de décadence[1]. C'est une sorte de bassin, brisé aujourd'hui en deux morceaux, mais qui était fait autrefois d'un seul cylindre de marbre creusé. La partie inférieure du bassin, peu épaisse, est enlevée, sauf en un endroit qui m'a permis 1° de constater que cet appareil avait la forme d'une cuve ; 2° d'en mesurer la profondeur[2]. La partie centrale du fond a complétement disparu.

Un des deux morceaux de ce bassin restait en place sur des blocs de granit disposés en cercle. Je les ai fait déblayer immédiatement. Ils sont établis sur la terre durcie du sol primitif. Si le bassin reposait autrefois à plat sur ce cercle, il n'y adhérait que par son poids. Les rebords seuls ont été polis à l'extérieur. Ni l'intérieur, ni le dessous de l'appareil ne sont dégrossis ; sans doute il était en partie caché par une feuille métallique ou par un instrument qu'il soutenait. La circonférence de son rebord intérieur est divisée, à intervalles égaux, par trois crans où se sont enfoncés des supports.

Ces cavités à angles droits, peu profondes, n'ont guère pu recevoir que des tringles en métal. Quel appareil ont-elles supporté ? On ne peut le savoir encore. Concluons seulement : 1° que ce bassin de marbre était une base : 2° que cette base a soutenu un instrument qui s'y enfonçait par trois crans, sans doute métalliques, placés avec symétrie.

[1] Diamètre, 1m 80; épaisseur des rebords, 0m 37.
[2] Creux : 1m06 de diamètre; 0m 25 de profondeur.

Un peu au delà de cet appareil, parallèlement à l'entrée de la grotte, se trouve un mur de soutènement, en grosses pierres à peine dépolies, isodome, du quatrième siècle, je crois, ou du cinquième avant Jésus-Christ. Il se prolonge en droite ligne pendant quinze mètres ; puis, au nord, il dessine une petite enceinte rectangulaire, coupée elle-même par un mur, et remonte vers la grotte. Au sud, il rejoint un escalier de treize marches que nous avons déblayé. Cet escalier est en partie creusé dans le roc et formé en partie de pierres rapportées. Il communique à une voie ancienne, qui descend jusqu'au pied de la montagne. Cette voie menait donc à l'escalier, et l'escalier à la surface d'un péribole ou téménos, délimité par le mur autour de la caverne [1].

Le sommet du mur isodome est au niveau du sol de l'enceinte, qui forme une terrasse de 2 m. 15 de hauteur. Ne s'est-il pas élevé plus haut? Beaucoup de blocs de marbre, cubiques, assez mal taillés, ont roulé en face jusqu'au pied du Cynthe ; mais ils paraissent moins anciens que le mur.

Assez large au pied du téménos, la voie sacrée n'a pas ensuite plus de quatre mètres, et, à deux places, des rochers en saillie la rétrécissent encore ; aussi les chars n'y pouvaient-ils monter. Elle longe, sur sa droite, un grand monument en pierre, dont on devra déblayer les fondations [2]. Elle se perd, au pied du Cynthe, dans

[1] Vers le sud on ne retrouve plus trace du mur, mais le rocher porte quelques entailles qui marquent la place soit de l'enceinte, soit de statues ou de stèles.

[2] A Délos presque tous les autres édifices sont en marbre. Ce n'est pas le hasard qui a fait construire près du vieux tem-

une petite plaine cultivée, bornée par le péribole du temple de Sérapis, par les premiers édifices de la ville, l'escarpement de la montagne et les bases des deux voies sacrées munies d'escaliers qui la franchissent.

Une étude topographique attentive devait donc faire penser que la caverne était un temple entouré d'un téménos, continué par un escalier, une voie, et peut-être un terrain sacré.

§ IV. *Histoire de la fouille pendant les premiers jours*

Les objets déblayés pendant les premiers jours des fouilles n'étaient pas tous à la place qu'ils occupèrent autrefois ; ils méritent donc une étude spéciale.

J'ai commencé par découvrir la base du bassin de marbre. Plusieurs blocs de granit qui l'avaient supporté manquaient, mais il en restait assez à leur place pour qu'on n'eût aucun doute sur la forme circulaire de cette base. Ces blocs reposaient sur le sol durci ; ils n'étaient liés ni entre eux ni au sol par aucun ciment.

Je fis mener ensuite une tranchée depuis cet appareil jusqu'à la grotte, en remontant, et attaquer en même

ple ce monument en pierre. Il est assez grand. Est-ce le temple d'Anios ? de l'Apollon des Déliens ? Etait-ce un monument consacré aux anciens περφερέες ou bien aux serviteurs plus modernes d'Apollon et de son oracle ? Dès l'époque homérique, le culte était desservi par des ἱερεῖς et des μαντεῖς qui avaient, comme Maron (Od., IX, 200), leurs demeures près des temples. Plus tard, Apollon eut ses corporations d'ὅσιοι. Nous ne savons pas comment l'oracle d'Apollon était desservi, mais j'incline fort à penser que le monument le plus rapproché du sien était en rapport avec son culte.

temps le fond de l'édifice. La fouille a mis au jour, sous le cinquième arc du toit, un degré formé par quatre blocs de marbre, reposant à plat sur le sol un peu durci. Il doit avoir été mis à cette place par la main des hommes, après que le temple eut été comblé. J'ai trouvé près de cette marche : 1° le tambour en marbre d'une colonne dorique, cannelé à l'une de ses extrémités ; 2° un débris d'une statue en marbre de Paros : c'est un tronc d'arbre couvert d'une peau de lion [1].

[1] Ce morceau de marbre, très-enfoncé dans la caverne, peut lui avoir appartenu. J'y verrais difficilement le support d'une statue d'Apollon, auquel le lion n'était pas consacré, à moins que le dieu, dans la caverne du Cynthe, n'ait conservé les attributs d'Hélios, qui l'y a précédé, ou de Pan, qui lui apprit l'art de la prophétie. Il est possible aussi qu'Hercule ou Dionysos aient habité avec Apollon dans cet adyton. Nous trouvons à Délos, dans un gymnase, Hercule associé avec Mercure (Cf. mes inscr. n° 23). Cette anomalie, des plus rares, nous autorise à en supposer une autre. Dionysos, lui aussi, peut avoir été placé dans l'adyton d'Apollon, à Délos. A Delphes, en effet, il était adoré l'hiver au lieu d'Apollon (PLUT., *Quæst. gr.*, 12, *de Iside et Osiride*, 36; *de ei ap. Delphos*, 9), et les cultes d'Apollon Delphien et Délien ont entre eux des ressemblances nombreuses et frappantes. (Vid. infr. passim.) Apollon Delphien émigrait l'hiver chez les Hyperboréens, et l'on chantait alors des dithyrambes dans son temple, où Dionysos le remplaçait ; nous savons qu'Apollon Délien passait l'hiver à Patare, ne revoyait son temple qu'au printemps, et enfin que des dithyrambes furent chantés à Délos. (Cf. notre préambule, art. Simonide.) Du reste les Orphiques et Euripide semblent avoir fait d'Apollon et de Dionysos un seul et même dieu, et Macrobe les identifie avec le soleil à la marche tantôt apparente, tantôt invisible et secrète. (Cf. LENORMANT ET DE WITTE, *Monum. céramogr.*, I, p. 148; II, p. 17, 18; p. 106 et suiv.) Si l'on en croit un mythographe latin, d'une valeur, il est vrai, contestable, le soleil, Apollon et Bacchus ne seraient qu'un seul dieu, le soleil

Au-dessous de ces fragments, un énorme bloc de granit occupait le centre de la caverne. Protégées par cette masse, les antiquités que nous avons trouvées ensuite ne me semblent pas avoir été déplacées à l'époque moderne.

En même temps nous dégagions la porte d'entrée et les murs en appareil irrégulier dans lesquels elle est percée[1].

§ V. *Description du temple.*

Les objets que nous avons trouvés ensuite ont appartenu au temple ; ils étaient presque tous à l'endroit qu'ils occupaient le lendemain de sa destruction. Il est donc inutile de poursuivre l'histoire de ces fouilles, et nous pouvons les supposer achevées. La terre qui remplissait l'adyton et le téménos a été transportée à une assez grande distance, loin de tout débris antique, sur les flancs du Cynthe ; les blocs de granit qui jonchaient le sol, ont été roulés sur la petite plate-forme où la voie sacrée vient aboutir, au pied de l'escalier. Voici maintenant les dimensions et l'économie du temple.

Depuis le sommet du toit jusqu'au sol, il a 5 m. 78 de

dans le ciel, Bacchus sur la terre, Apollon dans les enfers « unde et adyta ei consecramus ». (*Ed. Vatic.*, t. III, l. 3, art. Apoll. § 16.) Nous trouvons un adyton consacré au soleil et à Apollon: pourquoi n'aurait-il pas été habité par Dionysos ? Malheureusement les preuves directes que nous avons entre les mains ne nous permettent pas de conclure. Bacchus eut un temple à Délos et son nom est mêlé à la légende des Œnotropes, filles d'Anios, prêtre d'Apollon. (Cf. C. I. Gr., 2270 et infra, Mythol.)

[1] Voir les planches.

hauteur ; sa longueur est de 5 m. 20. Le fond (2 m. 30), est fermé par le flanc naturel de la montagne ; on n'y voit aucune trace de travail humain. Cependant une construction s'y serait appuyée, que nous ne pourrions le savoir, tant ce granit est dégradé par les eaux. Il s'émiette sous la pioche. Il ne ferme qu'à demi la grotte et ne l'a jamais fermée complètement. Le toit n'a jamais eu plus de cinq couples de pierres, et l'arcade que forment ces pierres, soit à l'entrée, soit au fond du temple, a toujours été à ciel ouvert. Le matin, au mois de mai, le soleil rasant la croupe du Cynthe, un peu au nord du sommet principal, pénètre assez obliquement par l'ouverture de la grotte, qu'il traverse, vers sept heures et demie, dans toute sa longueur.

L'entrée du temple (4 m. 90) regarde l'occident. Elle est garnie de deux murs séparés par une porte. S'appuyant à angle droit contre les parois du ravin, qui vont en s'évasant, ils donnent au sanctuaire la forme d'un losange, dont un angle est tourné vers le téménos. Cette disposition agrandit la superficie de l'édifice.

A l'intérieur du temple, ces murs sont à peu près dégrossis, et disposés par assises légèrement obliques. En dehors, les saillants des blocs n'ont pas été abattus et forment ainsi des angles sortants, grâce auxquels les pierres s'emboîtaient les unes dans les autres, sans chaux ni ciment. Plusieurs de ces pierres étaient écroulées quand nous avons déblayé les murs, qui aujourd'hui ont environ 1 m. 20 d'épaisseur. Ils ne se sont pas élevés tout-à-fait jusqu'à la base du toit. Ils étaient cependant un peu plus hauts qu'à présent. (H. maximum actuelle, 2 m. 70.)

La porte (1 m. 12 de large) est munie de montants en marbre (0 m. 18 d'épaisseur). Ils ne datent pas de la construction des murs, et leur partie supérieure ne s'y adapte pas exactement. Le seuil est demeuré, le linteau a disparu. La porte qu'ils soutenaient allait en diminuant un peu de bas en haut.

Dans le temple, assez près du fond, un bloc de granit est posé sur le sol et calé d'un côté par une dalle. Son plus grand axe mesure 1 m. 65; le plus petit est de 0 m. 90[1], sa hauteur de 0 m. 73. Il n'est pas en proportion avec le temple, surtout en largeur[2]. Ce bloc porte, à sa partie supérieure, une entaille peu profonde, de forme ovale[3]; et sur cette entaille repose, étayée par des coins de plomb, la base d'une statue. La plupart de ces coins n'adhéraient qu'à peine au granit; et la base, en marbre de Paros, très-peu épaisse, n'y est pas scellée. A l'époque ancienne, la statue pouvait donc facilement être enlevée et remplacée sans que l'on touchât à son grossier piédestal. Plus tard, quand elle fut brisée, il suffisait, pour prendre ces coins de plomb, de soulever le marbre, et c'était très-facile. Or, on sait avec quelle

[1] J'aurais voulu le déplacer; mais je ne pouvais le faire rouler à l'aide de leviers, sans le dégrader, et il m'eût été fort difficile d'installer un cric dans le temple. Il était absolument nécessaire que le bloc fût remis à la place qu'il a occupée de toute antiquité. Si donc on a quelque jour la curiosité de le soulever, il faudra employer des instruments puissants et d'une précision mathématique.

[2] Voici les autres mesures : distance de la pierre à la porte d'entrée, 3m; au fond de la grotte, 1m 15; au côté sud, 0m 45; au côté nord, 1m 15.

[3] 0m 07 environ.

avidité on arrachait, pendant le moyen-âge, aux monuments antiques leurs scellements et tous leurs métaux. Ces morceaux de plomb, si faciles à prendre, ont été respectés. Cela prouve que ce piédestal de granit et ce fragment de marbre étaient enfouis avant l'époque où les paysans et les navigateurs ont commencé à piller Délos. Cette base a été préservée par un énorme bloc tombé dans la caverne, et qui a dû, en s'écroulant, renverser et briser la statue.

Il ne reste de la statue, à la place qu'elle occupait, que le pied gauche, cassé au-dessus de la cheville, l'extrémité des doigts du pied droit, et un morceau du support qui maintenait son talon à quelques centimètres au-dessus du sol. Au-delà du pied gauche, la base en marbre a disparu. Comme la statue était penchée vers la gauche, j'ai pensé qu'elle aurait pu s'appuyer sur l'arbre couvert d'une peau de lion, trouvé d'abord. Il ne s'adapte pas exactement au creux entaillé dans le granit.

Le pied de la statue était d'un très-beau travail ; on en peut juger facilement, bien qu'il soit assez dégradé. Tout autour du piédestal, nous avons trouvé des fragments nombreux : un morceau de bras, de jambe, toute une moitié de l'épaule et du dos. Ces débris sont bien mutilés, pas assez cependant pour nous empêcher de reconnaître à cette statue les formes élégantes d'un dieu adolescent. Le bras gauche s'écartait brusquement du torse ; le corps est nu et les pieds ne portent pas de sandales. Le mouvement du corps, que nous pouvons deviner, et la manière dont sont traités les morceaux les mieux conservés, nous prouvent que cette statue était fort belle, d'une bonne époque, et d'une forme nullement archaïque. Le dieu était plus grand que nature ; il avait au moins deux mètres de haut.

Devant le bloc informe qui supportait la statue, à 1 mètre environ, deux beaux fragments en marbre de Paros étaient debout l'un près de l'autre. C'étaient les supports d'une table ou console sacrée. Ils sont très-usés ; ils nous semblent cependant s'être terminés à la partie inférieure par une patte d'animal.

Près de ces supports, j'ai ramassé deux griffes de lion beaucoup trop grandes pour leur avoir appartenu. Un énorme lion en marbre gardait-il l'entrée du temple? Il y aurait été difficilement contenu ; et, brisé, il l'aurait empli de ses fragments. Or, à part quelques petits morceaux de marbre informes et insignifiants, je n'ai plus rien trouvé.

Le sol artificiel de la grotte n'a pas été pavé. Sa hauteur est indiquée par la dalle qui supporte la grosse pierre centrale, et par le niveau du seuil. Au-dessous, presque immédiatement, on atteint le granit. Il est sillonné de nombreuses rigoles naturelles.

Quatre pierres calcaires, blanches, très-dures, ont été posées, à quelque distance l'une de l'autre, contre l'angle S. O. du temple ; leur extrémité supérieure touchait au sol artificiel. Il y en avait d'autres qui ont été déplacées.

Sous ces pierres, le granit forme une petite cavité [1] remplie de charbons. Réduits par l'humidité et le temps,

[1] Mesure de cette dépression : 1^{m}70 long., 1^{m}33 larg., 0^{m}55 dans la plus grande profondeur.

ils étaient stratifiés en couches très-denses, mélangées de fragments de poteries. Ces débris ont été enfouis depuis un temps fort long. En général, ils ne portaient aucun ornement, sauf quelques anses en terre rougeâtre, de fabrique Thasienne ou Cnidienne [1], qui ont reçu des empreintes presque toutes effacées. Sur l'une d'elles cependant, on distingue une proue, et sur une autre, mieux conservée, les lettres K P O. Des charbons et des fragments de vases ont été aussi enfouis dans l'angle du mur d'entrée n. o., où l'on a pratiqué une petite cavité qui ne traverse pas la muraille.

A droite de la statue, une ravine que surplombe un des coins du piédestal, se creuse profondément [2]. Elle était remplie de sable et d'eau. J'en ai aussi extrait des morceaux d'urnes en assez petit nombre, plus épais et plus grossiers que les autres débris de vases trouvés dans le temple. Pas de charbons. Plusieurs fragments de la statue étaient tombés au fond : lorsque le sanctuaire fut détruit, cette ravine était donc béante.

Elle était à moitié pleine d'eau quand je l'ai déblayée. Cette eau venait d'une petite source qui suinte du côté opposé de la caverne, et qui avait rempli toutes les cavités du sol. Elle se desséchait quand j'ai quitté l'île ; mais elle doit toujours, pendant l'hiver et les pluies, laisser filtrer quelques gouttes. Peut-être fut-elle plus

[1] Cf. Alb. Dumont, *Inscriptions céramiques de Grèce*, pl. III et pl. XIII, fig. 23. (*Archives des missions scientifiques*, série II, t. VI, 1871.).

[2] Elle occupe presque toute la largeur de la grotte du côté nord. Le fond, en pente rapide, descend de l'est à l'ouest. Sa plus grande profondeur est de 2m 65, sa largeur d'environ 1m.

abondante autrefois, lorsque le Cynthe n'était pas tout-à-fait dénudé. Cette eau, du reste, n'avait pas d'écoulement hors de la grotte. Aucune rigole n'est percée ni à travers les murs, ni contre le seuil de la porte ; et l'eau qui serait sortie, après avoir inondé le téménos, n'aurait pu descendre que par l'escalier et la voie sacrée [1].

§ VI. *Description du téménos.*

Hors de la caverne, j'ai partout atteint le sol ancien ou le granit. Peut-être une couche de terre de 0 m. 20 au plus le recouvrait-elle autrefois. Outre le bassin circulaire, voici quels débris il supportait :

A gauche, en sortant de la caverne, plusieurs dalles rangées avec symétrie, perpendiculairement aux parois du ravin. Entre ces pierres, surtout du côté de la caverne, était enfouie une grande quantité de charbons et de poteries. Deux anses portent des estampilles : une tête de bœuf, une tête de cheval. J'ai aussi recueilli d'autres empreintes, très-effacées. Dans le granit aplani du sol, entre le bassin de marbre et la base du temple, un trou, dont l'orifice est carré [2], était plein de cendres et de charbons parmi lesquels j'ai recueilli quelques

[1] C'est une des nombreuses raisons qui nous ont fait repousser l'hypothèse du savant archéologue M. Ussing. Il pensait que ce temple avait été consacré « au dieu Inopos. » Or aucun ruisseau n'a pu sortir de la caverne ; et, du reste, l'Inopos est ou bien une source fort éloignée de la caverne, ou bien un ravin alimenté parfois par des marais sur lesquels la caverne n'a pas vue.

[2] Voir les planches.

menus fragments d'os calcinés et de vases anciens en silex. Ces débris, ainsi que les anses avec estampilles, m'ont prouvé que ces charbons provenaient de sacrifices accomplis par les Grecs anciens et n'étaient pas les restes de repas plus modernes. Quand le péribole fut abandonné, on a donc laissé la terre le recouvrir lentement. Il est difficile de savoir quels sacrifices se firent dans cette enceinte : elle était, il me semble, trop petite pour qu'on y pût amener des taureaux.

D'autres charbons étaient enfouis dans presque tous les recoins du téménos ; dans la petite enceinte rectangulaire qu'il forme au nord, et sous une grande dalle en marbre.

Cette dalle était couchée contre le mur septentrional de la caverne [1]. Elle est un peu plus large d'un côté que de l'autre. Le plus petit côté porte à sa partie antérieure deux morceaux de plomb qui devaient le souder à quelque autre appareil [2]. Dans le sens de la longueur, il n'y a trace ni de gonds ni de charnières ; ce n'est donc pas la porte du temple. Creuse en dessous et mal dégrossie, polie en dessus et un peu bombée, cette plaque ressemble tout-à-fait au couvercle d'un tombeau. Cette hypothèse expliquerait la position des scellements en plomb et la présence de nombreux fragments de marbre, rongés par l'humidité, épars à l'entour [3].

[1] Voir le plan.

[2] Long. 2^{m} 60 ; larg. max. 1^{m} 04 ; épaisseur 0^{m} 20.

[3] La présence d'un grand tombeau tout auprès d'un adyton n'a rien d'invraisemblable. Quatre des six vierges hyperboréennes dont les noms sont parvenus jusqu'à nous, étaient

En outre, le téménos était couvert de petites dalles de pierre, qui marquent peut-être la place d'autels ou de constructions maintenant détruites. Sur trois de ces dalles, des cubes de marbre [1] ont été mis d'aplomb sans ciment. On n'admettra pas qu'un triple hasard ait ainsi disposé ces trois cubes [2].

Près du mur de soutènement, entre le bassin de marbre et la petite enceinte rectangulaire, un espace assez étroit était semé d'éclats de marbre et de pierre. C'était, sans doute, l'emplacement où l'on dégrossissait les statues et les plaques destinées à l'édifice.

Mentionnons enfin, pour ne rien oublier, près du mur

ensevelies à Délos, près de l'Artémisium (V. Supra). Beaucoup de sanctuaires prophétiques renferment la dépouille des dieux qu'Apollon a supplantés ou vaincus. A Delphes, le serpent Python, antique gardien de l'oracle et prophète lui-même, est représenté soit vivant, sous le trépied, soit mort, dans la cortina. A Delphes encore, Bacchus repose sous l'omphalos. (LENORMANT et DE WITTE, *Monum. ceramogr.*, t. II, p. 106). La sibylle, cet autre symbole des antiques divinations, mourait aussi dans les temples où le dieu nouveau l'avait remplacée. On montre son tombeau dans le temple-oracle de Lilybée (ALEXANDRE, *Orac. sib.* éd. Didot, 1856, t. II, p. 71 et suiv.) et dans le bois d'Apollon Sminthien (PAUS., X, 12, 3). Apollon fut lui-même enseveli sous le trépied delphique. (PORPHYR., *vit. Pythag.*, 16. — CYRILL., *adv. Julian.*, X, p. 341, 342.) Le corps d'Hyacinthe, tué par mégarde, se trouve à Amyclées (PAUS., III, 19, 3) sous la base de la statue d'Apollon. La plupart des vieux temples prophétiques de la Grèce protégeaient des tombeaux.

[1] H. $0^{m}30$.

[2] On voit sur un vase Apollon et Diane assis, à Délos, sur des cubes fort petits. Cf. LENORMANT et DE WITTE, *Ceramogr.*, t. II, pl. LX. Nos cubes de marbre étaient peut-être des pierres sacrées. Mais, je n'attache pas une grande importance à cette hypothèse.

sud de la caverne, quelques fragments d'une petite statue, et, près du bassin en marbre, des monnaies athéniennes, des fils, des clous en cuivre[1].

§ VII. *Etude raisonnée de l'édifice. — Le toit et les murs du temple. — Disposition générale. — Caverne pélasgique.*

Nous avons examiné la caverne sans parti pris, sans invoquer un texte. Quelques hypothèses que nous avons hasardées, reposent, il est vrai, sur la conviction que ce monument est un sanctuaire prophétique ; mais considérées par nous comme incertaines, et rejetées dans les notes, elles n'aideront en rien à la justification de nos théories.

On nous accordera sans difficulté que ce monument est un temple. Son toit énorme, avec les blocs qui l'écrasent à dessein, lui donne l'aspect d'une caverne. On ne peut le comparer à rien en Grèce ; les voûtes de Tirynthe, qui y ressemblent le plus, sont formées aussi de quartiers de roche qui s'arc-boutent deux à deux ; mais ces quartiers n'étant pas destinés à être vus de loin, sont à peine ajustés, et une épaisse couche de terre les recouvre.

Le toit de la caverne est d'un art tout-à-fait primitif,

[1] J'ai dégagé aussi une petite pierre ovale (0m 60) piquée et striée, qui a servi de pressoir. Je la crois ancienne. J'en ai vu de pareilles, quoique un peu plus grosses, près de ruines grecques, à Ægosthènes et à Creüsis.

trop grossier pour appartenir à aucune architecture, et indiquer la civilisation d'aucun peuple[1].

Les deux murs qui forment le temple, moins nécessaires que le toit à son économie, semblent avoir été ajoutés après coup. Les édifices du mont Ocha et de Stoura, en Eubée, signalés et décrits pour la première fois par M. J. Girard, ont aussi des murs à peu près dégrossis à l'intérieur, dont les pierres forment en dehors des angles saillants et s'emboîtent les unes dans les autres sans grande précision[2].

Le plus considérable de ces monuments était probablement consacré à Héra; l'autre, celui de Stoura, qui se compose de trois édicules, et qui s'appelle « la maison du Dragon, » a peut être appartenu au culte d'Apollon ou de Latone. Quoi qu'il en soit de cette dernière hypothèse, ces temples de l'Eubée sont de l'époque primitive; à Délos, les murs extérieurs de la caverne accusent le même âge, et le toit paraît encore plus ancien.

[1] Suivant M. Adler, qui a vu dans la «*Revue de l'architecture*» les planches que nous publions ici, l'appareil de ce temple se rapproche de celui des constructions égyptiennes. Par sa structure et même par quelques détails de son orientation, il ressemble plutôt à certains monuments celtiques. Mais il faut laisser aux savants spéciaux le soin de chercher quels rapprochements plus ou moins fortuits peuvent se faire entre ce vieux temple grec et d'autres sanctuaires également primitifs. Nous ne sortirons donc pas de la Grèce, et nous ne remonterons ni aux Egyptiens, ni aux Aryens à l'aide des Celtes. Disons seulement que, s'il existe des sanctuaires analogues à la caverne du Cynthe, c'est en Asie-Mineure et en Phénicie qu'il faudra surtout les chercher.

[2] J. GIRARD, *Mémoires sur l'île d'Eubée*, Arch. des missions scient. et littér., t. II, p. 711 et suiv.

Les théories de l'érudition contemporaine sur les sanctuaires dits pélasgiques sont confirmées par l'examen de cette caverne. En effet, nous lisons[1] que l'on attribue aux Pélasges[2] les constructions en appareil énorme et irrégulier, aux blocs taillés grossièrement, aux joints remplis par de plus petites pierres. Les temples des Pélasges semblent avoir été d'abord soit des τεμένη « d'où l'on pouvait observer le ciel, » soit des bois ou des cavernes que le dieu habitait[3]. Il fallait sans doute à ces adorateurs de la nature[4] des espaces découverts d'où le ciel pût être contemplé librement, ou des places mystérieuses que l'œil pénètre mal et qui peuvent receler un maître présent quoique invisible. L'enfant, l'homme primitif en a peur et y croit.

Sur ces espaces consacrés, ou bien dans ces cavernes, des autels fort simples se sont d'abord élevés, et petit à petit le grossier sanctuaire s'est embelli. D'après M. Alfred Maury[5], ces progrès furent lents, et les temples n'étaient guère plus ornés à l'époque de la guerre de Troie qu'aux âges tout-à-fait primitifs. Alors « un toit

[1] Alf. Maury, *op. cit.*, t. I, p. 14 et suiv.

[2] Nous n'avons pas à chercher ici quels furent ces Pélasges; mais on peut appeler de ce nom les plus anciennes tribus qui ont commencé à civiliser la Grèce. Hérodot. VII, 95. Les insulaires étaient Pélasges, puis furent appelés Ioniens. Cf. Ernst Curtius, *die Ioner*, etc., Berlin, 1855, et Alf. Maury, op. cit. t. I, p. 37.

[3] Alf. Maury, *op. cit.*, t. I, p. 173 et suiv., cite quelques-unes de ces cavernes.

[4] Plat., *Cratyle*, XVI. Φαίνονταί μοι οἱ πρῶτοι τῶν περὶ τὴν Ἑλλάδα τούτους μόνους θέους ἡγεῖσθαι οὕσπερ νῦν πολλοὶ τῶν βαρβάρων, ἥλιον καὶ σελήνην καὶ γῆν καὶ ἄστρα καὶ οὐράνον.

[5] T. I, p. 309. — Cf. Terpstra, *Ant. hom.*, p. 14.

» protecteur défendit l'autel contre les intempéries des » saisons. C'est à un autel ainsi abrité que se réduisait » le naos primitif, par exemple les anciens temples » d'Athéné sur l'acropole d'Ilion, de Poseidon, chez les » Phéaciens, et d'Apollon, à Pergame. Ce dernier est un » vaste sanctuaire (μέγα ἄδυτον), dont l'accès est re- » fusé aux profanes. Des portes fermèrent bientôt l'en- » trée de ces temples, afin d'empêcher le vulgaire d'y pé- » nétrer. Non-seulement un édifice était consacré aux » dieux, mais tout un terrain, tout un champ était placé » sous leur protection, leur était donné comme bien ; » c'était ce qu'on appelait le téménos, qui finit par » constituer l'enceinte, περίβολος, du temple. » Cet autel, d'abord protégé par un toit, défendu plus tard par une porte d'entrée, entouré d'une enceinte[1] interdite aux profanes, c'est exactement, et suivant la succession des époques, ce qui se rencontre dans le temple du Cynthe.

Il est à la fois temple et caverne, à moitié naturel, puisque c'est un ravin, et, du reste, artificiel. S'il faut accorder quelque confiance au témoignage d'Ovide, la caverne d'où sortit le dragon, tué par Cadmus, était formée aussi par une voûte artificielle[2]. Antimaque[3] décrit l'antre du Teumesse, où Jupiter cacha Europe; et cet antre a été, comme celui du Cynthe, construit dans une

[1] Ce péribole porte aussi le nom de Hercos.

[2] Ovid., *Métam.*, III, 29, 30.

Est specus in medio, virgis ac vimine densus,
Efficiens humilem lapidum compagibus arcum,
Uberibus fecundus aquis.

[3] Steph. Byz., Τευμησός. — Antimach., *Fragmenta*, p. 31. Scriptorum græcorum bibliotheca, éd. Didot, t. VII, (Hésiod. in fine).

montagne, à l'époque primitive. Jupiter, suivant Antimaque :

> Ἄντρου ἐνὶ σκηνῇ[1] τευμήσατο, τόφρα κεν εἴη
> Φοίνικος κούρη κεκευθμένα.....

Le mot τευμήσατο désigne clairement une construction artificielle.

Le μαντεῖον de Delphes était aussi un temple et une caverne, ou antre artificiel[2] élevé par la main des hommes ou plutôt par celle des dieux. Les héros Agamède et Trophonius, divinités primitives des oracles pélasgiques, l'ont édifié avec cinq grandes pierres[3].

Comme cet antre, comme l'oracle du Teumesse, la caverne du Cynthe est probablement « l'œuvre d'un dieu. » Constructeur de murs cyclopéens à Troie[4], Apollon éleva de sa main deux sanctuaires à Délos. L'un d'eux est l'autel de cornes[5] ; l'autre, le plus ancien, si l'on en croit l'hymne homérique, est le temple-oracle. Quand l'île de Délos veut bien accueillir Latone, cette

[1] Ἐνὶ σκηνῇ semble être une mauvaise leçon. — MEINEKE AD EUPHOR., 127, la remplace par ἐνὶ στίῃ. (HÉSYCH., Στία, στενοχωρία ἢ λιθοκοπία). Ce mot, expliqué par Hésychius, ne désignerait-il pas un ravin étroit à pans coupés ?

[2] Ἄντρον, STRAB., IX, 419. — Specus, T. L., I, 56. — Caverna, LUCAIN, V. 135, 162, etc.

[3] STEPH. BYZ., art. δελφοί. — PAUS., X, 3, 5.

[4] Avec Neptune. Il est intéressant de saisir en Troade une époque mythologique où ces dieux sont associés. D'ordinaire, sans être ennemis, ils se remplacent, et Neptune permet à Apollon de lui succéder.

[5] CALLIM., *H. à Ap.*, 58 et suiv. Le dieu avait alors « quatre ans. »

déesse lui promet qu'Apollon commencera par lui édifier un beau temple, et que ce temple sera un oracle[1].

> Ἐνθάδε μιν πρῶτον τεύξειν περικαλλέα νηόν,
> Ἔμμεναι ἀνθρώπων χρηστήριον.

Apollon construit ce temple (τεύχω) comme Jupiter a construit l'antre du Teumesse (τευμῶμαι)[2].

Quand nous saurons que le temple du Cynthe est un oracle[3], nous aurons tout lieu de croire que ce vieux sanctuaire cyclopéen est bien l'édifice construit par Apollon à Délos. Un monument auquel on prête une pareille origine est de la plus haute antiquité : on attribue volontiers aux dieux les œuvres que les hommes ne se souviennent plus d'avoir accomplies.

Toutes ces observations nous prouvent que le temple du Cynthe est fort ancien, sans nous permettre d'en fixer la date, sans nous révéler les noms de ses premiers adorateurs. Peut-être fut-il l'œuvre des Cariens, confondus parfois avec les Pélasges. Ils ont séjourné à Délos[4]; ils ont généralement précédé les Ioniens sur les rivages de la mer Egée, et dans quelques villes où le culte d'Apollon devint ensuite très-célèbre[5]: ils construisaient volontiers leurs édifices loin de la mer, sur les collines[6].

[1] *Hymn. hom. à Ap. Dél.*, 80.
[2] Τευμῶμαι est un dérivé poétique de τεύχω.
[3] Voir infr., p. 93 et suiv.
[4] THUCYD., I, 8.
[5] Ils s'établirent à Tralles, à Colophon, à Claros, à Milet.
[6] ALF. MAURY, t. I, p. 27.

§ VIII. *Exposition et orientation. — Caverne astronomique du soleil.*

Le sanctuaire du Cynthe, adossé au flanc de la montagne, dominé par un sommet abrupt, voit la plaine et le ravin qui la traverse en serpentant. Plusieurs temples anciens, l'oracle de Tégyre [1], la caverne d'Ilithye en Crète [2], et le temple de Delphes, qui domine le Pleistos, s'ouvrent ainsi dans une montagne, au-dessus d'un cours d'eau. Peut-être le hasard seul n'a-t-il pas amené le choix de ces expositions. En outre, ce temple regarde l'occident. Il est certain que cette orientation a été choisie exprès. Les plus anciens temples grecs s'ouvraient à l'ouest [3]. Lorsque Apollon arriva au pied du Parnasse, il choisit, pour établir son oracle, « une pente tournée vers le zéphyr, » le vent d'ouest [4].

Le fond du temple n'est pas fermé. Le toit n'a jamais eu plus des dix pierres que nous lui voyons aujourd'hui, et ne s'est jamais adapté au flanc opposé du Cynthe. Le

[1] PLUT., *de Defectu orac.*, 5. — *Vit. Pelop.*, 16.

[2] *Od.*, T. 188.

[3] CLEM. ALEX., *Strom.*, VII, 724, éd. Paris. Les plus anciens temples, τὰ παλαίτατα τῶν ἱερῶν, regardaient l'occident. — HYGIN, *De agror. limit. constit.*, lib. I «Antiqui architecti in occidentem templa spectare recte scripserunt. » Plus tard, quand les temples des grands dieux s'ouvrirent à l'orient, les statues restèrent souvent tournées vers l'occident (VITRUV., IV, 5).

[4] *Hymm. h. à Ap. pyth.*, 105 : Κνημὸν πρὸς Ζέφυρον τετραμμένον etc. Κνημός est exactement « la partie centrale d'un escarpement. » Ce n'est pas Delphes, c'est Crissa qui est sur une pente tournée à l'ouest.

matin, vers le mois d'avril, un rayon de soleil, glissant contre la montagne, pénètre dans la caverne et la remplit un instant tout entière[1]. Nous montrerons que la caverne du Cynthe est un oracle, consulté surtout au printemps et peut-être le matin. Délos eut, tous les printemps, ses fêtes périodiques; et, dès l'époque homérique, les Grecs tenaient compte des saisons pour l'ordre de leurs fêtes. (Il y avait alors des fêtes périodiques d'Apollon à Ithaque.) Donc les anciens, qui orientaient leurs temples, pouvaient les faire servir à déterminer l'époque de ces fêtes.

L'orientation de cet édifice trahit des préoccupations astronomiques: c'est une caverne de structure tout à fait primitive, et c'est la seule que l'on trouve dans l'île Si donc Homère place à Délos une « caverne du soleil,» c'est le monument du Cynthe qui est désigné.

Voici les vers d'Homère[2] :

Νῆσός τις Συρίη κικλήσκεται (εἴ που ἀκούεις)
Ὀρτυγίης καθύπερθεν, ὅθι τροπαὶ ἠελίοιο,
Οὔτι περιπληθὴς λίην τόσον· ἀλλ' ἀγαθὴ μὲν etc.

Ces « τροπαὶ » ἠελίοιο ont intéressé tous les commentateurs. Anciens et modernes se divisent en deux camps. Il s'agit d'une simple indication géographique, suivant

[1] La mère de Branchus, fondateur de l'oracle des Branchides à Milet, rêve qu'elle est ainsi traversée par un rayon de soleil. Cf. GELZER, *de Branchidis*, Leips., 1869, p. 1 et 2.

[2] OD., o, 402 et suiv.

les uns ; les autres ont pensé que ces mots désignaient un instrument astronomique.

L'expression de Didyme[1] est nette, il écrit ἡλίου σπήλαιον, « caverne du soleil. » Eustathe nous prouve que Didyme n'était pas le seul à connaître cette caverne.

Donnons son commentaire[2] :

Ὀρτυγίης) ὀρτυγία, ὅτι ἡ Δῆλος, καὶ διὰ τί οὕτω καλεῖται, δηλοῖ καὶ τὰ τοῦ Λυκόφρονος.

Ὅθι τροπαὶ ἠελίοιο) τὸ ὅθι τρ. η. ἀντι τοῦ κειμένη πρὸς τὰς τροπὰς ἡλίου, ἤτοι πρὸς τὰ δυτικὰ μέρη τῆς Ὀρτυγίας. ὅτι δὲ τὸ τρέπεσθαι καὶ ἐπὶ τοῦ δύνειν κεῖται, δηλοῖ ἐπὶ ἡλίου λεχθὲν τὸ, ἀπ' οὐρανόθεν προτράπηται. — Ἕτεροι δέ φασι σπήλαιον εἶναι ἐκεῖ δι' οὗ τὰς ἡλίου, ὡς εἰκὸς, ἐσημειοῦντο τροπάς, ὃ καὶ ἡλίου διὰ τοῦτο σπήλαιον ἔλεγον, καὶ τοῦτο δηλοῦσθαι ἐν τῷ, ὅθι τροπαὶ ἠελίοιο.

Plusieurs auteurs modernes adoptent ce dernier sens, en plaçant dans la caverne un cadran solstitial. Nous verrons pour quelle raison.

Aucun des interprètes qui ont compris autrement τροπαὶ ἠελίοιο n'a pu expliquer ce vers d'Homère.

On traduit : « Syros au delà de Délos, où se trouvent les tropiques du soleil. » Ni Syros ni Délos ne se trouvent sous les tropiques, et, du reste, on n'a guère imaginé ce sens que pour attribuer à Homère une absurdité gratuite[3].

[1] Διδύμου τοῦ παλαιοτάτου εἰς τὴν Ὀδύσσειαν ἐξήγησις. Paris, 1530.

[2] Schol. ad. loc. cit., éd. Dindorf, 1855.

[3] PERRAULT, *Parallèle des anciens et des modernes*, Paris, 1692, t. III, p. 90 et suiv.

Le commentaire d'Eustathe et une autre scholie[1] ont suggéré aux modernes une seconde interprétation. Ils comprennent : « Syros, au delà d'Ortygie, où se trouve le couchant. » Donnant à ὅθι son sens littéral, ils supposent que Délos ou bien Ortygie est l'endroit précis où le soleil dételle ses chevaux, et le vieux jardin de Phœbus[2]. Quelle apparence qu'Homère, connaissant le monde grec depuis Ithaque jusqu'à Smyrne, ait placé à Délos, ou bien même à Syra, le « séjour du couchant »?

Passons à la seule interprétation qui puisse être un instant défendue. Elle est suggérée par Eustathe[3] « Il est une île appelée Syrie, au-dessus d'Ortygie et à l'ouest d'Ortygie. »

Mais ὅθι est précis et locatif. Il désigne une place, et

[1] Schol. Dindorf, 1855. Οἷον ὡς πρὸς τὰς τροπὰς ἡλίου, ὅ ἐστιν ἐπὶ τὰ δυτικὰ μέρη ὑπεράνωθεν τῆς Δήλου. οὕτως Ἀριστάρχ καὶ Ἡρωδ. Aristarque ne connaissait donc pas la caverne du soleil, ou bien il n'y a pas songé? — Cela n'aurait en soi rien d'extraordinaire. Si le monument du Cynthe est à la fois une caverne astronomique et un oracle, c'est par la première de ces qualités qu'elle frappait l'esprit des Grecs primitifs ; car du temps d'Homère, presque tous les peuples avaient leurs devins et leurs oracles, et fort peu sans doute possédaient de grands appareils destinés à mesurer les solstices. Du temps d'Aristarque, au contraire, ces appareils grossiers n'ont plus d'emploi ; et il est fort probable que l'oracle d'Apollon Cynthien (qui a lui-même beaucoup perdu de son importance), a fait oublier la caverne astronomique.

[2] SOPHOCLE, Didot, fr. 326.

[3] Nous n'avons pas à citer les commentaires qui s'approchent davantage de notre interprétation. Beaucoup ont entrevu qu'il s'agissait d'un observatoire, sans se hasarder jusqu'à la « caverne du soleil ». Voss, par exemple, traduit par : « Wo die Sonnenwende zu sehn is » « où l'on peut voir les révolutions du soleil. »

non pas vaguement le côté du couchant. En outre, les deux mots τροπαὶ ἠελίοιο n'ont jamais été employés ni par Homère, ni par aucun autre auteur, dans le sens exact de « couchant ». Eustathe s'aperçoit lui-même qu'il adopte un sens insolite, et il le justifie de tout son pouvoir, mais par une simple analogie.

Il nous est donc impossible de traduire ὅθι τρ. ἠελ par « qui est à l'occident d'Ortygie. »

L'autre version, au contraire, celle de Didyme l'ancien, est la seule qui laisse aux mots leur signification littérale: ὅθι est très-précis; et quand on remplace τροπαὶ ἠελίοιο par ἡλιοτρόπιον, on obtient le nom qui sert encore aujourd'hui, en Grèce, à désigner un cadran solstitial.

Le sens qu'elle donne n'a rien d'étrange. Ce qui serait étrange, c'est que des auteurs anciens eussent pu inventer cette caverne du soleil, si elle n'avait jamais existé. On comprendrait à la rigueur qu'un scholiaste embarrassé eût supposé l'existence d'un instrument astronomique pour expliquer τροπαὶ ἠελίοιο; mais comment l'idée lui serait-elle venue que cet appareil fût une caverne ou dans une caverne? Or nous trouvons à Délos une caverne qui date de ces âges reculés et dont l'orientation est fort remarquable. Ne sommes-nous pas autorisés à y voir la caverne astronomique du soleil?

Mais tous les modernes qui adoptent le sens donné par Didyme pensent que cette caverne existait à Syra. C'est une erreur de Bochart et de Ménage, qui fut ensuite adoptée sans examen. Nous verrons quelles preuves la justifiaient à leurs yeux.

Quant aux anciens, c'est à Délos qu'ils placent la caverne astronomique, et le membre de phrase ὅθι τρ. ἠελ.

se rapporte à Ortygie. On peut le pressentir en lisant le passage d'Homère. Quand Eumée prononce ces vers, il suppose que son interlocuteur ne connaît pas Syros. Pour en marquer la place, il désigne une île plus célèbre, Ortygie, et il y consacre un vers tout entier. Homère procède presque toujours ainsi.

Hésychius écrit dans son lexique Ὀρτυγίης... ὅθι τροπαὶ ἠελίοιο, et non pas Συρίη.... ὅθι τροπαὶ ἠελίοιο. Eustathe, adoptant le premier sens, est bien obligé de faire rapporter ὅθι τρ. ἠελ à Syros; mais quand il propose la seconde explication, celle de la caverne solaire, il reste dans le vague et met ἐκεῖ. Les autres scholies ne sont pas plus explicites.

Ménage[1] place cet observatoire à Syros. [L'Ἡλιοτρόπιον est, d'après lui, une sorte de cadran solaire qui n'indique pas les heures, mais l'époque des saisons, en particulier des solstices. C'est Phérécyde de Syros qui l'apporta ou qui le dressa dans sa patrie. En effet, Diogène de Laërce mentionne un instrument astronomique construit par Phérécyde de Syros, longtemps après l'époque où fut édifiée la caverne du Cynthe. Mais l'explication donnée par Ménage ne nous apprend ni pourquoi Homère, fort antérieur à Phérécyde, aurait cité cet instrument, ni pourquoi les Scholiastes auraient nommé « une caverne », s'ils n'avaient songé qu'à ce cadran de Phérécyde. Sans doute, la caverne d'Homère et le cadran de Phérécyde existèrent l'un à Syros, l'autre à Délos, et ne doivent pas être confondus.

Les cadrans solstitiaux ou gnomons sont les plus

[1] Diog. Laert., *Annot. ad lib. I, in Pherecyd.*

anciens instruments d'astronomie qui soient connus[1]. Ils furent introduits en Grèce dès la plus haute antiquité. On ne sait pas encore quel peuple les apporta. Avant Homère, à l'époque fabuleuse où régnait Thésée, les Crétois avaient quelques notions d'astronomie ; la Chaldée et la Phénicie savaient observer les astres et calculer le retour périodique des saisons. C'est un livre phénicien, si l'on en croit Hésychius de Milet, qui avait appris à Phérécyde à construire son cadran[2].

La caverne du Cynthe avait-elle un cadran astronomique? la longueur du rayon de soleil qui la traversait suffisait-elle à déterminer l'époque des solstices, ou bien à fixer les dates des fêtes périodiques? Je ne sais. La face antérieure de son toit porte de longues lignes assez régulièrement creusées. Elles ne sont pas l'œuvre de la nature, et l'eau de pluie qui dégoutte du faîte n'a pu les tracer ; mais elles sont aussi trop effacées et trop confuses pour que l'on doive y distinguer la marque d'un travail intelligent.

Quoi qu'il en soit, il est fort improbable que des observations astronomiques tout-à-fait précises aient été faites dans cette caverne. Etait-ce à l'aide d'un cadran? La structure en était sans doute plus grossière que celle de l'appareil dressé par Phérécyde, à Syros, pour la première fois. L'orientation de la caverne fut-elle seule observée et calculée? Il ne faut pas oublier que le ravin est naturel, qu'il a pu se trouver dans une position

[1] DELAMBRE, *Histoire de l'astronomie ancienne*, Paris, 1817, disc. prélim., XX.

[2] HESYCH. — Cf. SCHAUFFELBERGER, *Clavis Homerica*, Turin, 1767, ad vers. cit.

privilégiée et déterminer ainsi le choix des hommes, mais que ces hommes, pour le choisir, ont dû se contenter d'approximations grossières.

Je me bornerai donc ici à deux rapprochements :

1° Suivant Servius, [1] Apollon demeure six mois, l'hiver, en Lycie, et passe les six autres mois à Délos. Il y arrive le printemps, à l'époque même où les rayons du soleil traversent le matin la caverne du Cynthe. Ses fêtes coïncident avec ce renouvellement des saisons, qui fut peut-être observé dans son temple astronomique.

2° Nous montrerons que ce temple est un oracle. Or les oracles n'étaient consultés qu'à certaines époques de l'année et qu'à certaines heures du jour [2]. A Delphes on n'approchait primitivement de l'oracle que le 7 du mois Bysios [3], vers l'équinoxe du printemps. A Délos, le mois Thargélion répond au mois Bysios, et la fête d'Apollon était célébrée le sept Thargélion, quand les tempêtes de l'hiver s'étaient apaisées, et que le dieu pouvait, sans danger pour ses adorateurs, les appeler à lui dans son île. Alors les théories, partant pour Délos, se rendaient à son temple et à son oracle autrefois très-célèbre [4]. Cet oracle est, d'après Virgile [5], consulté le

[1] SERVIUS, *Æneid.*, VI, 37. — Les voyages d'Apollon ne durent souvent que trois mois.

[2] SERVIUS, loc. cit. « Lectum est deos aliquotiens tantum kalendis, aliquotiens tantum idibus vaticinari : nonnunquam diei vel prima, vel media, vel postrema parte. Unde est in jure fissus dies, i. e. non totus religiosus.

[3] PLUT. *Quæst. gr.*, 9.

[4] EUSTATH., (*Geogr. min.*, Didot, II, p. 416). — COMMENT. EUSTATH. id., p. 319. —DENYS, *Orbis descr.*, 525, 530.

[5] Vid. *infr.* p. 105.

printemps ; et d'après Ovide, le matin [1].

Notre conclusion est que la caverne homérique du soleil est bien la caverne du Cynthe, et qu'on y déterminait peut-être les époques des équinoxes et des solstices, soit à l'aide d'un instrument, soit en calculant la longueur et la direction du rayon de soleil qui la traverse [2].

§ I. *Le bœtyle. — La statue. — Le* χάσμα *et le séjour de l'oracle ; le trépied.*

Les premiers sanctuaires grecs [3] se composaient d'un toit et au-dessous, d'une pierre. Plus tard, des statues grossières ont représenté le dieu dans son temple.

Il est très-probable que le premier dieu de la caverne fut le bloc de granit qui plus tard supporta la statue. Il lui est antérieur, car on n'aurait pas choisi pour une belle statue de marbre un piédestal informe. Si ce bloc n'eût pas été regardé comme un objet sacré, on ne lui aurait pas laissé tant de place au centre du sanctuaire qu'il encombre. On l'aurait taillé, on aurait au moins abattu le coin qui surplombe le χάσμα [4]. On n'a voulu ni le transformer ni le déplacer.

[1] Ovid., *Métam.*, XIII, 677.

[2] On lit dans Macrobe (*Saturn.*, I, 17) que « les rayons du soleil paraissent extrêmement allongés à l'époque du solstice d'été, et que de là vient le nom de ἑκηβόλος et de ἑκατηβόλος, etc. On doit se méfier des explications de Macrobe et surtout de ses étymologies, mais il faut tenir compte des faits qu'il expose.

[3] Alf. Maury, loc. cit.

[4] Voir le plan.

Beaucoup de ces pierres adorées dès les premiers temps de la Grèce, ont été honorées d'un culte [1] jusqu'aux derniers jours du paganisme. Elles sont des objets consacrés aux dieux ou bien les dieux eux-mêmes[2]. Elles sont d'origine[3], de formes[4], de couleurs[5], de dimensions [6] si différentes, qu'on ne décidera guère à première vue si une pierre fut véritablement un bætyle. Cependant beaucoup d'entre eux étaient à peu près informes et assez hauts pour qu'on pût s'y asseoir. Apollon est souvent représenté assis sur l'omphalos [7]. Cérès s'est assise sur le bætyle de Mégare [8].

[1] Théophraste, Ch. xvi, etc.

[2] Photius, *Bibl. gr.*, éd. Bekker, 1824, p. 348.

[3] Bætyles tombés du ciel. Appien, VII, 56. — Plin, *Hist. nat.* II, 59, etc. Cf. Ch. Lenormant, *Etudes de la religion phrygienne de Cybèle, Nouvelles annales de l'inst. archéol.*, part. fr. I, 236. — D'autres bætyles, aussi nombreux, n'ont pas cette origine céleste. — Cf. Boesigk, *de Bætylis*, Berlin, 1834.

[4] Ce sont parfois des colonnes, comme le simulacre de Zeus Meilichios à Sicyone, et d'Apollon Agyeus sur les montagnes d'Ambracie.(Alf. Maury, t. I, p. 178) — Des disques. (Boesigk, op. cit., p. 12). — Plus souvent des cônes ou des pyramides (Paus., I, 44, 3; Serv., *Ad Virg. Æneid.*, I, 720), etc. — Des pierres tout-à-fait brutes (Paus., IX, 27, 1 ; Arnob. *Advers. gentes*, VI, 196; VII, 253, etc).

[5] Aérolithes et bætyles noirs, Lampride, *Héliogabale*, ch. 21. Arnob., *loc. cit.* — L'omphalos de Delphes est blanc (Paus., X 16, 2, etc.).

[6] Depuis le rocher qui, à Béthel, a soutenu l'échelle de Jacob, jusqu'aux abraxas qui se montent en bague. — Ces pierres sacrées peuvent être divisées en différentes catégories, selon qu'elles sont des dieux, des amulettes, etc.

[7] Lenormant et de Witte, *Monum. céramogr.*, t. II, pl. vi, a.

[8] Paus., I, 43, 2.

Ces pierres sont tantôt seules, tantôt plusieurs ensemble [1]. Un bætyle isolé occupe souvent le centre d'un temple. Il en était ainsi de l'omphalos de Delphes et du simulacre de Jupiter Casios à Laodicée [2].

La pierre que nous examinons, presque à hauteur d'appui, et placée au centre de l'édifice, peut donc être un bætyle.

Mais on ne l'a pas respectée, puisqu'elle est entaillée à sa partie supérieure? — Des bætyles anciens ont été travaillés à diverses époques. On en a fait de simples colonnes [3], ou des Hermès [4].

Entre la pierre brute et la plus belle statue, on pourrait dresser une liste de simulacres plus ou moins bien travaillés qui portent tous le même nom, ἄγαλμα.

La vénération qu'inspiraient les bætyles n'empêchait donc pas de les retoucher. L'omphalos de Delphes portait l'effigie des deux oiseaux qui, partis des extrémités du monde, s'y étaient rencontrés [5]. Etaient-ce des statues ou des bas-reliefs? Quoi qu'il en soit, cette pierre a été entaillée.

Quand on ne s'est pas contenté d'adorer des pierres, et qu'on a voulu représenter le dieu par une statue, on a parfois conservé dans le même édifice et la pierre et

[1] PAUS., VII, 22, 2, 3.

[2] CREUZER-GUIGNIAUT, *Symbol.*, III, 5, 105.

[3] ALF. MAURY, loc. cit.

[4] PAUS., I, 19, 2. A Athènes, le bætyle de Vénus Uranie, la plus vieille des Parques, est adoré comme l'est un Hermès.

[5] STRAB., 419, 420.—PLUT., *De defectu oraculorum*, I. Ces oiseaux qui se sont rencontrés à Delphes sont des aigles, des cygnes ou des corbeaux.

la statue. A Orchomène [1] les Grâces étaient représentées par des pierres. Du temps de Pausanias, ces pierres ne cessèrent pas d'être adorées ; mais on plaça dans le temple, et peut-être sur ces piédestaux grossiers, des statues travaillées avec art. Encore à Orchomène [2] Actéon, vieille divinité solaire, était adoré sous la forme d'une pierre. L'oracle de Delphes ordonna de l'enterrer ; et l'on érigea au dieu une statue d'airain, qui fut reliée à la pierre sacrée par des attaches en fer.

Rien ne s'oppose donc à ce que la pierre qui supportait la statue d'Apollon à Délos ait été un bætyle ou, comme à Delphes, un omphalos, c'est-à-dire, soit le simulacre d'un dieu, soit une pierre que sa position ou les traditions qu'elle rappelait recommandaient à la piété des hommes [3].

L'aspect de ce bloc de granit, ses dimensions, sa place au centre du sanctuaire, prouvent qu'il était sacré; il a pu être entaillé et supporter une statue sans cesser d'être un bætyle. Et si l'on considère qu'il est plus ancien que cette statue, et que, surplombant le *χάσμα*, remplissant l'adyton et l'encombrant, il en resta sans contredit, l'objet principal, on croira volontiers qu'il fut autrefois le dieu du temple [4].

[1] PAUSAN., IX., 38, 4.
[2] PAUSAN., IX, 38, 4.
[3] On vénérait dans une autre île sainte, à Tyr, une pierre également consacrée à une divinité. EUSÈBE, *Præp. evang.* I, 10, § 21. Ἀστάρτη εὗρεν ἀεροπετῆ ἀστέρα, ὃν καὶ ἀνελομένη ἐν Τύρῳ, τῇ ἁγίᾳ νήσῳ, ἀφιέρωσεν.
[4] Donnons deux hypothèses plus incertaines :
1° Cette pierre eut peut-être le don d'inspirer les prophètes.

Le bætyle supportait une statue dont nous avons recueilli plusieurs fragments. Un peu plus grande que

La Syrie et la Phénicie étaient remplies d'oracles et de bætyles, et l'on y trouverait encore aujourd'hui des pierres servant d'oracles (Cf. Boesigk, *Op. cit.*, p. 19 et 27). La Grèce, à différentes époques, a connu ces pierres qui révèlent l'avenir. Hélénus avait le don de prophétie quand il tenait entre les mains la pierre de sidérite qu'Apollon lui avait donnée (Cf. Orphée, *Lith.*, 354 et suiv.) Toute pierre pouvait rendre des oracles quand on l'oignait d'huile (Cf. Lucien, *Conviv. deor.* Πᾶς λίθος χρησμῳδεῖ ὃς ἂν ἐλαίῳ περιχύθῃ.). Toutes les pierres du temple prophétique d'Hiérapolis pouvaient rendre des oracles. (Cf. Lucien, *De Syria dea*, 13).

2° Cette pierre est presque au centre de l'île; or un omphalos près de Phliunte était censé marquer le centre du Péloponèse (Cf. Paus., II, 13, 7) et, à Delphes, un omphalos est placé au centre de la terre, éclairée par le soleil, habitée par Apollon. Il n'est pas impossible que la pierre sacrée du Cynthe ait été considérée comme le centre de l'ancienne nation ionienne.

A côté de l'omphalos de Delphes s'allumait le feu sacré. Le feu perpétuel qui brille dans les palais et sur les autels des peuples confédérés, s'est peut-être aussi allumé dans le sanctuaire du Cynthe. Car un vaisseau sacré venu de Délos transportait du feu à Lemnos (Philostr., *Héroïc.*, 20 p. 740, 741); Délos était considérée comme l'autel et le foyer (ἱστίη) des Cyclades, (Call. *H. in Del.*, 325 et la Schol.) et le sanctuaire du Cynthe offre la même disposition que ces vieux édifices où l'on adorait soit Diane, soit Apollon, et dans lesquels le feu sacré était entretenu. Dans l'adyton de Delphes, cette flamme s'élevait à côté du bætyle, de la statue et du χάσμα; dans le temple de Diane Taurique, elle brillait aussi à côté d'un χάσμα et d'une statue. (Cf. Eurip., *Iphig. in Taur.*, 625 et suiv. Or. Τάφος δὲ ποῖος δέξεταί μ' ὅταν θάνω; — Iph. Πῦρ ἱερὸν ἔνδον, χάσμα τ' εὐρωπὸν πέτρας.) — Par malheur cette hypothèse d'un feu entretenu dans le temple, ne sera pas vérifiée sur place. Le temple, il est vrai, est plein de charbons, mais ils peuvent avoir été brûlés sur le téménos; le toit ouvert à l'orient et à l'occident, le sol et les parois de la caverne lavés par les pluies depuis quinze siècles, n'ont pas conservé trace de fumée.

nature, elle représentait un dieu adolescent. Nullement archaïque, d'un très-beau travail, elle n'est ni antérieure au siècle de Périclès ni postérieure au siècle d'Hadrien. On ne connaîtrait que les débris de la statue, sans savoir à quelle place ils ont été enlevés, que l'on n'arriverait pas à d'autres conclusions.

La déchirure, profonde de plus de deux mètres, qui occupe en superficie près d'un quart du temple, est certainement un *χάσμα*. C'est un ravin qui se creuse dans une caverne. Les débris que nous avons trouvés jusqu'au fond ont prouvé qu'il était autrefois béant. Il était humide, mais l'eau qu'il a pu contenir n'avait pas d'écoulement au dehors.

Ces *χάσματα* se rencontraient dans les plus vieux sanctuaires, et surtout dans ces temples-oracles autrefois habités par les dieux fils de la terre, que remplaça presque toujours Phœbus-Apollon. De ces *χάσματα* s'échappaient soit des vapeurs, soit quelque source. L'eau inspire aux dieux et aux hommes la connaissance de l'avenir.

Le *χάσμα* de l'antre d'Apollon Clarien contient dans ses profondeurs une source révélatrice [1]. L'oracle des nymphes Sphragitides, sur le Cithéron, est une caverne d'où sort une source [2]. Du *χάσμα* creusé dans l'antre de Trophonius s'exhalent des vapeurs humides [3]. L'oracle

[1] La prêtresse respire la vapeur exhalée de la source. (JAMBL. *De mysteriis*, p. 74.

[2] PLUT., *Aristid.*, 19.—PAUS., IX, 3, 5,

[3] PAUS., IX, 39 et 40.

de la Terre, en Elide[1], est devant une ouverture souterraine (στόμιον). La sibylle de Cumes[2] habite une caverne aux profondeurs humides; et, à Lilybée[3], le puits de la Sibylle est un χάσμα de quelques pieds, à moitié rempli d'eau, dans une caverne. Enfin, l'oracle de Delphes possède son adyton cyclopéen, bâti par Agamède et Trophonius, et son χάσμα humide[4], son στόμιον d'où sort le souffle prophétique. Plusieurs de ces « gouffres » n'étaient guère plus vastes que le χάσμα de Délos. Le puits de la Sibylle, à Lilybée, est même plus petit. Celui de Delphes, au-dessus duquel on établissait le trépied, n'avait pas un bien large orifice.

Enfin, le χάσμα que Lucien vit dans le temple de Hiérapolis, et qui, suivant la tradition populaire, avait englouti les eaux du déluge, était fort petit. — La déchirure qui creuse le sol dans la caverne du Cynthe est donc un χάσμα. Les fragments d'hydries[5] que nous y

[1] PAUS., *Eliac.*, V, 14, 8. Près de cet oracle est le temple de Thémis. C'est probablement un oracle primitif dans lequel Apollon n'est pas venu remplacer les vieilles divinités.

[2] TZETZÈS, *Ad. Lycophr.*, 1278.

[3] ALEXANDRE, *Oracula sibyllina*, éd. Didot, 1856, t. II, p. 71 et suiv.

[4] Cf. DIODORE, apud Schol. Aristoph., *Plutus*, 9 ; (*Schol. Arist.* éd. Didot, p. 543) : ὄντος γὰρ χάσματος ἐν τούτῳ τῷ τόπῳ καθ'ὃν ἦν τὸ ἄδυτον, etc.— Suivant XIPHILIN (*Ex. Dion. libr.*, 63, 721). Néron, pour enlever à l'oracle sa vertu, égorgea des hommes : ἐς τὸ στόμιον ἐξ οὗ τὸ ἱερὸν πνεῦμα ἀνήει. Cette ouverture fut murée par Néron, suivant Lucien. (*In Ner.*, 10.)

[5] ATHÉN., VIII, 331. F. (Semus, l. VIII.) Ἀθηναίοις, φησί, θυομένοις ἐν Δήλῳ τὴν χέρνιβα βάψας ὁ παῖς προσήνεγκε καὶ τῇ φιάλῃ μετὰ τοῦ ὕδατος ἰχθῦς κατέχεεν. Εἰπεῖν οὖν αὐτοῖς τοὺς τῶν Δηλίων μάντεις, ὡς κυριεύσουσι τῆς θαλάσσης.—Je n'affirmerai pas que cette eau ait été puisée dans

avons trouvés prouvent qu'on y puisait ou qu'on y versait [1] de l'eau sacrée.

Ce χάσμα est un ravin prophétique. Presque tous les oracles d'Apollon se composent essentiellement d'un χάσμα dans une caverne ; presque tous les temples connus ayant des χάσματα humides sont des oracles. Peut-être même le furent-ils tous à l'origine, quand la terre et les eaux prophétisaient, et que la réputation de quelques-uns de ces temples n'avait pas fait déserter les autres.

On sait par les textes que Délos avait, à l'époque la plus reculée, un oracle d'Apollon ; on trouve à Délos une caverne prophétique des plus anciennes. Cette caverne a donc servi de séjour à cet oracle.

Nous atteignons à cette preuve sans même savoir encore si quelque auteur ancien a décrit ce temple-oracle et l'a placé dans le Cynthe.

Le trépied et la cortina [2], l'un supportant l'autre, servent d'attribut à Hercule, plus souvent à Bacchus [3], presque toujours à Apollon-prophète. De nombreuses médailles, en Asie mineure, le représentent accoudé

le temple du Cynthe. A Delphes et à Claros, on semble avoir puisé, peut-être bu de l'eau sacrée.

[1] On versait de l'eau dans le χάσμα de Hiérapolis, sanctuaire prophétique. LUCIEN, *De Syria dea*, § 10 et 13. C'est dans ces gouffres, à ces places sacrées que naissait l'inspiration divine. et peut-être, quelquefois le dieu lui-même.

[2] La cortina est un vase métallique renversé, presque toujours encastré dans une couronne supportée par trois pieds,

[3] PRELLER, *Myth.*, I, p. 224.

contre le trépied ou bien assis sur le bætyle. A Delphes même, Apollon s'appuie sur un trépied qui s'élève d'une large base arrondie [1]. A Patare, où le dieu délien résidait l'hiver, il est représenté entre un petit trépied et un bætyle surmonté, comme à Delphes, d'un oiseau [2]. Sans parler de la cortina sur laquelle on rendait les oracles, le trépied est sans cesse consacré au dieu prophète ; il remplit ses sanctuaires, il s'élève sur les péribolles de ses temples [3]; les vases, les médailles, les peintures, représentent Apollon à côté du trépied. Il est donc fort vraisemblable qu'un trépied s'est élevé à Délos devant un adyton prophétique.

On peut donc penser que la base de marbre trouvée sur le devant du téménos était celle d'un trépied, probablement métallique. Ses dimensions, avec les particularités de sa structure et ses trois entailles, ne s'expliquent guère que par cette hypothèse.

La position que cet appareil a occupée est tout-à-fait privilégiée. Situé juste en face de la statue, à côté de l'escalier, il remplit toute la partie antérieure du péribole. Dominant le mur d'appui du téménos, il voit une partie de l'île, la ville de Délos tout entière, les ports et Rhénée. Alors même qu'il n'aurait été affecté à aucun

[1] A Paris, cabinet des médailles; non encore cataloguée: Bust. d'Hadr. Laurée. A droite: ΔΕΛΦΩΝ. Sur d'autres médailles de Delphes, on voit le même trépied, moins distinct. Mionnet l'a pris pour une colonne (*Suppl.* 53). Cette base appuie contre le sol une sorte de cône terminé par une boule.

[2] MIONNET, *Lycie*, *Patara*, p. 58, 59. Apollon tient une branche de laurier. C'est un laurier qui s'agitait dans le temple-oracle du Cynthe.

[3] HÉRODOT., VIII, 27.

usage précis, il jouait un grand rôle dans l'économie du temple, et il n'était pas un simple *ex-voto*. Beaucoup trop en vue pour servir aux cérémonies mystérieuses des oracles, il ne devait pas, je crois, prophétiser l'avenir ; mais l'adyton restant fermé aux profanes, cet appareil exposé à tous les regards, manifestait au loin la présence du dieu prophète, et servait d'enseigne à son sanctuaire [1].

L'érudition de Lucain, d'une précision si douteuse, a peut-être été bien inspirée, lorsque, citant l'oracle délien, il mentionna ses trépieds [2], qui sont également cités par Himère, et placés dans le temple-oracle d'Apollon Délien [3].

§ X. *Vérification par les textes. — Hélios et Apollon.*

Le temple du Cynthe est, pensons-nous, « la caverne du soleil » et « l'adyton prophétique d'Apollon ». Peut-il avoir été habité d'abord par Hélios, ensuite par Apollon ?

Il est de règle qu'Apollon, dieu nouveau, s'est pres-

[1] Il serait malaisé de démontrer que l'appareil soutenu par cette base était retentissant. Voici pourtant deux preuves qui permettent de risquer cette hypothèse : 1° On sait (PLUT., *De def. orac.*, 15) que les oracles abandonnés se mettaient à retentir quand le dieu les visitait de nouveau. 2° La cortina s'est quelquefois appelée κύκλος αὐτοβόητος (NONNUS, *Dionys.*, IV, 292.).

[2] LUCAIN, *Phars.*, VI, 425. Non tripodas Deli, non Pythia consulit antra.

[3] HIMÈRE, XVIII, 1. — Vid. infra, p. 112.

que partout substitué à de vieilles divinités. Sans multiplier les exemples, on peut citer Amyclées et Delphes[1], où Phœbus, le dernier venu, remplace les divinités solaires ou prophétiques. En outre, il est vraisemblable qu'Hélios, le soleil personnifié, a été remplacé par Apollon, cette personnification plus moderne du soleil. On ne peut douter, à présent, malgré Otfried Müller, qu'Apollon, au moins à Délos, ne soit le soleil, et pour en être convaincu, il suffit de lire l'hymne homérique. On rencontre plus tard, dans les Cyclades et dans les îles voisines, plusieurs Apollons solaires, entre autres, à Camiros[2], un Apollon ἀειγενέτης; enfin, suivant un scholiaste de l'Odyssée[3], Délos est « consacrée à Apollon, c'est-à-dire au soleil, ἱερὰ ἡ Δῆλος Ἀπόλλωνος, ὅ ἐστιν Ἡλίου. »

Délos et la Troade eurent entre elles des relations fort anciennes. Aussi Tzetzès, sachant que les cultes d'Hélios et d'Apollon étaient confondus en Troade, a-t-il supposé qu'Apollon avait été autrefois un prophète serviteur du temple d'Hélios[4]. Tzetzès manque de critique et Apollon ne fut jamais un Troyen, prêtre du so-

[1] ESCHYL., *Eumen.*, 1 et suiv. — *Schol. Pind.*, *Hypoth. pyth.*: la Nuit, Thémis, Bacchus, Python, prophétisèrent successivement à Delphes. — Thémis est quelquefois identifiée avec la terre. (ESCHYL., *Schol. Prometh.*, 209 et suiv.) — APOLLODOR., *Bibl. gr.* I, 4, 1 : Hyacinthe, Actéon, etc., sont de vieilles divinités solaires qu'Apollon a remplacées.

[2] MACROB., *Saturn.*, I, 17.

[3] OD. Z, 162 et suiv. et le comment. d'Eustathe. — Suivant Eustathe, *Il.*, H, 245, le soleil est appelé δήλιος. — Le soleil et Apollon étaient confondus en Troade. Cf. EUSTH., *Il.*, A, 41.

[4] TZETZÈS, Τὰ πρὸ Ὁμήρου :

leil. Mais cette hypothèse n'aurait pas été imaginée, si Tzetzès n'avait appris, dans quelque texte, qu'Apollon prophète avait été interrogé dans les sanctuaires d'Hélios.

Nous savons enfin, par Eusèbe de Césarée, que les païens, ses contemporains, identifiant Apollon avec Hélios, ont considéré Délos comme la patrie du soleil, et que cette opinion était confirmée par de récents oracles .

§ XI. *L'oracle d'Apollon mentionné dans l'hymne homérique. — Naissance d'Apollon.*

Après l'Odyssée [2], la plus ancienne poésie où le nom de Délos soit cité, est l'hymne homérique d'Apollon Délien.

On lit dans cet hymne que Latone enfante Apollon [3]

Κεκλιμένη πρὸς μακρὸν ὄρος καὶ Κύνθιον ὄχθον
Ἀγχοτάτω φοίνικος, ἐπ' Ἰνώποιο ῥεέθροις.

« couchée contre le flanc allongé de la montagne et l'escarpement du Cynthe, tout près du palmier, au-

Ἤλυθε χρησόμενος παρὰ βωμοῖς Ἠελίοιο.
Ἦν δέ τις ἐν Τρώεσσιν Ἀπόλλων μάντις ἀμύμων,
Νηῷ ἐν ἠγαθέῳ φαεσιμβρότου Ἠελίοιο,
Ὃς χρησμοῖσι τάδε προσέειπεν μαντοσύναις τε...

[1] EUSÈBE, *Præp. evang.*, III, 15. Πῶς οὖν ἡ Δῆλος ...γένοιτ' ἂν τοῦ Ἡλίου πατρίς, μήτηρ δὲ ἡ Λητώ; ταυτὶ γὰρ ἀρτίως ἐκύρουν ὡς ἀληθῆ γε ὄντα οἱ αὐτοῦ χρησμοί.

[2] HOM., *Od.*, Z, 162 et suiv.

[3] V. 17, 18. — Cf. V. 25, 26.

dessus [1] des eaux de l'Inopus ». A cette place, Apollon construisit un temple où des oracles furent rendus : Latone en fit la promesse solennelle à la déesse Délos [2].

Ἐνθάδε μιν πρῶτον τεύξειν περικαλλέα νηὸν
Ἔμμεναι ἀνθρώπων χρηστήριον......

« Là, tout d'abord (qu'Apollon) construise un très-beau temple pour servir d'oracle aux hommes. »

Prenons les deux premiers vers, cités plus haut, dans leur sens précis. « Le flanc allongé de la montagne et l'escarpement du Cynthe » désignent exactement la place de la caverne. Le grand temple de marbre, édifié presque au bord de la mer en l'honneur d'Apollon, est loin du Cynthe, et ne s'élève ni sur une pente allongée ni contre un escarpement plus abrupt. Par conséquent la caverne prophétique du Cynthe peut seule avoir été le temple-oracle construit dans le Cynthe par Apollon.

Cette preuve souffre quelques objections qui l'atténuent légèrement, sans la détruire.

1° Peut-être avons-nous donné à ces vers une signification trop précise, et pris une description poétique et vague pour un renseignement topographique. — Quand Homère ou ses imitateurs décrivaient une ville, un port, un sanctuaire qu'ils connaissaient, ils le défi-

[1] Reise a corrigé les anciennes éditions qui portaient ὑπ. Sa correction a été adoptée par Hermann, Baumeister, etc.
[2] V. 80.

nissaient par un de ses caractères les plus frappants, avec la dernière précision. Ainsi procèdent les vrais poètes. L'emplacement de ce temple me semble donc suffisamment déterminé.

2° Il n'est pas sûr que le vers 17 et le vers 80 appartiennent au même hymne. On ne peut alors les rapprocher l'un de l'autre, et dire : « Latone enfante sur le Cynthe » (v. 17) « et, *à cette place*, l'oracle du dieu s'élève » (v. 80). En effet, Groddeck, Ilgen, Matthias, Hermann, Schneidewin, etc., ont découpé dans l'hymne à Apollon Délien un hymne de 5 ou 6 vers, consacré, pensent-ils, à Latone. Donnons-leur gain de cause [1]. Il n'en reste pas moins prouvé, par le vers 17, qu'Apollon est né sur le flanc du Cynthe ; par le vers 80, fût-il d'un autre poète, que le premier temple [2] élevé à Délos par les mains d'Apollon, est le séjour d'un oracle ; et par notre fouille, qu'il y avait sur le flanc du Cynthe un temple-oracle.

3° Mais Apollon est né près de la mer, en plaine, à côté du bassin trochoïde et du grand temple en marbre, qui est loin du Cynthe; ce dieu peut-il être en

[1] BAUMEISTER, (*Hymn. hom.*, p. 120, 121) suppose que cet hymne à Latone est postérieur à l'hymne à Apollon. Le vers 16 serait moderne parce que les orphiques l'ont répété (*Hymn.*, 34, 5). — Ce n'est pas une raison ; des vers fort anciens peuvent avoir été insérés dans les recueils orphiques, et la tradition qui fait naître Diane avant Apollon est d'une époque fort reculée.

[2] Si l'on prend le texte à la lettre, il s'agit même du plus ancien temple construit par le dieu. Mais, d'après l'hymne à Apollon Pythien, le temple oracle élevé en Phocide est aussi le plus ancien de tous les oracles. — Les traditions étaient vagues, et les poètes, tour-à-tour, flattaient Delphes et Délos.

même temps né dans la montagne? — Apollon est né en bien des endroits; et, si l'on combattait ses légendes l'une par l'autre, il n'en resterait aucune. Apollon est né à Délos au pied du palmier [1], ou de l'olivier [2], ou bien des deux arbres à la fois [3]. Ces deux arbres sont des lauriers [4], suivant Servius, et peut-être des lauriers qui ombrageaient le flanc du Cynthe [5]. Sans doute le plus célèbre de ces arbres est le fameux palmier admiré par Homère [6] et montré, du temps de Cicéron [7], à côté du temple en marbre; mais d'autres arbres et d'autres temples aussi ont pu voir « naître le dieu. » Les Grecs doutaient même que ce fût un palmier qui eût abrité Apollon naissant; car, à Tégyre, ce palmier n'est plus qu'un ruisseau, le Phœnix [8].

Quittons Délos. Latone enfante Apollon à Patare en Lycie [9], à Tégyre [10], à Ephèse [11], en mille autres lieux [12]. Les anciens n'avaient pas des idées fort nettes sur l'en-

[1] *Hymn. hom. à Ap. del.*, v. 18.

[2] (AUCTORES MYTHOGRAPHI LATINI, 1742). HYGIN, 140. Cf. la note de Staveren à cette fable d'Hygin.

[3] OVID., *Metam.*, VI, 335; XIII, 635. — ÆLIAN., *Var. hist.*, V, 4.

[4] SERV., *Ad Virg. Æn.*, III, 90, 91.

[5] SERV., *Ad Virg. Æn.*, loc. cit.

[6] HOM., *Od.*, Z, 162 et suiv.

[7] CIC., *De legibus*, I, 1.

[8] PLUT., *Pélopid.*, 16.

[9] STEPH. BYZ., *Tegyra et Suessa.* — TEXIER, *Asie mineure*, texte, t. III, p. 194.

[10] PLUT., loc. cit.

[11] TAC. *Ann.*, III, 61.

[12] Apollon naît encore au cap Zoster, dans l'île de Crète, en Arcadie, dans la ville d'Amphigénie. Cf. LENORMANT et DE WITTE, *Monum. céram.*, t. II, 5.

droit précis où l'on devait placer la délivrance de Latone[1]; ou plutôt ils savaient que le soleil se lève partout, et que le culte du dieu est né dans ses plus anciens temples. Si le sanctuaire du Cynthe est le temple homérique d'Apollon, et le séjour de son oracle[2], il peut être le premier à Délos où ce culte ait trouvé place.

Dans le Cynthe, c'est un temple qui est construit d'abord ; près de la mer, c'est un autel. Ulysse admire le palmier sacré « à côté de l'autel de Délos. » Apollon, âgé de quatre ans, éleva son premier autel avec les cornes des chèvres déliennes[3]. Un grand temple fut bâti plus tard ; et celui dont nous avons examiné les ruines près du rivage, probablement édifié par l'art athénien, n'est pas antérieur au cinquième siècle.

Aussi était-il, en 355 av. J.-C., distingué du sanctuaire primitif. Sous l'archontat de Callistrate, des objets sacrés dont l'inventaire est fourni par les amphictyons, furent dédiés les uns au temple principal, les autres au « temple archaïque », τῷ νεῷ τῷ ἀρχαίῳ, et au « temple

[1] Sur la manière même dont ce mystère s'est accompli, tous les mythes diffèrent. Cf. la seconde partie de cet ouvrage, et PRELLER, *Gr. myth.*, Berlin, 1860, t. I, p. 185. L'endroit où Latone enfanta dut être, dans l'origine, fantastique.

[2] Citons pour mémoire un vers de SIDOINE APOLLINAIRE, *Præf. paneg. Avit.*, qui fait mention « des antres déliens » : Quam neque deliacis peperit Latona sub antris.

[3] CALLIM., *Hymn, in Ap.*, 57 et suiv.

[4] LE BAS, *Insc. att.*, 242, l. 9 (Marbre pentélique trouvé sur l'acropole). RANGABÉ, *Antiq. hellen.*, n° 857. Le texte de Le Bas porte ἀρχαι, et la restitution de ἀρχαίῳ est alors certaine. Rangabé a lu seulement « αρ » et suppose aussi « ἀρτέμιδος ». Cette inscription énumère 1° différents objets placés par rangées (sans doute dans le grand temple d'Apollon qui appartenait à Athè-

des Déliens ». L'un de ces deux noms, probablement celui de « temple archaïque, » désigne, sans aucun doute, l'adyton du Cynthe.

Il est donc presque sûr que ce temple est le plus ancien des deux sanctuaires, et qu'il fut, avant la venue d'Apollon, habité par Hélios. Il se peut qu'arrivé dans l'île sacrée, Apollon ait vu des autels s'élever en son honneur sur le bord de la mer, et qu'en même temps il se soit emparé du vieil oracle. Mais plus tard, lorsque l'art hellénique embellit ses divinités et leur construisit de somptueuses demeures, et que les contemporains de Périclès supplantèrent les prêtres déliens auprès d'Apollon, ce dieu, à l'étroit dans cette gorge resserrée de la montagne, l'a sans doute un peu délaissée pour le bel édifice en marbre où les Athéniens lui présentaient de nombreuses offrandes, et qui, du reste, situé près du port, était plus accessible aux navigateurs et aux Théories. Une partie de ses légendes quittèrent alors avec lui le vieil adyton, qui dut cependant rester le séjour de son oracle. Apollon, en effet, peut habiter séparément, dans le même pays, un adyton et un temple. A Claros [1] et à Milet [2], le temple du dieu et son oracle sont distingués ; et, qu'ils fussent ou non réunis dans une même enceinte, ils étaient considérés comme deux édifices différents.

nes); 2° d'autres objets consacrés au temple archaïque; 3° d'autres encore appartenant au « temple des Déliens » qui avaient conservé un sanctuaire distinct.

[1] PAUS., VII, 3, 1. Κολοφώνιοι δὲ τὸ μὲν ἱερὸν τοῦ ἐν Κλάρῳ καὶ τὸ μαντεῖον ἐκ παλαιοτάτου γενέσθαι νομίζουσιν.

[2] PAUS., VII, 2, 4.

Apollon eut aussi, en Phocide, un autel sur le bord de la mer et un temple-oracle dans la montagne; mais la montagne l'emporta sur la plaine; et la gorge du Parnasse fut assez spacieuse pour soutenir devant l'adyton un temple superbe rempli d'autels et de trésors.

§ XII. *L'oracle d'Apollon décrit par Virgile.*

Nous sommes toujours arrivés jusqu'ici à cette conclusion: la caverne du Cynthe est un temple d'Apollon et le séjour de son oracle. Virgile nous en apporte une preuve décisive.

Lorsque Enée vient consulter l'oracle de Délos [1], le dieu parle et la montagne s'agite tout autour du temple :

Totus que moveri
Mons circum.

Cette montagne est le Cynthe, affirme Servius [2].

Le temple est lui-même un vieil édifice en pierre, et sa vue inspire un religieux respect.

[1] ÆNEID., III, 84 et suiv.

[2] Virgile mentionne aussi le laurier qui s'agite courbé par le souffle prophétique, et Servius place sur le Cynthe un bois de lauriers. Le laurier de Délos est, suiv. EUSTATH., *Od. Z*, 162, le plus ancien qui ait existé ; et suivant CATULLE, XXXIV, 8, Apollon naquit entre deux lauriers. Le laurier se rencontre dans les principaux oracles d'Apollon ; il est donc vraisemblable que l'oracle d'Apollon Cynthien eut son laurier ou son bois de lauriers. Nous savons aussi par HIMÈRE (XVIII, 1) que les trépieds édifiés par Apollon dans son oracle de Délos étaient

Templa dei saxo venerabar structa vetusto.

La caverne du Cynthe est un temple creusé dans la montagne et comme entouré par elle. Il n'est pas construit en marbre, mais en appareil cyclopéen de l'époque la plus reculée, et il renferme un χάσμα, comme les oracles anciens. C'est elle que Virgile, sans aucun doute, a désignée.

Pour découvrir la vérité dans Virgile, dans Homère, dans les vrais poètes, il faut adopter leur sens littéral. Nous procédons ainsi, et ce n'est pas en commentant les textes, mais en les serrant de très-près, que nous y trouvons la mention du temple-oracle. Certes Virgile, en présentant la vérité, savait l'agrandir. C'est par l'imagination qu'il a entendu la cortina mugir et vu la montagne trembler; c'est aussi par l'imagination qu'il a écouté les cent voix sortant à Cumes des cent retraites souterraines. Et cependant, au milieu de tant de poésie, l'oracle de Cumes est assez exactement représenté pour que cette description s'y applique et ne s'applique qu'à lui seul: on dirait un adorateur qui voit et connaît son

en bois de laurier. — On lit dans Horace les vers suivants : (*Odes*. lib. III, od. 4, 62).

Qui Lyciæ tenet
Dumeta, natalemque sylvam,
Delius et Patareus Apollo.

Saumaise (*Ad Solin.*, p. 126) pense que le laurier de Délos (qui a porté le nom de Pyrpile ou Pyrpole) servait avec le lierre à allumer le feu sacré. — Voir notre préambule, art. Pyrpile.

temple, mais ne l'a jamais visité sans une sorte de crainte religieuse qui l'agrandit à ses regards. C'est avec la même imagination précise que Virgile a décrit l'oracle Cynthien.

Mais Virgile n'était pas allé à Délos. — Il n'en devait pas moins la connaître. Il est sûr que plusieurs de ses contemporains, de ses amis, l'avaient, comme autrefois Cicéron, visitée, étudiée, admirée. Très-probablement aussi de vieilles poésies maintenant perdues, les chants cypriens par exemple, décrivaient l'ancien temple de la montagne.

Virgile avait d'excellentes raisons pour ne pas hasarder sur Délos une description de fantaisie. Fort érudit, aimant assez Rome pour en étudier les origines avec une conscience religieuse, il savait quelles traditions unissaient Délos et l'Asie Mineure, Anios [1] et Anchise. Aussi attribuait-il une grande importance à cet oracle, le plus solennel de tous ceux qui, dans l'Enéide, ont parlé aux Troyens. Cet oracle mystérieux leur apprend qu'ils ont en occident une patrie plus ancienne que Troie et que la Crète, et l'importance de ses prédictions est telle que les Troyens, après l'avoir mal compris, retourneraient le consulter, si les ancêtres d'Anchise, évoqués par un songe, ne leur avaient fourni l'explication tant désirée. C'est au nom de cet oracle qu'Enée revendiquera la possession du Tibre [2]; cet oracle est comme au

[1] Délos, à l'époque de la domination romaine, avait encore un temple d'Anios. Cf. EUSTRATIADÈS, Ἐπιγρ. ἀνέκδ., loc. cit.

[2] VIRG., *Æneid.*, VII, 239 et suiv.— *Comment. Servius*: « Jussis ingentibus urget Apollo »; « ingentibus : Deliis quæ magna constat fuisse ». — Un mythographe (*Coll. Vatic.* AN-

centre de toutes les traditions religieuses qui unissent Rome et l'Italie à la Crète, à Délos, à l'Asie Mineure. Il est sûr que Virgile n'a pas décrit à la légère le temple où fut entendue la plus auguste des prophéties.

Aussi les commentateurs qui citent le passage de Virgile sur Délos en admirent-ils la parfaite exactitude [1].

Il faut prévoir toutes les objections. Le Cynthe, dira-t-on, désigne ici, comme il arrive quelquefois, l'île tout entière. Le vieux monument était près de la mer : il fut remplacé ou bien entouré par un édifice en marbre. — Cette hypothèse est gratuite : il n'y a pas trace de fondations cyclopéennes près du bassin trochoïde ; aucun auteur ne raconte qu'un vieux temple en pierre de l'époque homérique, se soit élevé dans cette plaine. Quelquefois de vieux temples en pierre sont abattus, puis reconstruits en marbre ; mais les antiques séjours des oracles sont respectés ; sinon, ils deviennent muets.

Vélius Longus, cité par Macrobe[2], se demande « pourquoi Virgile dit que les pierres dont le temple était bâti avaient vu beaucoup de siècles ». Ce n'est, d'après Vélius, qu'un hypallage employé pour exprimer l'ancienneté du temple. Quelle apparence, en effet, que ce temple si ancien, si vénérable, ait beaucoup plus tard été reconstruit et qu'il n'y ait pas une seule tradition

GELO MAÏ, t. III, *Myth. gr.*, l. III, art. Apollo, § 1) prétend qu'Apollon est appelé lycien « a lycio fano apud Delum maximo. Unde Virgilius : *nunc Lyciæ sortes* ». Avant de répondre aux questions des suppliants, l'oracle délien a-t-il consulté des sorts ? Le texte que nous citons n'est pas d'une assez bonne époque pour que nous puissions rien en conclure.

[1] MACROB., *Saturn.*, III, 6. — SERVIUS, *Comment. ad loc. cit.*

[2] MACROB., loc. cit.

pour nous l'apprendre? L'opinion d'Epaphus, également rapportée par Macrobe, est tout-à-fait catégorique et décisive : « Jamais le temple de Délos n'a éprouvé aucun accident, et les pierres dont il a été construit subsistent encore ».

Un préjugé voulait que Délos ne fût pas sujette aux tremblements de terre [1]; la religion l'empêcha longtemps d'être pillée par les hommes. Cependant ses édifices situés au bord de la mer furent enfin dévastés, et auparavant ils étaient quelquefois réparés ou reconstruits. Seule la caverne du Cynthe était en pierres inébranlables. Déjà du temps d'Enée, c'étaient de vieux rochers cyclopéens. Quand Virgile, puis Epaphus, écrivirent, cette masse puissante et informe, défiant les ravages de la nature, n'attirant pas la cupidité des hommes, n'avait encore rien souffert. Aujourd'hui ce toit est encore à sa place ; aucune de ses dalles énormes n'a fléchi ou ne s'est brisée ; et le plus vieux temple de l'île, conservé presque intact, domine toute une ville de ruines, où pas une colonne, pas un mur n'est resté debout.

Macrobe cependant suppose que l'oracle entendu par

[1] Suivant Macrobe, un peu trop subtil, Virgile aurait entendu par « Saxo vetusto » des pierres très-anciennes, parce qu'elles n'ont pas été ébranlées par les tremblements de terre. Je ne pense pas que Virgile ait fait allusion à cette légende. Selon Servius « Saxo vetusto » désigne le rocher même du Cynthe que les tremblements de terre ont épargné. Mais au contraire, le Cynthe, sorti des flots, n'est-il pas la plus moderne de toutes les montagnes? — Servius citant la cortina mugissante de Délos, invoque l'exemple de la caverne de Delphes. Faut-il en conclure qu'il plaçait aussi l'oracle délien dans une caverne? Son texte n'est pas assez net pour que nous devions en tirer cette preuve. Cf. SERVIUS, *Comment. ad Æneid.*, III, 92.

Enée sort de l'autel d'Apollon Génitor. Sans connaître la place exacte de cet autel, je ne le crois pas dans le temple du Cynthe. Mais l'argumentation de Macrobe, qui n'a pas vu Délos, et qui, du reste, n'est pas très-affirmatif, est facile à réfuter :

1° Enée, dit-il, avant de consulter l'oracle, ne sacrifie pas de victimes ; or, on n'offrait pas d'êtres vivants à l'autel d'Apollon Génitor. Donc il s'agit de cet autel. — Mais d'autres présents étaient consacrés à l'Apollon Génitor, et si Virgile s'était piqué d'une exactitude si scrupuleuse, il aurait, comme d'autres auteurs [1], mentionné ces présents.

2° Apollon est appelé *pater*, donc c'est Apollon Génitor. Père de la vie et des êtres, souvent appelé *Patrous* [2], Apollon, qui est à la fois un grand dieu et le dieu tutélaire [3] des Troyens, peut être appelé *pater* dans n'importe lequel de ses temples. — L'opinion de Macrobe ne repose donc sur rien [4] ; et nous ne trouvons du reste aucun auteur qui fasse de cet autel d'Apollon Génitor le séjour d'un oracle, ni même qui place dans le grand temple en marbre, un oracle d'Apollon Délien.

Cet Apollon « pater » est aussi nommé Tymbræus (ou Thymbræus). Sans doute ce nom vient de l'Asie-Mi-

[1] Diog. Laert., VIII, 13. — Porphyr., *De abst.*, II, 28, 29.

[2] Macrob., *Saturn.*, I, 17.

[3] Preller, *Myth.*, I, 193 et 227, Apollon Patroüs est surtout le Dieu des Ioniens. Cf. Himer., *Or.*, X, 5, qui décrit Apollon Patroüs père d'Ion : μειδιῶν ὁ θεὸς καθάπερ τις μαντεύων τὴν ἀποικίαν τοῖς Ἴωσι. Il peut avoir à Délos un autel et un oracle.

[4] Heyne (*Comment. ad. loc. cit.*) critique ce passage de Macrobe. Il ne doute pas que ce vers ne désigne un vieux temple; et il n'était pas nécessaire, ajoute-t-il, de songer, aussitôt débarqué, à offrir des sacrifices.

neure, mais il fut peut-être appliqué à la caverne du Cynthe et à ses environs. Suivant Servius, quelques autorités placent à Délos un lieu nommé Tymbra[1] (Τύμβρη) consacré à Apollon. « Alii Tymbram locum in Delo consecratum Apollini tradunt. » Apollodore[2] raconte qu'Apollon, né à Délos, apprit, avant d'aller à Delphes, l'art de prophétiser de Pan, fils de Thymbris (Θύμβρεως). Pan avait été un dieu prophète antérieur à la venue d'Apollon, et l'on sait que Pan habite les montagnes et les cavernes. Il est donc probable que Virgile, fort exactement renseigné sur la caverne du Cynthe, ne l'était pas moins sur le nom du dieu qui l'habitait.

Ainsi les textes, confirmant nos études faites sur place, nous prouvent que la caverne du Cynthe, temple homérique du soleil, était en même temps l'adyton prophétique d'Apollon.

Aucune objection sérieuse n'atténue la valeur de ce fait[3]. Il semble que la tradition conservée par l'hymne homérique a fait naître le dieu dans cet oracle. Nous allons donner le témoignage qui la justifie.

[1] SERVIUS, *Comment. ad Virg. Æneid.*, III, 85; *Georg.*, IV, 31. — Cf. p. 33.

[2] APOLLOD., I, 4, 1.

[3] Je ne citerai qu'en note une preuve intéressante, mais très-suspecte.

Pyrrho Ligorio, que l'on n'ose guère nommer dans un ouvrage sérieux, a publié une médaille frappée sous Marc-Aurèle, et représentant un temple sur le Cynthe avec l'inscription : μαντεῖον δηλιάτων νεωχόρων. Les vieilles éditions de Stéphane de Byzance et celles de Callimaque par Spanheim (*H. in Del.*, 90), reproduisent cette inscription. Si la médaille est vraie, cette montagne est le Cynthe, et ce temple-oracle, la caverne d'Apollon. Mis en garde par la mauvaise réputation de Ligo-

§ XIII. *L'oracle d'Apollon, ses trépieds, et le mythe de la naissance, mentionnés par Himère.*

Un texte d'Himère résume et confirme nos assertions. Le voici [8]:

Ἐν Δήλῳ, ταύτῃ τῇ νήσῳ, νεὼν τινά φασὶν οἱ ἐπιχώριοι δείκνυσθαι λιτὸν μὲν ταῖς κατασκευαῖς, εὐαγῆ δὲ τῷ λόγῳ καὶ τοῖς περὶ αὐτοῦ διηγήμασιν. Ἔνθα κατέχει λόγος, ὅτε ἔτικτεν ἡ Λητὼ

rio, D'Orville a pensé que cette médaille était fausse, et les raisons qu'il a données ont paru concluantes. Cependant trois de ces raisons sur quatre ont peu de valeur. Les voici : 1° Le temple d'Apollon était sur le bord de la mer, donc son oracle ne résidait pas dans le Cynthe. — Nous avons démontré que l'oracle d'Apollon est dans le Cynthe. 2° Les néocores remplissaient une fonction infime et souvent tournée en ridicule; ce titre de néocore ne saurait donc figurer sur des médailles. — Ce titre fut en grand honneur sous l'empire romain, et des villes nombreuses, Ephèse par exemple, étaient néocores des dieux ou des empereurs. 3° Délos, déserte sous Hadrien, ne pouvait avoir frappé cette médaille. — Cependant l'oracle de Délos était fort vénéré à l'époque de Julien, et put avoir été l'objet des faveurs spéciales d'Hadrien, si passionné pour les antiquités religieuses de la Grèce. La dernière raison de D'Orville est beaucoup meilleure : δηλιάτων est un barbarisme. Je lirais facilement Δηλιάστων ou mieux Δηλιάδων (Cf. Soph., *Œd. Col.*, 1047 in Schol.); et je croirais à une faute d'orthographe, si Ligorio ne citait plusieurs autres médailles qui portent, dit-il, δηλιάτων, et qu'on n'a jamais vues. Il est tellement sujet à caution qu'il doit les avoir toutes inventées. — Pourquoi Ligorio, sans avoir étudié nos textes ni connu la caverne du Cynthe, aurait-il eu l'idée d'imaginer cette inscription et de placer à Délos un oracle dans une montagne? Mais pourquoi n'a-t-on jamais retrouvé aucune de ces médailles suspectes? Je ne veux rien conclure, mais le fait méritait d'être signalé.

[1] Himère, *Or.*, XVIII, 1.

τοὺς θεοὺς, λυθῆναι τὰς ὠδῖνας αὐτῇ, καὶ τὸν Ἀπόλλωνα τιμῇ τοῦ χωρίου μετὰ κλάδων ἐκεῖ τοὺς ἱεροὺς πηγνύμενον τρίποδας, θεμιστεύειν ἐκεῖθεν τοῖς Ἕλλησιν, etc.

« Dans cette île de Délos, on montre, au dire des habitants, un temple de structure fort simple, mais consacré par la tradition et par les légendes qui s'y rattachent. C'est là, suivant la tradition, que Latone enfanta les dieux et fut débarrassée de ses douleurs ; et c'est de là qu'Apollon, pour honorer le lieu de sa naissance, après avoir fixé dans le sol des trépieds sacrés avec des rameaux de laurier, rendit ses oracles aux Grecs. »

L'oracle d'Apollon est donc, suivant Himère, de structure très-simple : il est, d'après Virgile, bâti en pierre. Dans ce temple, on trouve des trépieds faits avec des lauriers, que Virgile et Servius ont placés dans le temple du Cynthe. Apollon est né dans cet adyton : l'hymne homérique le faisait naître sur le flanc de la montagne, puis édifier, sans doute au même endroit, un temple oracle. En quelques mots, Himère nous renseigne donc sur l'oracle divin, consulté par toute la Grèce, cher à Phœbus; sur l'enfantement de Latone à cette même place ; sur les lauriers et les trépieds ; sur toutes les légendes que nous avons démontrées appartenir à l'adyton du Cynthe. L'auteur fait ressortir l'importance tout-à-fait exceptionnelle de ce lieu où les traditions les plus sacrées, et, ajouterons-nous, les plus anciennes et les moins contestables, font naître une grande religion. Nous faisons cependant une réserve et nous pensons que ce temple, qui est peut-être le plus antique berceau d'Apollon en Grèce, n'a pas vu naître ce culte, arrivé d'Asie déjà puissant.

§ XIV. *Le dragon.*

Le toit du temple-oracle, qui, avant notre fouille, sortait seul de terre, était appelé « la porte de pierre, » ou la « caverne du dragon ». Pourquoi ce dernier nom ? Deux hypothèses peuvent l'expliquer. Peut-être ces vieux débris ont-ils frappé l'imagination des Grecs, et, sans connaître aucune légende, y fit-on habiter un serpent. En effet, en Grèce comme en France, comme en Allemagne [1], comme partout ailleurs, le peuple croit volontiers que des dragons malfaisants se cachent dans les ruines, les cavernes, les retraites humides et mystérieuses. Peut-être, au contraire, l'adyton du Cynthe a-t-il dû son nom de « caverne du dragon » à quelque légende, quelque cérémonie, dont le souvenir est maintenant effacé. Le peuple, comme il arrive souvent, a pu conserver la mémoire d'un nom, sans savoir d'où ce nom est venu.

Voici les raisons qui me font pencher pour la seconde hypothèse :

Avant d'être déblayée, la caverne du Cynthe, ensablée presque jusqu'au sommet, peu obscure, ouverte à ses extrémités, n'avait rien de bien effrayant ; cependant, les Mykoniates y plaçaient un serpent et le craignaient un peu. Peut-être est-ce par tradition qu'ils avaient peur.

[1] Ces légendes de dragons n'ont-elles pas quelquefois une origine mythologique ? Nous ne voulons pas nous occuper ici de cette vaste question.

La tradition[1] place des serpents dans presque tous les oracles, et surtout dans les oracles d'Apollon. Si Apollon eut à vaincre un serpent à Délos, ce fut dans son temple-oracle.

Or, Délos paraît avoir eu comme Delphes son mythe du dragon tué par Apollon enfant. Les autorités qui nous le font croire sont chacune d'une valeur contestable, mais elles se fortifient l'une par l'autre, et, partant de sources très-différentes, elles ne peuvent guère venir d'une erreur commune.

1° Quelques-uns des mythographes qui font naître Apollon à Délos, racontent qu'aussitôt né, il tua le dragon ; et, si l'on en croit Macrobe[2], il combattit dans le lieu même de sa naissance[3].

[1] Le dragon est le gardien du gouffre prophétique, et semble parfois le personnifier. PAUS., X, 6, 3. — MACROB., *Sat.*, I, 17. — APOLLODORE, I, 4, 1. Le dragon empêche Apollon de s'approcher du χάσμα : Apollon triomphe du serpent et prend possession de l'oracle. Quand l'oracle du mont Ptoüs est muet, c'est que le dragon en a ravagé les alentours (PLUT., *De def. orac.*, 8), etc. — Nous ne cherchons pas ici à savoir si les serpents n'ont pas été les symboles de certaines forces ou de certaines parties de l'univers. (Hypothèses proposées : les nuages, les fleuves, le soleil, l'écliptique.)

[2] LIBANIUS, *Narr.*, XIX, p. 1105 : Τεχθεὶς δὲ ὁ Ἀπόλλων εὐθὺς ἦν τοξότης, καὶ ἔργον αὐτῷ πρῶτον ὁ δράκων. — LUCIEN, *Dial. mar.*, X. Aussitôt qu'Apollon et Diane sont nés, ils tuent le dragon. — Cf. ANGELO MAÏ, *Myth.*, l. I, n° 37 ; l. II, n° 17. — MACROBE, *Saturn.*, I, 17. Au moment où Diane et Apollon virent le jour, un serpent nommé Python s'empara de leur berceau, et Apollon « in prima infantia » tua le monstre à coups de flèches. Le texte de Macrobe est décisif. Macrobe nous inspire peu de confiance quand il émet des théories qui lui sont personnelles, mais ici il paraît citer un fait, une tradition qu'il a recueillie.

[3] LENORMANT et DE WITTE, *Op. cit.*, t. II, p. 10 : « Cela peut

2° Deux vases représentent, en effet, Apollon enfant perçant de flèches le dragon qui sort d'une caverne. Sur le premier [1], d'une bonne époque, on voit le dragon poursuivre Latone qui fuit avec ses deux enfants.

Diane est plus grande que son frère. Les traditions suivant lesquelles Diane est née avant Apollon sont fort anciennes, et on les rencontre surtout en Asie et à Délos [2]. Cependant, elles ne sont pas étrangères à Delphes, et il n'est pas sûr que la peinture qui nous intéresse reproduise une légende délienne. Mais un autre vase donne à peu près la même scène, et cette fois elle ne se passe certainement pas à Delphes. « Le petit Apollon [3] décoche des flèches contre le serpent Python. Le dieu est porté par sa mère ou bien par sa nourrice Ortygie. Devant ce groupe, se tient Diane enveloppée dans son péplus. La déesse a déjà l'âge d'une jeune fille, elle est venue au monde avant son frère... Deux palmiers, l'un mâle et l'autre femelle, chargé de ses fruits, indiquent l'île de Délos... Le dragon est représenté dans une espèce de grotte. » Peut-être ces palmiers désignaient-ils Ephèse, mais l'hypothèse qui les place à Délos est de beaucoup la plus vraisemblable.

3° Enfin, il existait à Délos un Apollon qui avait l'apparence d'un dragon « formam draconinam [4]. » La

faire croire que le combat entre le dieu et le serpent s'est livr dans le lieu même de la naissance. » — Preller partage cett opinion, t. I, p. 187.

[1] Lenormant et de Witte, *Op. cit.*, t. II, pl. I.

[2] Vid. infra, passim.

[3] *Op. cit.*, t. II, pl. I (a), p. 8.

[4] Ang. Maï, *Op. cit.*, t. III, l. III, art. Apollo, § 16. « Apol

légende d'Apollon et celle d'un dragon furent donc confondues à Délos, dans quelque vieux sanctuaire, probablement dans une caverne, et sûrement, cette hypothèse admise, dans le temple-oracle du Cynthe.

Tous ces documents sont, il est vrai, soit d'une époque indéterminée, soit de la période romaine. Mais il s'agit de savoir si le temple du Cynthe a porté ce nom de σπήλαιον τοῦ Δράκου pendant les derniers jours du paganisme ; et sur cette question spéciale, les textes les plus récents font autorité.

Il est très-vraisemblable que cette vieille légende du dragon a survécu au paganisme. A Delphes, elle dura longtemps après lui [1].

Nous pensons donc qu'une tradition, conservée à Délos jusqu'au dernier jour, racontait qu'Apollon, né dans la caverne-oracle du Cynthe, y avait tué le serpent. Cette hypothèse, sans être tout-à-fait établie, ne contredit en rien ce que nous savons, soit de l'esprit du paganisme en décadence, soit des légendes déliennes.

§ XV. *L'Inopus.*

Le dix-septième vers de l'hymne homérique représente Latone, à l'heure de l'enfantement, étendue contre le flanc escarpé du Cynthe. Cette place est celle de

apud Delphos humana effigie, apud Lycium lupina fingitur; apud Delon vero formam habet draconinam. »

[1] A Delphes, la fête du dragon (le στεπτήριον) se renouvelait tous les huit ans (PLUT., *Quæst. gr.*, 12). — Elle persista jusqu'à l'établissement du christianisme. Cf. ALF. MAURY, t. II, p. 283.

l'oracle primitif d'Apollon. Si le vers suivant n'est pas interpolé, cette place est tout près du palmier et domine les eaux de l'Inopus[1].

Ἀγχοτάτω φοίνικος, ἐπ' Ἰνώποιο ῥεέθροις.

Il s'agit de déterminer la place exacte de l'Inopus. Ici encore la tradition la plus ancienne et les récits les plus modernes nous semblent se contredire.

On ne peut faire que trois hypothèses sur l'ancien lit de l'Inopus.

1° L'Inopus a-t-il coulé dans un ravin qui se termine près du port de Fourni[2] ? Cette hypothèse, assez généralement admise, ne s'autorise d'aucun texte, et l'on ne peut l'adopter quand on a soigneusement étudié la topographie de l'île.

Ce fleuve, ce ruisseau, n'a ni source ni lit. Une succession de bassins naturels s'étage depuis le Cynthe jusqu'à la mer, et ils déversent l'un dans l'autre les eaux qu'envoient les orages.

2° Ross[3] a étudié un ravin sinueux qui naît dans des marais situés au pied du Cynthe, du côté sud-ouest, contourne la montagne et serpente devant elle à quelque distance de la caverne, traverse la ville et se perd tout près du port central, parmi les sables et les ruines. Ce ravin est très-profond, surtout près du théâtre. Ses berges ont alors six mètres d'escarpement et sa largeur dépasse dix mètres. Des ruines en couvrent les bords, en

[1] *H. Hom. in Del.*, v. 18.
[2] Voir notre carte de Délos.
[3] Ross, *Griech. Inseln*, I, p. 31.

obstruent le fond. Si Délos avait encore des ruisseaux, celui qui coulerait au fond de ce ravin serait, sans contredit, le fleuve principal.

Il n'a pas d'eau, mais autrefois il dut en avoir. On trouve sur ses bords quelques traces de maçonnerie et d'endiguement. L'Inopus, d'après Strabon [1], traversait l'île; ὑπέρκειται δὲ τῆς πόλεως ὄρος ψιλὸν ὁ Κύνθος καὶ τραχὺ, ποταμὸς δὲ διαῤῥεῖ τὴν νῆσον Ἰνωπὸς οὐ μέγας· καὶ γὰρ ἡ νῆσος μικρά. » Ce ravin, qui traverse l'île à partir du Cynthe, n'est ni trop grand, ni trop petit pour Délos. Suivant Lycophron, les compagnons d'Agamemnon se répandirent à la fois sur le Cynthe et le long des bords de l'Inopus [2], et ce ravin longe le Cynthe. Si donc, nous ne connaissions que la topographie de l'île, le texte du poète de Chios, ceux de Lycophron et de Strabon, nous n'hésiterions pas à voir dans ce ravin, qui dut porter un nom, puisqu'il traversait la ville, le lit de l'ancien Inopus.

3° Mais tous les autres textes confirment une hypothèse fort différente, celle de M. Terrier.

Plusieurs auteurs ont écrit que l'Inopus était sorti d'une source, et même d'une source abondante [3]. Suivant Callimaque, « les eaux de l'Inopus sont plus profondes en sortant de terre, quand le Nil enflé descend à pleins bords des montagnes d'Ethiopie ». Il est question ici d'une source qui laisse écouler son trop plein, et non pas d'un marais où naît un ruisseau.

[1] STRAB., 485.

[2] LYCOPH., *Cassand.*, v. 567 et suiv.

[3] PLIN., *Hist. nat.*, l. II, chap. 103° (106. éd. Nisard). — CALLIM., *H. in Del.*, v. 205, 206, 263; *H. in Ap.* 171. — *Schol. Arist.*, *Aves*, 1694. —Cf. Μηλιαράκης, κυκλαδικὰ, Athènes, 1874.

Or Délos possède une source très-abondante et très-profonde[1]. Il est fort possible qu'elle ait autrefois communiqué à ciel ouvert avec « le puits du Maltais » situé plus bas qu'elle, et rempli d'eau vive. Une rigole artificielle, dont les traces sont encore visibles, déversait l'eau de ce puits dans le bassin trochoïde.

Des paysans ont raconté à Tournefort que l'eau du Jourdain faisait grossir cette source. Peut-être est-ce un souvenir de l'antique légende, suivant laquelle l'Inopus venait du Nil[2]. Cette légende, il est vrai, se raconte aussi d'une source qui jaillit à Mykonos.

Enfin, d'après tous les poètes postérieurs à l'âge homérique, Latone a enfanté près de l'étang trochoïde, et, par conséquent, près du puits du Maltais[3].

L'Inopus fut-il ce ravin sans eau ou bien cette source sans lit? Ont-ils été tous les deux confondus, comme le Céphise du Parnès et celui du Pentélique? Se sont-ils réunis autrefois sur la plage de sable qui avoisine le bassin trochoïde et ses temples, et n'ont-ils porté qu'un seul et même nom? Dans les temps les plus anciens, l'Inopus n'a-t-il pas été le ruisseau qui descendait de la montagne, et plus tard, le ruisseau une fois tari, la source plus rapprochée des sanctuaires nouveaux? Je penche pour cette dernière hypothèse.

§ XVI. *La divination à Délos.*

Délos eut, comme Delphes, un temple, une caverne,

[1] Voir sur la carte le n° 20.
[2] Callim., loc. cit. — Paus., II, 5, 2.
[3] Cf. le préambule, p. 39.

un *χάσμα* prophétique et un serpent tué par Apollon. A Délos, comme à Delphes, Apollon, archer et prophète dès qu'il apparaît, n'est pas le premier possesseur du vieil adyton.

Seulement, à Delphes, Apollon ne triomphe pas sans lutte ; à Délos, le dieu qui vient de naître, le dieu enfant, a été, suivant les plus belles légendes, accueilli par la joie des hommes et la bienveillance des divinités. La déesse Thémis, prophétesse à Delphes, lui fait boire, à Délos, la liqueur sacrée qui le rend immortel et prophète [1]. Pan, fils de Thymbris, lui apprend l'art de la divination [2]. Il reçut aussi les leçons d'une sibylle, fille de Glaucus; et Glaucus fut prophète à Délos [3]. Hélios, Thémis, Pan et Glaucus ont donc précédé Apollon à Délos, et ces trois dernières divinités paraissent y avoir rendu leurs oracles.

A Delphes, des songes prophétiques, suscités par la colère de Junon, s'élevèrent du sein de la terre, et, apprenant la vérité aux hommes, leur firent déserter l'oracle du dieu nouveau [4]. Nous retrouvons à Délos une divinité des songes prophétiques, mais fort amoindrie, Brizo [5]; et il ne semble pas qu'elle soit jamais entrée en lutte avec l'oracle d'Apollon.

La sibylle se rencontre également à Delphes et à Dé-

[1] *H. Hom. in Ap. Del.*, v. 124.
[2] APOLLOD., I, 4, 1.
[3] ATHÉN., VII, p. 296.
[4] EURIP., *Iph. in Taur.*, 1250 et suiv.
[5] ETYM. MAGN., ad verb. — EUSTATH., *ad Od.* M., 252. — HESYCH., βριζομάντις, ἐνυπνιομάντις. — CREUZER-GUIGNIAUT, part. 1, t. II, p. 101, 102, sur la déesse Brimo.

los. Tour à tour nymphe de l'Ida [1], fille de devin [2], enfant des eaux [3], habitant, à une époque presque toujours indéterminée, les plus vieux sanctuaires d'Apollon [4], servante du dieu et destinée à périr vaincue par lui [5], la sibylle, quelles que soient sa patrie et son origine, est une personnification transparente des oracles primitifs et de la volonté divine qu'ils ont manifestée [6]. Quand on remonte à l'origine de cette tradition, on arrive presque toujours à l'Asie, à la Troade [7].

Délos, ayant un oracle, eut donc une sibylle. La si-

[1] TZETZÈS, *Ad Lycophr.*, 1279. — ARISTOT., *De mirab.*, 1158. *Orac. sib. Alex.*, t. II, p. 5 et 9.

[2] *Orac. sib. Alex.*, l. II, p. 6.

[3] SUIDAS. — *Orac. sib. Alex.*, t. II, p. 20.

[4] A Cumes, le temple d'Apollon Zoster est à côté de la caverne de la sibylle (TZETZ. *Ad. Lycophr.*, 1278). Cf. Les oracles de Delphes, de Claros, de Lilybée. Pour Lilybée. Cf. *Orac. sib. Alex.*, t. II, p, 72.

[5] *Orac. Sib.*, *Alex.*, t. II, p. 17, 19.

[6] Leur nom le prouve (Σίος βολλά, éol. pour Θεοῦ βουλή). Cette opinion, qui n'était pas celle d'Alexandre, paraît démontrée par les textes. Elle a été soutenue par Klausen (*Æneas und die Penaten.* Hamb. et Goth. 1839. t. II, p. 212 et suiv.) « Il n'y eut jamais de sibylles, mais on appela ainsi la voix d'oracles souterrains que, d'après l'antique religion des Pélasges, on croyait entendre dans les antres sacrés, mêlée au murmure des sources jaillissantes, surtout quand le vent soufflait et que les fontaines s'agitaient. » M. Alfred Maury (loc. cit.) a repris cette thèse en apportant de nouvelles preuves à l'appui. Ici nous n'avons pas à chercher si beaucoup plus tard il n'y a pas eu des prêtresses auxquelles ce nom de sibylles a été appliqué.

[7] Presque toutes les sibylles grecques se confondent avec la sibylle Erythrée, ensevelie dans le bois d'Apollon Sminthien et que l'on retrouve à Cumes, en Italie.

byllo de Cumes, Deiphobe, est une fille de Glaucus [1], comme celle qui instruisit Apollon. Eratosthènes [2] et Lactance ont donné à la sibylle Délienne les noms de Phyto et de Samonata. Ce dernier nom nous révèle sa patrie, et, derrière Samos, son origine troyenne. Eustathe [3], citant Arrien, en fait la petite-fille de Dardanus et de Teucer.

Pausanias [4] est plus explicite. La sibylle qui a passé par Délos se nomme Hérophile ; c'est la sibylle Erythrée, née dans un antre de l'Ida. Son père est un pêcheur, sa mère, une nymphe immortelle. Elle prédisait l'avenir au moyen des songes ; elle était néocore d'Apollon Sminthien ; elle habita Samos, visita Claros, Colophon, Delphes, Délos. Elle n'est donc plus ici l'initiatrice d'Apollon, car elle ne parut à Délos qu'après la naissance du dieu. Sans doute la vertu prophétique des cavernes, qui inspirait les hommes avant la venue d'Apollon, dura longtemps après son arrivée. Les Déliens n'ont pas oublié les hymnes de la sibylle. Elle ne se nomme pas seulement Hérophile, mais Artémis, femme, sœur, fille d'Apollon. C'est un effet de son délire, remarque Pausanias, qui ne songe pas à pénétrer le sens de l'allégorie.

Néocore d'Apollon, Hérophile sait aussi interprêter les rêves. Délos, qui s'enrichissait en prédisant l'avenir [5], semble avoir connu plusieurs modes de divination.

[1] *Orac. sib. Alex.*, t. II, p. 55 et suiv.
[2] *Id. ibid*, t. II, p. 36.
[3] EUSTATH., *ad Iliad.*, B, 814.
[4] PAUS., X, 12.
[5] LUCIEN, *Alex.*, VIII.

Les sorts lyciens y furent peut-être consultés [1], comme autrefois à Delphes. En même temps le culte de Brizo nous prouve que la divination par les songes était connue à Délos, et nous savons d'autre part que l'île possédait un collége de devins. Ils promirent aux Athéniens l'empire de la mer, parce qu'ils trouvèrent un poisson dans les urnes lustrales [2]. L'art divinatoire pouvait donc ne pas chômer dans l'île, quand la saison avancée forçait l'oracle à rester muet.

Nous savons par Virgile comment parlait cet oracle, et combien il était célèbre sous le règne d'Anios. On s'arrêtait à Délos pour consulter Apollon. Ulysse et Diomède l'invoquent avant d'aller à Scyros emmener Achille [3]; Enée et ses compagnons se lèvent avec le jour et vont l'interroger [4]. Il est probable que ces traditions déliennes sont tirées des chants cypriens, plus modernes qu'Homère, mais remplis de vieilles légendes Ces poésies contaient comment Agamemnon vint à Délos écouter les prophéties d'Anios, roi de l'île, prêtre de l'oracle. Elles lui ont annoncé que la guerre de Troie durerait neuf ans [5]. Donc presque tous les poètes

[1] SERVIUS, *Æneid.*, III, 332 cite des sorts lyciens établis par Icadius. — *Id. ibid.*, IV, 346. Lyciæ est syn. d'Apollineæ.

[2] ATHEN., VIII, 331, f. citant Sémus, l. VIII.

[3] STACE, *Achilléide*, II, 7.

[4] OVID., *Métam.*, l. XIII, v. 677.

« Cumque die surgunt adeuntque oracula Phœbi ».

Sur cet oracle cf. HIMER, loc. cit., et EUSTATH. *Comment. à Denys le périég.* v. 525. « Délos était consacrée à Apollon qui y possédait aussi un oracle très-illustre. »

[5] HOM., éd. Didot, *Ch. Cypr.*, p. 593. — LYCOPHR., *Cassandra*, v. 569 et suiv.

qui ont chanté cette époque n'ont eu garde d'oublier l'oracle d'Apollon Délien.

A l'âge historique, il n'est presque plus cité. Est-ce lui qui enjoignit aux Athéniens de purifier l'île sainte [1] ? Il est permis d'en douter, car cette cérémonie fut grandement préjudiciable aux intérêts de l'île. Quoique Apollon Patroüs [2] semble avoir été quelquefois le dieu prophète conduisant à leurs destinées les colonies ioniennes, on ne voit nulle part qu'un oracle, consulté à Délos, ait eu sur les Ioniens quelque influence politique. Un tremblement de terre à Délos présagea la guerre du Péloponèse et ses malheurs [3]. Le dieu prophète en tira-t-il des pronostics menaçants? On ne sait.

Cet oracle, cependant, avait une qualité rare, celle d'être clair. D'après Stéphane de Byzance [4], Délos dut son nom à la naissance d'Apollon ou bien à la clarté de ses oracles διὰ μαντείας· δηλοῦσα γὰρ ἦν τὰ δυσεύρετα. Cette raison paraît la meilleure à Servius [5]: « Delos autem quia diu latuit et postea apparuit; vel, quod verius est, quia, quum ubique Apollinis responsa obscura sunt, manifesta illic dabantur oracula. » Si les oracles déliens étaient clairs, ils purent se tromper quelquefois et perdre leur crédit. Nous saurions alors pourquoi ils ne semblent pas avoir toujours été fort recherchés. Mais cette étymologie de Stéphane et de Servius nous inspire une confiance médiocre.

[1] THUC., III, 104 et la Schol.
[2] HIMER., *Or.*, X, 5.
[3] THUC., II, 8.
[4] STEPH. BYZ., Δῆλος.
[5] SERV., *Æneid.*, III, 73.

Non-seulement Délos, mais Lébadée, Claros et Milet eurent des oracles très-célèbres. Nous n'avons pas le recueil de leurs prophéties, parce que les oracles politiques, qui restent surtout dans la mémoire des hommes, étaient demandés quelquefois à Dodone, plus tard, au temple d'Ammon, presque toujours à Delphes. Pourquoi Delphes eut-elle, en quelque sorte, ce monopole ? Pourquoi ce sanctuaire de la Phocide devint-il l'oracle commun de la Grèce ? Pourquoi ses prêtres furent-ils les inspirateurs de ses plus grandes entreprises, les guides religieux de ses colonies ? Pourquoi a-t-il été consulté, non par les seuls Doriens, mais indistinctement par toutes les races, toutes les tribus grecques ? Peut-être cet oracle dut-il à l'heureuse fortune de quelques prophéties, sa vogue, puis sa richesse et son organisation puissante. Quoi qu'il en soit, les rois et les peuples consultèrent l'oracle de Delphes, et ne s'arrêtèrent plus à l'adyton de Délos. La caverne du Cynthe devint muette [1], ou bien elle ne donna que de rares prédictions, soit à de simples particuliers, soit aux théores, un jour de l'année.

A la longue, le prestige de Delphes s'affaiblit. Le paganisme érudit remit en honneur ses plus vieux temples, et les oracles de Claros, des Branchides, de Délos redevinrent célèbres.

Si l'on en croit Lucain, cet oracle était consulté au premier siècle de l'ère chrétienne. Au lieu d'évoquer

[1] PLUT., *De def. orac.*, 15. Les génies des oracles s'en vont, et les oracles sont muets ; les dieux reviennent et les oracles résonnent comme des instruments rentrés en possession de leurs maîtres.

les sorcières de la Thessalie, Sextus Pompée aurait pu, dit le poète, interroger l'antre de la Pythie et les « trépieds de Délos [1]. »

Plus tard, l'oracle de Délos est assez souvent nommé pour qu'on ne puisse douter de sa vogue [2]. Il fut consulté avec les plus célèbres, avec ceux de Delphes et de Dodone, par Julien, quand cet empereur, après avoir restauré le paganisme, alla se faire vaincre et tuer en Orient [3]. Délos, à cette époque, n'avait plus de population sédentaire, mais les ministres de son culte, venus d'Athènes, entretenaient ses temples.

Il est probable qu'à la mort de Julien, l'oracle de Délos fut délaissé et son temple ruiné. Le mur du péribole a été rasé, toutes les constructions qui s'élevaient devant l'adyton ont disparu. La statue du dieu est tombée dans le χάσμα béant; les hommes ont eu autant de part que la nature à cette œuvre de destruction; et leur haine doit avoir été plus active que leur cupidité : sinon, ils auraient épargné la pierre et n'auraient enlevé que le marbre ou le métal. Délos, ce dernier refuge du paganisme, fut maudite par la religion nouvelle, qui n'a pas élevé un seul sanctuaire sur la vaste étendue de ses ruines; et son vieux temple, d'où était peut-être sortie la dernière prophétie du paganisme expirant, n'a pas conservé une seule inscription où son nom pût être lu. On avait espéré, sans doute, le vouer à un éternel oubli.

[1] LUC., *Phars.*, VI, 425.

[2] THÉODORET., *Hist. eccl.*, III, 21, p. 938. — *De oraculis*, X, 950; *id.* 964. — EUSTATH., loc. cit.— HIMÈRE, loc. cit.

[3] THÉODORET, III, 21.

§ XVII. *Conclusion.*

Le temple du Cynthe est donc un vieux sanctuaire pélasgique, peut-être carien. Spécimen presque unique d'une religion primitive, il se composa d'abord d'un ravin, d'un bætyle, d'un toit. Plus tard, des murs le fermèrent à l'extérieur.

Son orientation trahit des préoccupations astronomiques. Il regarde l'ouest comme les plus vieux sanctuaires, et, à l'époque des fêtes périodiques d'Apollon, il est traversé par un rayon de soleil; peut-être a-t-il contenu ou supporté quelque instrument grossier, quelque cadran solaire ou solstitial.

Cet édifice, mentionné par l'Odyssée, semble avoir été désigné plus nettement par Eustathe et par Didyme, sous le nom de « Caverne du Soleil ».

Le temple du Cynthe est en même temps un adyton prophétique, constitué, comme plusieurs oracles d'Apollon, par une caverne et un χάσμα humide, près d'un bætyle, d'une statue et de trépieds. Il est probable que l'un d'eux, s'élevant sur le péribole, désignait au dehors la demeure du dieu-prophète. Une table sacrée était placée devant la statue du dieu; outre le trépied, des autels, et peut-être un tombeau symbolique, couvraient le péribole. Sur ce péribole et dans le temple, des sacrifices ont été offerts à Phœbus Apollon. Il n'est pas impossible que Bacchus, l'hiver, en ait eu sa part.

Plusieurs textes ont mentionné cet oracle. D'après

l'homéride de Chios et Himère, Apollon y est né; d'après quelques témoignages le dieu y a tué le serpent.

Virgile a décrit très-nettement ce temple, construit en pierres antiques. Inébranlables, elles avaient déjà bravé bien des siècles ; et, seules à Délos, elles sont encore en place.

Très-célèbre à l'époque homérique, cet oracle fut consulté par Ulysse, par Agamemnon, par Enée. Quoique Délos ait toujours été une terre de prophètes, le sanctuaire du Cynthe paraît avoir perdu de sa vogue sous les Athéniens. Cependant il n'était pas tout à fait délaissé, et l'on consacrait encore des offrandes à ce vieux temple. Plus tard il reprit faveur, et Julien le fit consulter avant d'aller périr en Asie. Les débris que cet adyton renferme appartiennent à ces différentes époques : primitive, hellénique et romaine. Après la mort de Julien, il fut dévasté par les hommes, puis lentement comblé par la nature.

L'histoire du temple éclaire donc celle de Délos et de sa mythologie. On sait maintenant, comment était disposé ce vieil édifice « construit par Apollon », situé au centre de l'Ionie, l'un des plus antiques berceaux de son culte. On peut voir maintenant la place sacrée « où le dieu est né ». Les prêtres, autrefois, en écartaient les profanes.

Alors même que ce temple n'intéresserait ni Apollon, ni Délos, il n'en mériterait pas moins toute l'attention de la science. Il n'existe pas d'autre grand sanctuaire de cette époque primitive où des temples de marbre, soutenus par des colonnes, ne s'élevaient pas encore sur le sol de la Grèce. Aujourd'hui, on sait autrement que par les textes, quels étaient la disposition, l'orientation, l'aspect de ces cavernes pélasgiques et de ces adytons si vénérés de l'antiquité païenne.

On n'avait pas non plus découvert d'oracles, et l'on n'avait pas encore mesuré ces déchirures de la terre d'où montait l'inspiration divine. On sait aujourd'hui beaucoup mieux que par les livres, quelles furent les proportions de ces mystérieux sanctuaires et de ces gouffres prophétiques, agrandis autrefois par l'imagination des fidèles.

D'autres sanctuaires, d'autres oracles appartenant à la même époque, ont été édifiés en Grèce et sur les bords de la mer Egée. On sait, par les auteurs, dans quelles villes il faut les chercher; et l'étude du temple Cynthien peut faire deviner à quelles places on a chance de bien rencontrer. Aussi espérons-nous que cette découverte sera féconde: cela serait à la fois son honneur et sa récompense.

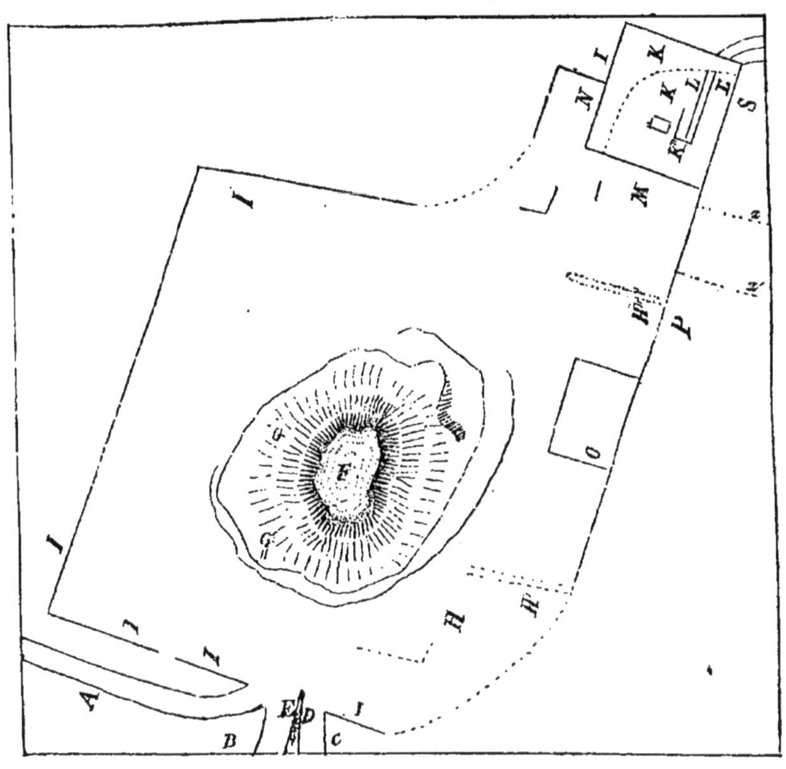

PLATEAU DU CYNTHE

(La flèche indique la direction de la grotte du Dragon).

A B, C, voies sacrées.
E, porte.
F, rocher.
GG, entailles, traces de stèles.
H' H' H'', enceintes grossières et lignes de pierres.
I, parties conservées du mur.
K, mosaïque ; K', partie éboulée; K'', inscription.
L, conduit en ciment amenant autrefois de l'eau sur la Mosaïque.
L', autre conduit à moitié détruit par un incendie.
M, partie du rocher travaillée.
N, plateforme avec charbons et ossements.
O, enceinte pleine d'urnes.
P, mur plus moderne débordant un peu l'ancienne construction.
S, ruines du temple.
Z Z', murs bâtis avec des débris du temple, abattus ensuite par notre fouille.

CHAPITRE III

Temple de Jupiter Cynthien et de Minerve Cynthienne et mystères de Délos. — Temple de Sérapis.

SOMMAIRE : § 1. Histoire de la fouille. — § 2. Catalogue des inscriptions recueillies au sommet du Cynthe. — § 3. Temples Déliens. Temple de Sérapis.

§ I. *Histoire de la fouille.*

Après l'oracle d'Apollon, quel avait été le monument le plus vénéré du Cynthe? Plus d'un voyageur avait signalé, sur le sommet de la montagne, les ruines d'un temple ionique. Le sommet du Cynthe est une plate-forme tout-à-fait aplanie, sauf à la partie centrale, où s'élève un rocher. On voit encore sur ce rocher des entailles faites pour recevoir des statues et des stèles. Des murs en terrasse, de la meilleure époque hellénique, en pierre et en marbre, soutiennent cette plate-forme[1]. Elle s'ouvrait à l'occident, et trois grandes

[1] On a pensé que les chevaliers de Saint-Jean avaient édifié un château sur ces fondations. La plateforme du Cynthe n'a jamais supporté que des constructions helléniques ou romaines, et, au moyen-âge, tout au plus des masures.— Les chevaliers de Saint-Jean étaient établis à Rhénée et à Délos, mais rien n'indique qu'ils aient habité un château sur le Cynthe.

voies sacrées, ornées d'escaliers, de stèles et de statues, aboutissaient à cette entrée. Trois longues processions pouvaient donc gravir à la fois les pentes de la montagne et se confondre sur le sommet et devant le temple dont il était décoré. Certes, les dieux qui occupaient cette place privilégiée devaient être en grand honneur parmi les Déliens.

Les ruines du temple s'étendaient contre la plateforme, vers le sud et le sud-ouest. C'étaient quelques colonnes, quelques débris de l'ordre ionique, un marbre agonistique dont l'inscription était effacée. Près de là, sur la plate-forme même, apparaissaient quelques petites pierres d'une mosaïque presque entièrement enterrée. Une gorge étroite unit cette plateforme à l'autre sommet de la montagne, couronné par une petite enceinte en pierres. Sur cette gorge, au sud, à vingt mètres du temple ionique, des entailles creusées dans le rocher marquaient la place du téménos.

La montagne n'a pas d'autres ruines aussi bien conservées. On trouvera sur le Cynthe, ou tout autour, six petites enceintes rectangulaires, de quelques mètres de long ; l'une d'elles, à l'orient, près d'une source ; et, à l'orient aussi, les fondations d'un édifice en marbre, rasé au niveau du sol. C'est un rectangle adossé à la montagne. Il mesure 14 m. 40 sur 10 m. Le grand côté est divisé par un mur en deux parties inégales (5 m. 10 et 9 m. 30). Il serait facile d'en fouiller les fondations, mais on ne serait pas sûr d'y trouver quelque chose.

Aussi, la première fouille terminée, le plateau du Cynthe, auquel M. Burnouf et moi nous avions songé avant que j'eusse quitté Athènes, attira toute mon attention, et je fis immédiatement déblayer à la fois tout le côté sud de la plate-forme.

La mosaïque dont l'extrémité apparaissait au milieu des broussailles, pouvait porter une inscription ; les fragments nombreux qu'une mince couche de terre couvrait à peine, devaient avoir appartenu à des stèles, à des monuments épigraphiques, et promettaient une abondante récolte.

Cette mosaïque fut d'abord complètement dégagée. Nous la décrirons plus loin. Elle formait le fond d'une citerne sacrée, dépendant d'un temple dédié à Jupiter Cynthien et à Minerve Cynthienne. Le nom de Jupiter Cynthien figurait déjà dans une inscription découverte à Athènes [1]. Plusieurs morceaux de marbre trouvés en même temps portaient également les noms de ces dieux [2].

La fouille continuant, chaque jour amena sa découverte : des inscriptions, des fragments de statues, des morceaux d'architecture. La plupart étaient encastrés dans des murs appuyés contre la plate-forme [3]. Ces

[1] EUSTRADIADÈS, Ἀνεκδ. ἐπιγρ., loc. cit.

[2] J'avais déjà déblayé le temple d'Apollon et dégagé cette mosaïque dans le second temple, lorsque M. Burnouf vint me rejoindre à Délos. Il y passa deux jours pendant lesquels il visita l'île, dressa le plan de la caverne et la dessina. Ce sont ces dessins et ce plan, faits avec la plus scrupuleuse exactitude, qui sont donnés dans ce volume. L'Institut avait déjà été mis au courant de ces découvertes par les documents que j'avais envoyés et que M. Burnouf avait transmis. Ils figurent la plupart dans le premier article écrit sur ces fouilles par M. Burnouf (*Revue archéol.*, août 1873).

[3] Voir le plan. Ces murs étaient en L, L', H", P.

murs, bâtis sans art et dépourvus de solidité, ne peuvent guère avoir étayé que des masures. Je n'y ai trouvé qu'un vestige du moyen-âge : une pièce de monnaie presque effacée, où l'on distingue une croix. Au pied de ces murs le sol était noir de cendres. Elles provenaient soit de sacrifices offerts en grand nombre sur le sommet du Cynthe, soit d'un incendie, soit de foyers allumés au moyen-âge[1].

Parlons du temple, de ses annexes, des objets que nous y avons trouvés. Les ruines occupaient tout l'espace marqué sur le plan par les lettres P. R. S. Elles étaient surtout amoncelées en S. Ce sont des fûts de colonnes non cannelées, d'un diamètre assez petit (0 m. 42). Il en existe encore plusieurs fragments qui, juxtaposés, font une longueur d'environ 5 mètres. Quoiqu'il manque plusieurs autres fragments, il est peu probable que le temple ait eu plus de deux colonnes. Elles étaient en avant du pronaos, sur le même alignement que deux antes dont il reste encore quelques débris. Deux colonnes plus petites s'élevaient peut-être devant le mur de la cella. On a déblayé une base assez épaisse qui avait soutenu l'une des colonnes principales (longueur 0 m. 77, — épaisseur de la plinthe 0 m. 18, — du tore 0 m. 4) et une autre base dont la plinthe n'a que 0 m. 05 et le tore 0 m. 02 d'épaisseur. Celle-ci a donc pu soutenir une colonne en retrait plus près de

[1] Le sol antique n'a pas été atteint partout. Pour déblayer tout le sommet du Cynthe, il m'aurait fallu un nouveau crédit et je ne pouvais songer à l'attendre dans l'île. L'époque des plus fortes chaleurs approchait, et cinquante jours de fouilles en plein soleil m'avaient très-fatigué.

l'intérieur de l'édifice. Ces deux bases avaient été déplacées. Avec ces débris de colonnes et des pierres de 0 m. 60 de longueur, qui ont dû appartenir au temple, on trouve pêle-mêle des fragments de pierre ou de marbre peut-être venus d'ailleurs.

Le style de l'édifice était ionique ou composite. Un seul ove d'un assez bon travail, deux fragments de cornet, plusieurs morceaux qui ont appartenu soit aux pilastres, soit aux différentes parties du toit, le prouvent suffisamment.

Cet édifice fut construit à une époque de décadence : le marbre n'est pas d'une très-belle qualité, les colonnes n'ont pas de cannelures ; sous le toit, d'un travail médiocre, les denticules, fort petits, étaient placés au-dessus des mutules. Le temple ne pouvait être bien grand; mais, à Délos, les sanctuaires les plus vénérés n'étaient pas de vastes édifices.

Tous les débris trouvés à cette place n'appartenaient pas au temple. On y avait entassé une grande quantité de stèles et de piédestaux enlevés sans doute à la surface du téménos; on y avait même porté quelques débris d'autres sanctuaires ou d'édicules attenants. Les plus intéressants de tous sont deux fragments en style dorique : un triglyphe, un morceau de toit, d'une extrême petitesse. Ils sont en marbre de Paros et d'un travail excellent.

A côté du temple s'étendait la citerne sacrée (K L). Il n'en reste aujourd'hui que le fond en mosaïque. Il occupe le sommet du plateau à l'est, à deux mètres au-dessus des ruines du temple. Cette citerne était entourée d'un mur dont il reste en L' des pierres couvertes de stuc de l'époque romaine. Un double canal en L et L' amenait les eaux dans cette citerne. Sans doute elles se déversaient du toit du temple qui la dominait de quelques mètres. Ces eaux, recueillies sur la plate-forme du Cynthe, devaient servir aux cérémonies qui s'y accomplissaient.

La mosaïque est ruinée du côté de l'est. Le mur de soutènement du plateau est dégradé et le sol s'est en partie éboulé. Cette mosaïque est en petites pierres blanches, polies et lisses à la surface, avec quelques fragments de briques encastrées dans du ciment. L'inscription, en petits cubes bleuâtres, repose sur un fond blanc. Elle est enfermée dans un rectangle de pierres bleuâtres [1].

A côté du réservoir sacré s'étendait une plate-forme [2] où l'on enfouissait les débris des sacrifices. On y trouve des fragments d'os, surtout des cendres. En O une enceinte construite au nord en pierres schisteuses [3], fermée sur les autres côtés par des fragments d'architecture, des stèles, des débris de statues, contenait une trentaine d'urnes remplies de cendres et d'ossements d'animaux. La hauteur de ces urnes est de 0 m. 60 à 0 m. 70 ; leurs anses sont arrondies, elles se terminent par un pied et non par une pointe [4].

[1] Sur le plan en K''.

[2] En N.

[3] En Grèce, les enceintes funéraires sont quelquefois construites en pierres de cette nature.

[4] Cf. ALB. DUMONT, *Inscriptions céramiques de Grèce*, Arch. des missions, 2e série, tome VI, p. 13. On y voit le dessin d'une amphore à Rhodes qui offre quelque ressemblance avec ce que nous avons découvert.

Voici le catalogue des autres objets trouvés sur le sommet du Cynthe.

I° DÉBRIS D'ARCHITECTURE, DE DALLAGE, ETC.

1° Quelques fragments de briques avec lignes croisées, formant, les unes des carrés, les autres des méandres.

2° Quelques pierres creusées ou striées par des raies formant des losanges (exécution médiocre).

3° Un morceau d'une mosaïque grossière en petits cubes blancs. Il n'a pas appartenu au sol de la citerne.

4° Une petite palmette en brique qui devait figurer sur le fronton d'un édicule.

5° Une colonnette corinthienne, presque byzantine.

Tous ces débris, peu considérables, ont sans doute fait partie d'édifices différents. Nous en dirons autant des fragments de statues dont voici le catalogue.

II° FRAGMENTS DE STATUES.

1° Une petite tête d'adolescent en marbre de Paros. Elle est fort usée. Elle appartenait à la meilleure époque de l'art. D'après la disposition de la chevelure, on pourrait y voir une tête d'Apollon.

2° Une main en marbre du Pentélique, deux fois plus grande que nature. (Les deux phalanges du pouce mesurent 0 m. 16.) Le travail en est très-beau. Elle est fermée et serre un objet en forme de fuseau, cassé à ses deux extrémités. C'était probablement un foudre. En ce cas, cette main est un débris du Jupiter Cynthien, le principal dieu du temple [1].

3° Un morceau de jambe.

4° Un pied colossal, mais qui n'a pu appartenir à la statue de Jupiter. Il est revêtu d'une sandale. Le nœud sur le cou-de-pied en forme de cœur. — Exécution médiocre.

5° Une tête de femme très-mutilée, petite nature.

6° Un morceau d'un petit bras de femme.

7° Fragments de tête, de vêtement; fragment d'une épaule vêtue.

8° Débris de jambe d'une dimension moyenne.

9° Pied de dimension moyenne avec sandale.

10° Fragments indistincts.

Ces fragments appartenaient au moins à six statues différentes. Quelques-uns peuvent être des *ex-voto*.

III° OBJETS DIVERS.

1° La partie inférieure d'un héliotropion ou cadran solaire. Il reste les deux supports et une petite partie de l'hémisphère. Sur ces deux pieds, de structure fort simple, s'élevait un cadran presque vertical, comme l'hémisphærium de Ravenne [2] et les nombreux cadrans solaires du musée de Naples. C'était un de ces cadrans à coquille inventés, dit-on, par Bérose [3].

[1] Il est seul nommé dans l'inscription déjà citée, publiée par M. Eustratiadès.

[2] Rich. *Dict. ant.*, article *hemisphærium.*

[3] Ils furent remplacés plus tard par des cadrans en forme de cône tronqué, d'une structure plus savante. On peut en voir au musée du Louvre, un, que M. Rayet a découvert en Asie mineure.

2° Une sorte d'auge en pierre, trouvée dans l'un des canaux de la citerne, et quelques pierres creusées, mais trop mutilées pour que l'on puisse en déterminer l'ancien usage.

3° Plusieurs autels. L'un d'eux, presque cubique, ayant des acrotères, ne mesure que 0 m. 15 de haut sur une longueur de 0 m. 12. Deux grands autels, ornés de têtes de bœufs, se trouvaient à quelque distance du temple, et portaient chacun une inscription que nous donnerons plus loin.

4° Stèles nombreuses, rondes ou carrées, avec ou sans inscriptions.

5° Plusieurs pieds de consoles ou de siéges sacrés, fort bas. L'un d'eux est terminé par une patte de lion. Il est en marbre commun. Deux autres portaient des inscriptions dont une seule est conservée. Nous la donnons plus loin.

5° Plusieurs morceaux d'une cuve sacrée, en pierre rougeâtre et dure. Cet appareil avait un peu plus de 0 m. 50 de rayon. A Korsiæ et près du bord de la mer, entre Creusis et Ægosthènes, on trouve deux bassins en pierre qui ont à peu près ces dimensions. Ils ne portent pas d'inscription. Sur le rebord de la cuve trouvée à Délos courait une inscription qu'il nous sera facile de restituer en partie.

Un intérêt spécial s'attache à plusieurs de ces objets: ils nous renseignent en outre sur l'âge du temple et sur les événements qui ont dû se passer au sommet du Cynthe. Le plus ancien de ces fragments est la tête du dieu qui semble être Apollon. Elle ne peut être ni antérieure ni de beaucoup postérieure au IVe siècle avant

J.-C., comme les fragments de la petite chapelle dorique, comme une inscription que nous allons donner. Cette tête, cette chapelle, la plaque de cette inscription sont en marbre de Paros, et peuvent avoir fait partie d'un même édifice.

Le débris le plus moderne est la petite colonne d'architecture corinthienne, presque byzantine. La date en doit être placée entre le second et le quatrième siècle après J.-C.

Tous les autres fragments appartiennent aux époques intermédiaires, surtout au premier et au second siècle avant l'ère chrétienne.

Ces fragments sont de formes et de provenances très-différentes ; mais il est probable qu'ils ont été recueillis, la plupart, sur le sommet du Cynthe, chargé de stèles, de statues, de petits sanctuaires.

Ils furent dévastés une première fois avant la fin du paganisme, puisqu'ils ont servi à former l'enceinte dans laquelle on a enfoui plus tard les restes des sacrifices.

Le plus considérable de ces sanctuaires était le temple dédié, comme vont le prouver nos inscriptions, à Jupiter Cynthien et à Minerve Cynthienne. Avec les débris qui restent en place, on pourrait presque en essayer la restauration.

La citerne sacrée et surtout les débris des sacrifices occupent un grand espace. Sans doute les processions qui montaient par les trois voies sacrées ne venaient pas seulement pour adorer Jupiter et Minerve dans leur petit édifice. On s'y rendait aussi pour célébrer les mystères de Délos : nous le prouverons tout à l'heure.

L'époque chrétienne n'a presque pas laissé de traces sur le Cynthe.

Les inscriptions que nous avons recueillies permettront de fixer quelques dates à l'histoire de ce temple. Nous en donnons le catalogue. Il renferme d'abord toutes les inscriptions qui ont certainement appartenu au temple de Jupiter et de Minerve (de I à XIV); ensuite des inscriptions trouvées sur le Cynthe, mais dont l'attribution n'est pas certaine. On verra à la fin deux inscriptions inédites, que j'ai recueillies près du stade décrit par Ross, à côté des Calyvia où les bergers viennent, au printemps, remiser leurs troupeaux.

§ II. — *Catalogue des inscriptions recueillies au sommet du Cynthe.*

I.

Mosaïque de la citerne.

ΔΙΙΚΥΝΘΙѠΚΑΙΑΘΗΝΑΚΥΝΘΙΑ
ΑΠΟΛΛѠΝΙΔΗϹΘΕΟΓΕΙΤΟΝΟϹ
ΛΑΟΔΙΚΕΥϹΥΠΕΡΕΑΥΤΟΥΚΑΙ
ΤѠΝΕΤΑΙΡѠΝΤΟΚΑΤΑΚΛΥϹ
ΤΟΝΕΠΙΙΕΡΕѠϹΑΡΙϹΤΟΜΑΧΟΥ
ΙΑΚΟΡΕΥΟΝΤΟϹΝΙΚΗΦΟΡΟΥ
ΕΠΙΔΕΕΠΙΜΕΛΗΤΟΥΚΟΙΝΤΟΥΑΞΗ

H. du cadre, 0 m. 62.
L. 1 m. 26.
H. d'une lettre, 0 m. 04.

Δὶι Κυνθίῳ καὶ Ἀθηνᾷ Κυνθίᾳ Ἀπολλωνίδης Θεογείτονος Λαοδικεύς, ὑπὲρ ἑαυτοῦ καὶ τῶν ἑταίρων, τὸ κατάκλυστον, ἐπὶ ἱερέως Ἀριστομάχου, ζακορεύοντος Νικηφόρου, ἐπὶ δὲ ἐπιμελητοῦ Κοΐντου Ἀζηνιέως.

A Jupiter Cynthien et à Minerve Cynthienne, Apollonidès, fils de Théogiton de Laodicée, en son nom et en celui d ses compagnons, a dédié ce réservoir, Aristomaque étant prêtre, Nicéphore étant zacore et Quintus d'Asinie, épimélète.

Le κατάκλυστον (gloss. κατάκλυστρον) était un réservoir qui recevait sans doute les eaux pluviales. L'eau descendait sur cette mosaïque par la double rigole que nous avons découverte. Comme ce fond repose sur une des parties les plus élevées du plateau, il est presque sûr que le toit du temple dominait la citerne où se déversaient ainsi les pluies tombées sur l'édifice. Cette eau servait probablement aux sacrifices.

Δὶι Κυνθίῳ καὶ Ἀθηνᾷ Κυνθίᾳ. Jupiter et Minerve sont souvent associés, quelquefois aussi ils portent la même épithète. On trouve par exemple à Athènes, Jupiter Soter et Minerve Soteira [1], Jupiter Boulaios et Minerve Boulaia [2], etc. Jupiter Cynthien était déjà connu par une inscription que nous avons citée [3]. Nous en parlerons plus loin avec quelques détails.

[1] LE BAS, *Inscr. att.* 405, 406, 407. — Ἐφ. ἀρχ., 4042, 4107, etc.
[2] Ἐφ. ἀρχ. 3786.
[3] EUSTRATIADÈS, Ἐφ. ἀρχ., loc. cit.

D'après la forme des lettres, il faut chercher la date de cette inscription entre l'époque de la conquête de la Macédoine par les Romains et le second siècle après J.-C. Les σ, les ε, les ω, sont tous lunaires. On trouve ces formes dès la 158° ol. Mais elles ne sont que plus tard d'un usage général [1].

La forme du ζ est ancienne, mais elle a persisté dans les inscriptions les plus récentes.

Les noms des personnages cités dans cette inscription ne nous en donnent pas la date précise. Le nom d'Aristomaque n'est pas rare [2]. Un Quintus fut archonte éponyme d'Athènes, l'an 56 [3]. Il est probable que l'épimélète de Délos appartenait à la même famille, car Athènes choisissait volontiers les épimélètes de Délos parmi ses anciens archontes.

Ζακορεύοντος. V. l'inscr. n° 2.
Ἐπιμελητοῦ. V. l'inscr. n° 9.

II.

Sur une petite base (long. 0,40, h. 0,25, h. d'une lettre 0,02.)

ЄΠΙΙЄΡЄωCΑΡΙCΤωΝΟCΤΟΥΠΛΑΤΟΡΟC
ΚΗΦΙCΙЄωCΠΟCЄΙΔωΝΙΟCΠΟCЄΙΔωΝΙΟΥ
CΚΑΜΒωΝΙΔΗΝΚΛЄΙΔΟΥΧΗCΑCΑΙΙΚΥΝ
ΘΙωΙΚΑΙΑΘΗΝΑΚΥΝΘΙΑΤΗΝΤΡΑΠЄ
ΖΑΝΚΑΙΤΑCCΤΙΒΑΔΑCΚΑΙΤΑΧΡΗC
ΤΗΡΙΑΖΑΚΟΡЄΥΟΝΤΟCΝΙΚΗΦΟΡΟΥ
ЄΒΔΟΜΟΝΚΑΙΤΡΙΑΚΟCΤΟΝ

[1] FRANZ, *Elementa epigr. græcæ*, p. 231 et 244.
[2] Cf. ROSS, *Dem. att.*, 181. — MEIER, *Ind. Schol.*, 1851, n 59°.
[3] DUMONT, *Fastes éponymes*. Voir son catalogue.

Ἐπὶ ἱερέως Ἀρίστωνος τοῦ Πλάτορος, Κηφισιέως, Ποσειδώνιος Ποσειδωνίου Σκαμβωνίδην (lire Σκαμβωνίδης) κλειδουχήσας Διὶ Κυνθίῳ καὶ Ἀθηνᾷ Κυνθίᾳ τὴν τράπεζαν καὶ τὰς στιβάδλς (lire στιβάδας) καὶ τὰ χρηστήρια, ζακορεύοντος Νικηφόρου ἕβδομον καὶ τριακοστόν.

Ariston, fils de Plator, de Képhissia, étant prêtre, Posidonius, fils de Posidonius, Scambonide, ayant été cleiduque, a consacré à Jupiter Cynthien et à Minerve Cynthienne, la table, les jonchées et les ustensiles. Nicéphore étant zacore, la trente-septième année.

Les noms que cette inscription renferme sont athéniens. C'étaient donc des Athéniens qui avaient l'administration religieuse de ce temple, comme celle de tous les autres sanctuaires déliens à partir du premier siècle avant l'ère chrétienne.

Κλειδουχήσας, v. l'inscr. n° IX.

Ζακορεύοντος [1], exerçant les fonctions de zacore. Le zacore, æditaus, était d'abord chargé de balayer le temple (κορεῖν, dans le dialecte attique, signifie σαίρειν, balayer) [2]. Les femmes étaient admises à ces fonctions.

On donne au zacore tantôt le nom de serviteur (ὑπηρέτης), tantôt celui de prêtre Ἱερεύς). Plutarque cite des zacores en même temps que des prêtres [3].

Cela nous porte à croire que leur ministère devin assez relevé. Chargés d'abord de balayer le sanctuaire,

[1] Cf. Sur les Zacores, Dindorf, *Lex.* — Eckhel, *Doctr. numm.* IV, 289. — Pauly, *Dict. étym.* — Hesych. — On trouve dans Pape la forme Ζάκονος, intermédiaire entre Zacoros et Diaconos.

[2] Cf. Dind. loc. cit.

[3] Plut., *Cam.*, 30.

puis de l'orner et de l'entretenir, ils est probable qu'ils eurent plus tard une certaine part dans la gestion de ses revenus, comme les néocores (νεωκόροι), d'abord balayeurs, puis intendants et administrateurs des temples : en effet, les fonctions des zacores et celles des néocores se ressemblent tellement qu'Hésychius paraît les confondre. Les termes de Ζάκοροι et de Νεωκόροι sont pour lui deux synonymes. Ailleurs, ces fonctions nous apparaissent comme distinctes, mais voisines ; un zacore remplit l'office de néocore [1].

Nos deux inscriptions mentionnent un zacore, probablement le même, Nicéphore. Dans la première, on offre au temple une citerne, dans la seconde divers objets sacrés. L'intendance de ces biens n'étant pas tout entière dévolue au prêtre, il est fort probable que le zacore en était plus spécialement chargé. Or notre seconde inscription ne porte que deux noms, outre celui du donateur, celui du prêtre et celui du zacore.—Inscrit entre un prêtre et un épimélète, le zacore était sans doute un personnage assez considérable. De bonne heure ces fonctions de serviteur du temple devinrent importantes, et il y eut les zacores en sous ordre (ὑποζάκοροι)[2].

Ces fonctions, d'abord annuelles, furent ensuite occupées longtemps par un même personnage. Sous l'empire romain, d'autres fonctions, par exemple celles des pædotribes dans les gymnases, tendent à se perpétuer ainsi. Nicéphore était zacore depuis trente-sept ans ;

[1] DINDORF, loc cit.
[2] HÉSYCH.

sans doute il en tirait quelque gloire. Cette inscription est la première, à notre connaissance, où soit faite pareille mention.

Τράπεζα. Table, le plus souvent en marbre, servant à placer les vases et les offrandes, ou bien le repas offert aux dieux.

III.

Fragment de marbre.

ΝΤΟΝΑΡΙΣ
ΕΑΓ.ΕΝΟΜΕΝ
ΗΝΑΣΚΥΝ
ΑΡΧ

ΟΙΦ

.......ντον Ἀρισ..... ἱερέα γενόμενον Διὸς Κυνθίου καὶ Ἀθηνᾶς Κυνθίας. αρχ.

Il manque, dans les trois premières lignes, le commencement du nom du personnage, la fin du nom du père et celui du dème.

IV.

Fragment. Petits caractères irréguliers.

ΚΥΝΘΙ
ΘΗΚΕΝ
ΟΡΕΥΟΝΤΟΣ
ΓΕΙΤΟΝΟ
ΡΟΝΤΑΓΜ

Un zacore était mentionné dans cette inscription. Elle semble porter aussi le nom de Théogiton, trouvé sur l'inscription n° 1. Peut-être est-elle de la même époque. Quoi qu'il en soit, ce fragment offre peu d'intérêt.

V.

Longue pierre plate.

ΔΙ
ΑΘΗ

VI.

Sur le pied d'une table ou d'une console sacrée.

ΔΙΙΚΥΝΘΙΩ
ΕΠΙΙΕΡΕΩΣ
ΝΙΚΟΚΡΑΤΟΥ
ΣΟΥΝΙΕΩΣ

Διὶ Κυνθίῳ, ἐπὶ ἱερέως Νικοκράτου, Σουνιέως.

A Jupiter Cynthien, Nicocrate de Sunium, étant prêtre.

A côté de ce pied j'en ai déblayé un autre tout-à-fait semblable; mais le marbre s'étant écaillé, il ne restait plus trace d'inscription. Il est probable qu'il a porté une dédicace analogue, en l'honneur de Minerve. Les bases de ces deux supports sont brisées.

VII.

Sur le rebord de la cuve sacrée.

Premier fragment.		ΕΠΙΙΕ
2e	—	ΝΘΙΩΙ
3e	—	ΚΥΝ

Il nous reste assez de lettres pour que nous puissions rétablir presque toute l'inscription. En effet le ν de νθιω est conservé aussi que celui de κυν; ces deux syllabes appartiennent donc à deux mots différents, et le nom du Cynthe était écrit deux fois. Cette dédicace s'adressait donc aux deux divinités cynthiennes, Jupiter et Minerve, et l'on peut proposer la leçon suivante :

'Επὶ ἱε[ρέως τοῦ δεῖνος, Διὶ Κυν]θίωι[καὶ 'Αθηνᾷ]Κυν[θίαι.]

Un tel étant prêtre, à Jupiter Cynthien et à Minerve Cynthienne.

VIII.

Stèle carrée. H. 1 m. l. 0 m. 38.

1 . . . .
2 . . . .
3 ΔΙΙΚΥΝΘΙΩΙΚΑΙΑΘΗΝΑΙΚΥΝΘΙΑΙ
4 ΕΠΙΙΕΡΕΩΣ.Ε. . . . .
5 ΑΧΑΡΝΕΟΣΕΠΙΜΕΛΗΤΟΥΔΕ
6 ΤΗΣΝΗΣΣΟΥΑΡΙΣΤΙΩΝΟΣΤΟΥ
7 .ΣΟΚΡΑΤΟΥ. . . . . . . ΕΞΟΙΟΥ. . . .

Plus bas, en petits caractères :

? ?
ΟΡΕΥΟΝΤΟΣ Ε Υ....ΟΝΤΟΥ...ΑΖΗΝΙΕΟΣ
ΚΑΙ
ΔΗΜΟΣΟΑΘ

...Διὶ Κυνθίῳ καὶ Ἀθηνᾷ Κυνθίᾳ ἐπὶ ἱερέως..... ἀχαρνέος, ἐπιμελητοῦ δὲ τῆς νήσου Ἀριστίωνος τοῦ Ἰσοκράτους... ἐξοιου... ζακορεύοντος... τοῦ.... ἀζηνιέως καὶ... ὁ δῆμος ὁ Ἀθηναίων.

...A Jupiter Cynthien et à Minerve Cynthienne, un tel, Acharnien, étant prêtre, Aristion, fils d'Isocrate, étant épimélète de l'île.... — Zacore.... Asiniéen = le peuple Athénien.

Cette inscription est fort effacée. Elle porte comme l'inscription n° 1, un zacore et un épimélète. Mais elle est plus précise. Il s'agit ici d'un épimélète de l'île. Quelques détails deviennent nécessaires.

L'épimélète est, en général, un administrateur (curator). Les départements les plus distincts ont été gérés par des épimélètes[1]. Les monuments civils, religieux ou militaires, le commerce, les constructions navales, les éphébies, les différentes corporations, les fêtes, les jeux, ont eu leurs épimélètes. Platon, dans sa République, en aurait établi pour les routes, les habitations, le forum, les fontaines, les temples, les sacrifices[2]. Aristote dressa un long catalogue d'épimélètes[3].

Les épimélètes furent souvent des administrateurs envoyés par certains états pour gouverner des villes

[1] *Lex. Steph.*, éd. Dindorf. — PAULY. — ECKHEL, IV, p. 220.
[2] PLAT., *De leg.* VI.
[3] *De Rep.*, VIII, 6.

sujettes. C'est ainsi que Sparte en délègue auprès d'Amyclées et de Coronée. Ils la représentent, ils administrent pour elle [1]. Quand Rome eut donné Haliarte aux Athéniens, et que celle-ci fut devenue leur sujette, les dates y furent indiquées par le nom de l'archonte d'Athènes et celui de l'épimélète athénien [2]. L'épimélète d'Amyclées semble s'être occupé aussi des intérêts des étrangers fixés dans la ville. Ils consacrèrent une offrande dans le temple d'Apollon, en l'honneur d'un épimélète, « à cause de sa bonté et de sa piété [3]. »

Athènes, maîtresse de Délos vers 66 av. J.-C., y délégua un gouverneur nommé « l'épimélète de l'île. » A Délos, comme à Amyclées, ces gouverneurs furent en relation constante avec des étrangers athéniens ou romains, des marchands, des armateurs, qui vantèrent « leur justice et leur vertu [4]. » Cet éloge nous porte à croire que ces magistrats jugeaient certaines contestations commerciales. Athènes eut des épimélètes à Délos quand cette île lui eut été donnée par Rome [5], et, vers l'époque d'Auguste [6], longtemps après le sac de Délos par Ménophane.

[1] Cf. Bœckh, C. I. Gr. t. I, p. 611.
[2] Le Bas, *Insc.*, IIIe part. 661.
[3] C. I. Gr., 1338.
[4] C. I. Gr., 2286. — 2287. — 2288. — 2298. — 2306.
[5] Voir infr.
[6] Un certain Alexandre fut épimélète sous l'archontat de Zénon. (C. I. Gr., n° 2287). Deux Zénon furent archontes d'Athènes et, par conséquent, de Délos. L'un, qui date de la 3e année de la CLXXXIe ol., est antérieur à l'avénement d'Auguste; et l'autre, de la 2e année de l'ol. CCV, lui est un peu postérieur. — Cf. Alb. Dumont, *La chronologie Athénienne à Délos*, revue Archéol. 14e année, 10 oct. 1873.

En outre, à l'époque où le commerce délien était le plus florissant, après la prise de Corinthe par Mummius, et avant celle d'Athènes par Sylla, des épimélètes du marché et des épimélètes de la banque publique furent envoyés à Délos [1]. Il ne faut pas confondre ces fonctions avec celles du gouverneur de l'île. Peut-être d'autres magistrats civils, portant également le nom d'épimélètes, furent-ils délégués par Athènes à Délos.

Délos connut aussi des épimélètes religieux, sous la domination athénienne, et peut-être auparavant. Une inscription, qui date de l'époque où l'île était libre[2], porte une fois le mot ἐπιμεληταί, que Bœckh a cru devoir corriger par ἐπιστάται. Ces épimélètes ou ces épistates devaient fournir, pour la réparation du temple, de l'argent avec les ἱεροποιοί. Partout ailleurs, l'inscription porte ἐπιστάται. S'il faut lire une fois ἐπιμεληταί, cela prouverait que ces deux mots étaient à cette époque tout-à-fait synonymes.

Les Athéniens s'emparèrent à la fois de l'administration civile et de l'administration religieuse de Délos [3]. Pendant qu'un certain Apollodore était épimélète de l'île (ἐπὶ ἐπιμελητοῦ τῆς νήσου Ἀπολλοδώρου), Phaënnos et Démétrios l'étaient du culte (τῶν ἐπὶ τὰ ἱερά) [4]. Les charges civiles et les charges religieuses étaient donc remplies à Délos par des épimélètes distincts.

Ces épimélètes athéniens étaient quelquefois des personnages considérables dans leur patrie : Médéios

[1] EUSTRADIADÈS, *Op. cit.*, η. θ. ι., l. 13.
[2] C. I. GR., 2266, ligne 16.
[3] STRAB., 485-487.
[4] C. I. GR., 2306. — LE BAS, 1919.

fils de Médéios, archonte d'Athènes, devint épimélète de Délos [1]. Plus tard [2], sous l'archontat de Thrasyllos, en 61 après J.-C., Tibérius Claudius Novius est en même temps stratège des Hoplites pour la huitième fois, grand-prêtre de Néron Claudius César Germanicus et de Jupiter Eleuthérios, épimélète à vie d'Athènes, prêtre d'Apollon Délien, épimélète de l'île sacrée de Délos (τῆς ἱερᾶς Δήλου), grand-prêtre de la maison des Augustes [3]. — On voit donc que l'épimélète, venu d'Athènes, administrait l'île et jugeait les étrangers; que les autres charges furent gérées par des Athéniens, et que le titre d'épimélète fut attaché à plusieurs d'entre elles.

IX.

Stèle ronde. Longueur du cylindre 0 m. 53. Diamètre 0 m. 45.

1 ΖΗΝΩΝΑΖΗΝΩΝΟΣ
2 ΚΛΕΙΔΟΥΧΗΣΑΝΤΑΚΑΙ
?? ??
3 ΠΥΘΑΙΣΤΗΝΕΝ.... ΑΙΣ
4
5 ΑΘΗ...... ΣΩΤΕΙΡ
6 ΦΙΛ...... ΟΝΑΘΗΝΑΙΟ
7 ΤΟΝΥΟΝΚΛΕΙΔΟΥΧΟΝ
8 ΤΟ
9 ΑΘΗ Α
10 ΜΕ ΔΙΙΑΘΗΝΑΙΚ
11 ΟΙΑΘ

Plus bas en petits caractères :

ΘΕΥ

[1] Eustratiadès, *op. cit.*, inscr. cit.
[2] Dumont, *Ephébie attique*, p. 230.
[3] Il porte en outre le titre de Nomothète, et celui, plus rare, de ἄριστος τῶν Ἑλλήνων.

Ζήνωνα Ζήνωνος, κλειδουχήσαντα καὶ [πυ]θαϊστὴν ἐν [Ἀθην]αῖς, [καὶ ἱερέα Διὸς Σωτῆρος καὶ τῆς] Ἀθη[νᾶς τῆς] Σωτείρ[ας γενόμενον]..... τὸν υἱὸν κλει[δοῦ]χον......... Ἀθηνᾶ Κ[υνθία].... οἱ Ἀθηναῖοι. — Plus bas, le nom du sculpteur.

Il n'y a guère que les deux premières lignes qui soient bien lisibles. La fin du mot πυθαϊστὴν est aussi fort nette et nous a permis de suppléer le commencement.

Κλειδουχήσαντα. On a peu de renseignements sur les cleiduques (κλειδοῦχος, att. κληδοῦχος, *claviger*, *œditus*). Ils ont été les gardiens du temple et les possesseurs de sa clef. C'était une charge temporaire, surtout honorifique. Il ne faut pas confondre les cleiduques avec les porteurs de la clef d'Hécate. Sa clef sacrée était promenée en procession solennelle par la prêtresse appelée κλειδοφόρος[1].

Πυθαϊστήν. Les Pythaistes[2] appartenaient à une ancienne famille désignée par un oracle. Ils restaient trois jours et trois nuits sur le rempart d'Athènes, entre les temples de Jupiter Olympien et d'Apollon Lycien, devant l'autel de Zeus Astrapæos d'où ils observaient l'ἅρμα, le pic qui domine Philé dans le Parnès. Le premier éclair qu'ils apercevaient donnait le signal du

[1] Cf. Newton, *Halicarnasse, Cnide et les Branchides*, t. II, append., III, n° 96.

[2] Foucart. *Mém. sur Delphes*, p. 178-179. (Archives des missions scientifiques. 2° série, t. II.) — Strab., IX, 2, 11. — Philochore, *Fragm.*, 158. — Steph. Byz., Πυθώ. — H. Vales. *In Harpocr. lex.*, δηλιασταί.

départ, et la Théorie se dirigeait alors vers Delphes[1]. Une famille athénienne observait aussi les présages dans la plaine de Marathon

Ainsi les Pythaïstes comme les Déliastes, appartenaient à des familles privilégiées qui conduisirent des Théories, les Pythaïstes à Delphes, les Déliastes à Délos.

Les prêtres athéniens établis à Délos pouvaient être eux-mêmes Pythaïstes. Nous savons par une inscription déjà citée [2] que des prêtres, qui avaient leur temple à Délos, envoyaient au dieu de Delphes, à titre de prémices, chacun une somme fixée selon la charge qu'il remplissait. Cet usage est attesté par une autre inscription de l'Attique [3].

On lit dans l'inscription publiée par M. Eustratiadès plusieurs passages qui intéressent l'histoire de Délos [4]. Il nous faut donner ici quelques détails.

[1] Peut-être la Théorie qui alla d'Athènes à Delphes, ou même de Délos à Delphes, fut-elle instituée à cause d'une légende qui faisait voyager Apollon de Délos à Athènes et à Delphes, ou bien de Délos à Tanagre et à Delphes. Cf. PINDAR., éd. *Bœckh*, part. 2, t. II, p. 629 et la scholie d'*Æsch. Eumen.* 11.

[2] EUSTRATIADÈS, *Op. cit.* loc. cit.

[3] LE BAS, *Inscr. Att.*, 427.

[4] Pour les autres passages, nous renvoyons au commentaire de M. Eustratiadès. Cette restitution a été modifiée par M. Foucart, au Collége de France (Leçon du 13 juin 1874).

1° M. Eustratiadès, supposant un vide considérable avant le commencement de la première ligne, l'avait restituée ainsi: Τοῦ δήμου τῶν Ἀθηναίων ὁ κεχειρο-τονημένος ἐπὶ τὴν ἐξαποστο — λὴν τῶν πυθιάδων. Mais les Pythaïstes n'étaient pas élus parmi le peuple d'Athènes, puisqu'ils appartenaient à une famille spéciale. Si le dignitaire de l'inscription est « choisi à main levée », c'est

Les principaux magistrats d'Athènes, parmi lesquels tous les archontes et seulement quelques stratéges, l'épimélète du Pirée, l'épimélète de Délos et les épimélètes de la banque et du marché, probablement à Délos, contribuent aux dépenses de la première ennéétéride pythienne.

Avec ces magistrats contribuent plusieurs prêtres. Il est probable qu'ils avaient tous leurs temples à Délos. On peut l'affirmer pour sept d'entre eux : ceux de Jupiter Cynthien [1], d'Apollon à Délos, d'Artémis « dans l'île » (de Délos), de la chaste déesse à Délos (Proser-

sans doute parmi les Pythaïstes eux-mêmes pour être leur chef. Or, un inventaire du temple d'Apollon Didyméen porte avec la mention des offrandes consacrées par les Théories de plusieurs villes, le nom de l'archithéore, de la ville ou du roi qui les a envoyées. On est donc autorisé à croire que ce personnage élu est l'archithéore.

2° La seconde ligne établie par M. Eustratiadès contient une tournure un peu embarrassée : ἐπὶ τὴν ἐξαποστολὴν τῶν πυθιάδων καὶ ἐπὶ τὰς ἀπαρχάς, etc. En outre, l'espace vide laissé par le marbre entre ἐξαποστολὴν et ἀπαρχάς n'est pas suffisamment rempli. M. Foucart propose donc Ὁ ἀρχιθεωρὸς τοῦ δήμου τῶν Ἀθηναίων ὁ κεχειροτονημένος ἐπὶ τὴν]ἐξαποστολὴν τῶν θεωρῶν τῶν φερόντων (ou ἀγόντων) τὰς ἀπαρχὰς ἐν. etc. Cette restitution est indiquée par un texte d'Hésychius : Θεωροὺς δ'ἐκάλουν τοὺς τοῖς θεοῖς τὰς ἀπαρχὰς ἀπάγοντας. L'argent recueilli ne servait donc pas aux frais de la Théorie ; il était destiné à une offrande consacrée au dieu de Delphes.

3° Enfin, à la ligne suivante, ἀπέλαβε est plus probable que ἀνάγραφει ; et il faudrait lire : ἀπέλαβε τῶν ἱερέων καὶ, etc. — Nous ne connaissons pas la longueur exacte du fragment qui manque. Peut-être la première ligne ne contenait-elle pas la formule Ἀγαθῇ τύχῃ. — Ἀρχιθέωρος peut avoir été écrit : ἀρχεθέωρος. Cf. Le Bas, *Inscr. att.*. 413.

[1] Cette inscription nomme trois prêtres du temple de Jupiter Cynthien (et de Minerve Cynthienne) : Zénon de Képhissia, Démétrios, Théobios.

pine), de Dionysos [1], de Sarapis (dont nous connaissons le temple à côté du Cynthe : jusqu'ici on attribuait ce temple à Isis), enfin d'Anios. Vient ensuite un prêtre de Rome divinisée. Son temple était sans doute à Délos, puisqu'il est cité parmi d'autres sanctuaires tous déliens et que nombre de Romains habitaient l'île à l'époque où cette inscription fut gravée [2].

La somme versée par chacun de ces magistrats et de ces prêtres, suivant un décret, paraît avoir été fixée d'avance. Sur toutes les listes, une même somme est fournie par le même magistrat ou par le prêtre du même temple. Quand l'un d'eux (un certain Médeios) remplit à la fois plusieurs emplois, il donne, pour chacun de ces emplois, une somme fixe.

Ces sommes portent le nom de *ἀπαρχαί*, prémices. Les dîmes s'offraient aux temples après une faveur exceptionnelle ; les prémices se présentaient à des époques régulières pour remercier les dieux des bienfaits qui se renouvellent toujours. Les *ἀπαρχαί* sont des sommes d'une valeur souvent déterminée à l'avance, mais qui se consacrent sous forme de présent, de vase, de statue de trépied [3].

[1] Cf. C. I. Gr., 2270, l. 19. Il y a un prêtre de Dionysos à Délos désigné par le sort.

[2] D'après Alb. Dumont, cette inscription date de 117 à 111 av. J.-C. Les noms des sept archontes athéniens qu'on y trouve et dont la date peut être déterminée sont : Echécrate, Médéios, Théodosios, Proclès, Argéios (2 fois), Héracleitos. — Cf. Alb. Dumont, *Fastes éponymiques d'Athènes*, Thorin, 1874. — Sur Héracleitos, Cf. Alb. Dumont, *Essai sur la chronologie des archontes athéniens*, Paris, Didot, 1870, p. 31, et le journal la *Minerve*, *Ephém. archéol.*, n° 4041.

[3] Cf. Le Bas, *Inscr. att.*, n°s 2 et 40.

Différents magistrats et d'autres Athéniens, prêtres à Délos, envoyaient donc régulièrement des prémices à Delphes. La cité athénienne subvenait aux frais de la théorie [1].

Cette « première ennéétéride» pythienne n'est pas la première qui soit allée d'Athènes à Delphes, ni la première pour laquelle les frais aient été faits par les particuliers [2]. Un passage de Plutarque suggère une explication plus simple. Plutarque [3] cite les trois ennéétérides de Delphes. La première est le steptérion en l'honneur de la victoire d'Apollon sur le dragon ; la seconde célèbre Sémélé, mère de Bacchus ; la troisième est relative à des traditions locales. Donc la « première ennéétéride » était seule consacrée spécialement au culte d'Apollon ; et c'est très-probablement de cette « première ennéétéride » qu'il s'agit dans cette inscription.

Il serait bien intéressant de savoir si les prêtres déliens ont consacré des offrandes au dieu de Delphes avant l'occupation de l'île par Athènes.

Disons, pour en revenir à notre inscription, qu'il est fort naturel de voir figurer un pythaïste sur une stèle dédiée à Jupiter Cynthien. — Ce pythaïste s'appelle Zénon. Il peut être le même que le Zénon de Képhissia qui fut prêtre de Jupiter Cynthien un an avant l'archontat d'Echécrate, c'est-à-dire l'an 116 avant Jésus-Christ, ou tout au moins avoir appartenu à la même famille.

[1] Cf. *Corp. inscr. att.*, 158.

[2] Cette hypothèse a été soutenue par M. Eustratiadès et infirmée par M. Foucart.

[3] PLUT., *Quæst. gr.*, 12. — EPHORE, *Fragm.* 70. (*Fragm. hist. gr. coll.* Didot, t. I. p. 255).

X.

Sur une stèle dont la partie inférieure est brisée.

ΣΑΡΑΠΙΩΝΣΩΤΑΔΟΥΑΙΓΙΛΙΕΥΣ
ΙΕΡΕΥΣΓΕΝΟΜΕΝΟΣΔΙΟΣΚΥΝΘΙΟΥΚΑΙ
ΑΘΗΝΑΣΚΥΝΘΙΑΣΕΝΤΩΙΕΠΙΠΡΟΚΛΕΟΥΣ

Σαραπίων Σωτάδου Αἰγιλιεὺς, ἱερεὺς γενόμενος Διὸς Κυνθίου καὶ Ἀθηνᾶς Κυνθίας ἐν τῷ ἐπὶ Προκλέους (ἄρχοντος ἐνιαυτῷ)...

Sarapion, fils de Sotade, d'Ægiliée, devenu grand-prêtre de Jupiter Cynthien et de Minerve Cynthienne l'année de l'archontat de Proclès.

Proclès. Cet archonte cité sur la liste qu'a publiée M. Eustratiadès [1], appartient à l'année 114 avant Jésus-Christ.

Un autre Sarapion, de Mélite, qui fut épimélète de Délos, figure sur la même liste.

XI.

Sur un marbre, h. 0 m. 30 ; l. 1 m. 07 ; h. d'une lettre, 0 m. 03.

ΒΑΣΙΛΕΑΠΤΟΛΕΜΑΙΟΝΣΩΤΗΡΑ
ΒΑΣΙΛΕΩΣΠΤΟΛΕΜΑΙΟΥΤΟΥΔΕΥΤΕΡΟΥ
ΕΥΕΡΓΕΤΟΥΑΡΕΙΟΣΠΤΟΛΕΜΑΙΟΥΑΔΕΞΑΝΔΡΕΥΣ
ΤΩΝΠΡΩΤΩΝΦΙΛΩΝΤΟΝΕΑΥΤΟΥΕΥΕΡΓΕΤΗΝ
ΔΙΙΚΥΝΘΙΩΙΚΑΙΑΘΗΝΑΚΥΝΘΙΑ

[1] Cf. l'insc, n° 9.

Βασιλέα Πτολεμαῖον Σωτῆρα, Βασιλέως Πτολεμαίου τοῦ δευτέρου εὐεργέτου, Ἄρειος Πτολεμαίου Ἀλεξανδρεὺς τῶν Πρώτων φίλων τὸν ἑαυτοῦ εὐεργέτην, Διὶ Κυνθίῳ καὶ Ἀθηνᾷ Κυνθίᾳ. (L'ι dans le texte n'est adscrit qu'à Κυνθίῳ).

En l'honneur du roi Ptolémée Soter, fils du roi Ptolémée Evergète II, Arius, fils de Ptolémée, d'Alexandrie, compté parmi les premiers amis du roi, en l'honneur de son bienfaiteur : à Jupiter Cynthien et à Minerve Cynthienne.

Il s'agit d'une statue consacrée par Arius à Ptolémée, et l'acc. Βασιλέα s'explique par ἀνέθηκεν sous-entendu.

Ce Ptolémée Soter est le second du nom. Suivant Clément d'Alexandrie, il avait été surnommé Lathyre (*Strom.*, 1,396). Eusèbe lui attribue le surnom de Physcon ; mais c'est probablement une erreur (*Chron.*, p. 148-150). Le nom qu'on lui donne sur les monuments égyptiens est « Ptolémée Philométor II, Soter II. » (LEIPSIUS, *Plot.*, t. III.)

Ptolémée Soter II régna de 117 à 81 av. J.-C.; mais l'Egypte resta au pouvoir de son frère Alexandre de 107 à 88. Soter II tantôt gouverna l'île de Chypre, tantôt livra des batailles sanglantes pour remonter sur le trône.

Arius se dit « un de ses premiers amis. » C'est un titre honorifique, donné aux membres du Conseil royal[1].

On trouve à Délos quelques inscriptions en l'honneur de Ptolémée Philadelphe[2], et du Ptolémée qui est généralement surnommé Physcon [3], père de Soter II.

[1] C. I. GR., 4677, 4698 et t. III, p. 289, b.

[2] C. I. GR., 2267, 2273.

[3] C. I. Gr., 2285 a. — D'ORVILLE, op. cit., p. 49.

XII.

Fragment de marbre[1].

ΙΣΚΑΤΑΠΡΟΣΤΑ
ΕΓΡΑΨΕΝΤΗΝΠΡΟΣ
ΙΕΝΑΙΕΙΣΤΟΙΕΡ
ΔΙΟΣΤΟΥΚΥΝΘΙΟΥ
ΣΑΘΗΝΑΣΤΗΣΚΥΝΘΙ
ΣΟΝΚΑΙΨΥΧΗΚΑΘΑ
ΧΟΝΤΑΣΕΣΘΗΤΑΛΕΥ
ΠΟΔΕΤΟΥΣ ΑΓΝ
ΔΙΚΟΣΚΑΙΚΡΕΙΩΣ
ΕΙΣ

ις κατὰ πρόστα[γμα]... ἔγραψεν τὴν πρόσ[οδον] [εἰσ]ίεναι εἰς τὸ ἱερ[ὸν τοῦ Διὸς τοῦ Κυνθίου [καὶ τῆ]ς Ἀθηνᾶς τῆς Κυνθί[ας] — σον καὶ ψυχῇ καθα[ροὺς, ἐσθῆτα λευ[κὴν, ἀνυ]ποδέτους, αγν — δικος καὶ κρειως — εἰς.

Cette inscription nous apprend que les processions qui, sans doute, gravissaient le Cynthe avant d'entrer dans le temple de Jupiter et de Minerve, devaient se conformer à des prescriptions fixées d'avance. Purifiés moralement, les fidèles devaient en outre revêtir un costume blanc et marcher nu-pieds. De pareilles prescriptions étaient établies dans les temples où l'on célébrait des mystères.

M. Foucart, dans son commentaire sur l'inscription

[1] Copié par M. Stamatakis.

d'Andanie [1], cite, outre cette inscription [2], deux monuments de la même nature [3], par lesquels il est exigé que les fidèles, avant de paraître devant le dieu, soient aussi purifiés moralement ; qu'ils marchent pieds nus, que leurs vêtements soient blancs. La même formule est employée dans ces différentes inscriptions, et, par conséquent, est relative à la célébration des mystères.

Un texte de Jamblique nous apprend, du reste, que Délos avait des mystères. Pythagore, dit-il, se fit initier aux mystères d'Eleusis, d'Imbros, de Samothrace et de Délos [4]. Notre inscription, rapprochée de ce texte, prouve que ceux de Délos se célébraient, au moins en partie, dans le temple de Jupiter et de Minerve.

XIII

Autel.

ΙΟΣΚΑΙ
ΔΙΟΔΩΡΟΣΔΙΙΚΥΝΘΙΩ
ΚΑΙΑΘΗΝΑΚΥΝΘΙΑ
ΕΥΧΗΝΕΦΙΕΡΕΩΣ
ΔΙΟΦΑΝΤΟΥΤΟΥ
ΠΑΡΝΑΣΟΥΚΗΦΙΣΕΩΣ

ιος καὶ Διόδωρος, Διὶ Κυνθίῳ καὶ Ἀθηνᾷ Κυνθίᾳ, εὐχὴν, ἐφ' ἱερέως Διοφάντου τοῦ Παρνασσοῦ, Κηφισιέως.

[1] LE BAS, *C. inscr.*, Messénie, VI, 326, a.

[2] L. 37.

[3] L'inscription consacrée à Men tyrannos (Cf. FOUCART, *Associations religieuses chez les Grecs*, p. 119 et 219) et une inscription de Lindos, encore inédite.

[4] JAMBLIQUE, *Vie de Pythag.*, XXVIII, 151.

... et Diodore à Jupiter Cynthien et à Minerve Cynthienne, pour s'acquitter d'un vœu, Diophante, fils de Parnasos, de Képhissia, étant prêtre.

XIV

Pierre longue ayant cette forme :

ΧΑΡΜΙΡΟΣΑΙΝΗΣΙΟΥ
ΚΙΚΥΝΝΕΥΣΙΕΡΕΥΣΓΕΝΟΜΕΝΟΣ
ΔΙΟΣΚΥΝΘΙΟΥΚΑΙΑΘΗΝΑΣ
ΚΥΝΘΙΑΣΑΝΕΘΗΚΕΝ
ΤΟΞΟΑΝΟΝ

Χαρμῖρος Αἰνησίου, Κικυννεύς, ἱερεὺς γενόμενος Διὸς Κυνθίου καὶ Ἀθηνᾶς Κυνθίας, ἀνέθηκεν τὸ ξόανον.

Charmiros, fils d'Ænésias, de Cicynne, devenu prêtre de Jupiter Cynthien et de Minerve Cynthienne, a élevé cette statue de bois.

Je crois lire Charmiros. Peut-être est-ce Χαρμῖνος, seule leçon donnée par le dictionnaire de Pape.

Une statue de bois a été consacrée à l'époque, assez voisine de l'ère chrétienne, où cette inscription fut gravée. Le fait mérite d'être signalé.

XV

Inscription en caractères de 0 m. 03.

KYNNEY
NNAON
ΔΙΙΚΥΝΘΙ
ΗΝΑΙΩΝΚΑ

ΚΑΙ

Κι]λυννεύ[ς.....τὸ]ν ναόν..... Διὶ Κυνθίῳ... Ἀθηναίων καὶ.

Il faut probablement lire Ἀθηναίων καὶ Ῥωμαίων. Plusieurs inscriptions nous donnent ces deux noms associés. (C. I. Gr. 2286, 2287, 2288, 2295).

Les quatre inscriptions suivantes, bien que trouvées au sommet du Cynthe, peuvent n'avoir pas appartenu au temple de Jupiter et de Minerve.

XVI

Inscription en petits caractères très-réguliers sur un marbre de Paros.

ΕΠΙΑΡΧΟΝΤΟΣΔΗΜΕΟΥΝ
I ΩΝΟΣΘΕΟΔΩΡΟΥΤΟΥΛΕΩΣ
O ΜΗΝΟΣΙΕΡΟΥΙΣΤΑΜ
Δ //// Ν Σ ///// ΛΑ
ΑΙΟ Ο

Ἐπὶ ἄρχοντος Δημέου ν.....ι ...ωνος Θεοδώρου τοῦ Λεως ....μηνὸς ἱεροῦ ἱσταμ[ένου].

Ce fragment est d'une grande importance parce qu'il porte la mention du « mois sacré ». Cette mention s'était déjà rencontrée dans une inscription mal lue par Bœckh et corrigée par M. Koehler. La leçon de M. Koehler devient à présent certaine [1]. A l'époque où Délos n'est pas encore habitée par des Athéniens, les mois n'y portent pas les mêmes noms qu'en Attique. Le mois délien Βουφονιών correspond au mois Μεταγειτνιών [2]. Il est presque sûr que le mois sacré (μὴν ἱερός) correspond au mois appelé Thargélion en Attique et Bysios à Delphes. Ce mois est consacré spécialement au culte de Diane et d'Apollon : c'était le seul autrefois pendant lequel l'oracle de Delphes fût interrogé. A Athènes, les thargélies se célébraient le 6 et le 7 du mois de Thargélion [3] en l'honneur de Diane et d'Apollon Déliens [4]. Les traditions font naître Diane le 6 et Apollon le 7 de ce mois. On ne sait pas si les noms des mois déliens furent inscrits sur les actes publics quand Délos fut tout-à-fait au pouvoir d'Athènes. L'inscription 158 du Corpus, dans laquelle il est question d'archontes déliens, mais qui est rédigée par les Athéniens, ne porte que le nom du mois de Thargélion. C'est à partir de ce mois que l'on comptait les revenus des propriétés religieuses du temple. — Déméas, qui ne figure pas sur la liste des archontes athéniens, est un archonte délien. L'inscription publiée par M. Kirchhoff

[1] *Corp. Inscr. Att.*, Ed. Kirchhoff, Berlin, 1873, inscr. n° 283 et le commentaire.

[2] Id. ibid.

[3] Θαργήλια, ETYM. — SUID. — MEURSIUS, *Græcia feriata*.

[4] ATHEN., X, 424, f.

et contenant les actes de l'ol. 86, 3 et 4 [1], renferme deux noms d'archontes déliens : Euptère (2 fois cité) et Apseudès. Celle du Corpus [2] en porte davantage : Epigène, Hippias, Palæos fils d'Hippias, Pyrrhæthos. Ils appartiennent à la centième olympiade. Délos, à cette époque, était encore libre, et avait ses archontes; mais les Athéniens étaient les possesseurs du temple et de ses biens sacrés. Leurs décrets portaient les noms des archontes, des amphictyons, des scribes athéniens. Bœckh suppose avec beaucoup de vraisemblance que les Déliens ne voyaient pas sans un vif déplaisir les Athéniens occuper le grand temple d'Apollon : des amphictyons furent arrachés de ce temple et frappés. Les noms d'Epigène et de Pyrrhæthos figurent en tête de la liste des coupables, condamnés par Athènes à 10.000 dr. d'amende. Ce sont eux probablement que les Déliens ont ensuite élus archontes.

XVII.

Longue pierre plate. Sur le côté le plus étroit :

ΑΡΧΩΝ
ΔΙΟΤΙΜΟC

Ἄρχων Διότιμος

[1] Elle n'a été gravée qu'entre l'ol. 94, 2 et l'ol. 102. ID. *ibid.*
[2] C. I. Gr., 158 et le commentaire.

MM. Dumont [1] et Neubauër [2] ont mentionné un archonte Diotime, Athénien. Cet archonte était éponyme de la 4e année de la CXCIIIe ol. (11 ans av. J.-C.).

Comme les autres archontes dont les noms figurent sur les marbres de Délos après la CXXIIe ol. sont athéniens, et que notre inscription n'est pas très-ancienne, il est à peu près sûr que ce Diotime est l'archonte athénien cité par MM. Dumont et Neubauër. Voici, d'après M. Dumont, les noms des archontes qui furent à la fois déliens et athéniens : Διονύσιος (an 7 av. J.-C.) — Λυκίσκος (an 8 av. J.-C.) — Φαιδρίας et 'Αριστάιχμος (ol, CLIII, de 172 à 168 av. J.-C.) — Ναυσίας (ol. CXCII, 49 av. J.-C.). C'est le seul qu'on ne retrouve pas sur les marbres d'Athènes. Ζήνων. On connaît deux Zénon : l'un de la 3e année de CLXXXIe ol. (54 av. J.-C.), l'autre de la deuxième année de l'ol. CCV (41 apr. J.-C.). Viennent enfin Διότιμος (11 av. J.-C.), et Πρόκλης (114 av. J.-C.), qui sont portés sur nos inscriptions du Cynthe. Joignons à cette liste le nom de l'archonte Εἰσιγένης trouvé par M. Stamatakis sur une pierre du temple de Sarapis. Ces archontes déliens nommés par Athènes se divisent en deux groupes : l'un s'étend de 172 à 114 av. J.-C. ; l'autre date de quelques années soit avant, soit après la naissance du Christ.

[1] DUMONT, *Essai sur la chronologie des archontes athéniens postérieurs à la CXXIIe ol, et sur la succession des magistrats éphébiques*, 1 vol. in-8, Didot, p. 65. — ID. *Nouveau mémoire sur les archontes athéniens postérieurs à la CXXIIe ol.* Tableau chronologique et liste alphabétique des éponymes, Paris, 1873, éd. Thorin, n° 62. — *Revue archéol.* 14e année, 10 oct. 1873.

[2] NEUBAUER, *Commentationes epigraphicæ*, p. 138. Berlin, Calvary ed.

Bœckh pensait que ces archontes étaient déliens [1]. Puisque l'on retrouve presque tous leurs noms sur les catalogues des archontes d'Athènes, on peut affirmer qu'ils ont été athéniens. Du reste, une étude de l'histoire de Délos doit aboutir à cette conclusion. En 166, au plus tard, les Athéniens entrèrent en possession de Délos et en chassèrent les habitants. Ils y gouvernèrent donc, à l'exclusion de l'ancienne population. Ils perdirent, il est vrai, Délos après la prise de leur propre ville par Sylla ; mais l'île leur fut définitivement rendue vers l'an 40 av. J.-C. Ils l'administrèrent, et bientôt, ils furent presque seuls à l'habiter [2].

XVIII

Fragment de marbre.

ΕΥΚΗΕ
ΟΣ Α
ΟΝ

XIX

Fragment d'une inscription en grands caractères (0 m. 03).

ΟΝΥ
ΡΧΟ

Il s'agit peut-être de l'archonte Διονύσιος dont le nom se trouve dans une inscription de Délos [3] et sur

[1] Pour cette dissertation, Cf. Dumont, *op. cit.*; l'opinion de Bœckh y est réfutée.
[2] Vid. infra, la partie historique.
[3] C. I. Gr.; 2296.

une liste d'éponymes Athéniens au Varvakeion[1]. Il date de l'année 7 av. J.-C.

XX

Plaque très-usée et rayée par la main des hommes.

H
NO
ΣΤΟΞΕΝ
ΚΑΛΛΙΚΛΗΣ
ΠΕΙΣΙ
ΦΙΛΙΣΚΟΣ
ΑΣΥΜΗΔΗΣ

Καλλικλῆς. Πεισίστρατος (ou Πεισίδαμος. Cf. inscr. 5783, ou Πεισικλείδης Rangabé 11, 1387, etc.). Φίλισκος. Θρασυμήδης — C'est un catalogue de noms propres.

XXI

Autel rond, avec guirlandes et boucranon, trouvé assez loin du sommet.

ΦΙΛΟΣΤΡΑΤΟΣΦΙΛ
ΑΣΚΑΛΩΝΙΤΗΣ
ΕΝΔΗΛΩΥΠΕΡΤ
ΤΩΝΠΟΛΕΩΣΚΑΙΤΗΣΓΥ
ΝΑΙΚΟΣΚΑΙΤΕΚΝ
ΠΟΣΕΙΔΩΝΙΑΣ
ΝΙΚΑΝΔΡΟΣΕ
ΑΝΔ

Φιλόστρατος Φιλο[στράτου] Ἀσκαλωνίτης... ἐν Δήλῳ ὑπὲρ τ... τῶν πόλεως καί τῆς γυναικὸς καὶ τέκνων... ποσειδωνιας... Νίκανδρος ε.....ανδ.

[1] Dumont, *Revue archéol.*, loc. cit.

Beaucoup d'habitants de Délos étaient originaires de la Syrie. Plusieurs d'entre eux élevèrent un temple à Hercule Tyrien [1]. Ces étrangers avaient sans doute été attirés à Délos par le commerce de l'île, qui fut plusieurs années très-florissant. En outre, beaucoup de Juifs habitèrent l'île, et César leur conféra de nouveaux priviléges [2].

XXII

Autel rond avec guirlandes et boucranon.

ΔΙΟΝΥΣΙΟΣ

Deux lignes illisibles.

Ces deux inscriptions (XXI et XXII) ne proviennent peut-être pas du sommet de la montagne, et ne semblent pas avoir appartenu au temple de Jupiter et de Minerve.

XXIII

Inscription découverte près du gymnase signalé par Ross au nord de l'île. (Base d'une statue.)

ΑΠΟΛΛΩΝΙΚΑΙΕΡΜΕ
ΑΦΘΟΝΗΤΟΣΜΕΝΝΙΟΣ
ΓΥΜΝΑΣΙΑΡΧΗΣΑ ///
ΚΑΙΚΡΙΤΤΙΣΝΙΚΑΡΧΟΥ
ΥΠΟΓΥΜΝΑΣΙΑΡΧΗΣΑ

Ἀπόλλωνι καὶ Ἑρμεῖ, Ἀφθόνητος Μέννιος (sic) γυμνασιαρ-[χήσας] καὶ Κριττὶς Νικάρχου ὑπογυμνασιαρχήσα[ς].

Nous savions déjà, par l'inscription des prémices, que

[1] C. I. Gr., nº 2271.
[2] Vid. infra, la partie historique.

Délos avait eu un gymnasiarque ὁ γυμνασίαρχος εἰς τὸ ἐν Δήλῳ γυμνάσιον.

Il est fort intéressant de rencontrer ensemble Apollon et Hermès. Les dédicaces d'offrandes consacrées par des gymnasiarques ou des éphèbes sont faites d'ordinaire à Hercule et à Hermès, associés dans les gymnases. Les noms d'Ἀφθόνητος, de Μέννιος (probablement pour Μεννίου), et de Κριττίς se rencontrent ici pour la première fois.

On lit sur un autre côté du piédestal, en grandes lettres :

ΜΑΙΣΧΡΙΩΝ

Cette inscription en a effacé une plus petite, dont on entrevoit deux ou trois lettres.

XXIV

Trouvée presque à côté de la précédente. Hermès dont la tête est brisée. Sur la partie antérieure, noms propres écrits sans ordre au milieu de dessins qui semblent appartenir à des époques différentes. (Un cheval dressé sur ses pieds de derrière, avec la dédicace Ἀρχίας ἔρωτι ; une femme, un dauphin, des vases, l'un d'eux ayant à côté de lui une règle divisée en parties égales comme une règle à mesurer.) Par malheur cette dernière représentation est indistincte. Il semble que quelque idée plaisante s'attache à ce singulier catalogue. Voici les noms qu'il renferme :

ΝΙΚ ΟΙ ΔΑΜΙΩΝ
ΑΧΑΙΟΣ
ΦΙΛΟΣ
ΝΙΚΟΛΑΟΣ
ΗΛΙΟΔΩΡΟΣ

ΦΙΛΟ
ΣΟΣ
ΦΑΝΟΣ

ΗΡΑΚΛΕΙΟ
ΘΕΟΔΟΤΟΣ
ΔΙΟΝΥΣΟΔΩΡΟΣ
ΜΗΔΕΙΟΣ
ΘΕΟΔΟΤΟΣ
ΦΙΛΙΠΠΟΣ
Π Σ
ΗΡΑΚΛΕΙΔΩΡΟΣ
ΚΑΛΛΙΣΤΗ
Ε

ΔΙΟΝΥϹΙΟϹ
ΑΡΧΙΑϹ
ЄΡѠΤΙ ΙΣΙΔΩΡΟΣ
Π
ΕΙΡΗΝ
ΑΣΕΑΣ
ΜΝ ΙΜΟΣ
ΕΙΩ

ΔΙΟΝΥΣΙΟΣΕΙ

La dernière ligne, composée de noms gravés l'un sur

l'autre se trouve au-dessous d'une couronne dessinée en relief sur un fond creux.

XXV.

Inscription funéraire trouvée à Mykonos.

ΒΕΡΕΝΙΚΗΕΣΤΙΑΙΟΥ
ΓΥΝΗΔΙΟΝΥΣΙΟΥ
ΛΑΟΔΙΚΙΣΣΑΧΡΗΣ
ΤΗΧΑΙΡΕ

Βερενίκη Ἑστιαίου, γυνὴ Διονυσίου, Λαοδικίσσα, χρηστὴ χαῖρε.

Λαοδικίσσα Cf. inscr., n° 21.

Voici en résumé ce que ces inscriptions apprennent de plus intéressant :

1° Elles font connaître le sanctuaire de Jupiter Cynthien et de Minerve Cynthienne : le premier de ces dieux était jusqu'ici le seul que l'on eût rencontré dans les inscriptions. Des mystères, que Jamblique compte parmi les principaux de la Grèce, ont été célébrés dans le temple, près de la citerne sacrée. Le culte était administré par des prêtres envoyés d'Athènes. Nous avons plusieurs de leurs noms (Aristomaque ; Ariston fils de Plator ; Nicocrate de Sunium ; Sarapion, fils de Sotade, d'Ægiliée ; Diophante, fils de Parnasos, de Képhissia ; Charmiros, fils d'Ænésias de Cicynne ; et les trois noms déjà relevés dans l'inscription des prémices : Zénon de Képhissia, Démétrios, Théobios).

Avec le prêtre figurait quelquefois le cleidouque. Nous en connaissons deux : Poseidonios, fils de Poseidonios, et Zénon, fils de Zénon qui avait été Pythaïste.

On rencontre aussi le nom du zacore (Nicéphore). Cette charge a été exercée plusieurs années consécutives par le même fonctionnaire.

Enfin, le nom de l'épimélète, gouverneur civil de l'île, est plusieurs fois mentionné dans ces dédicaces religieuses (Quintus d'Asinie, Aristion).

2° Les fonctionnaires civils et religieux dont on a les noms viennent d'Athènes. Donc la date de ces textes n'est pas antérieure à l'année 173, pendant laquelle Délos devint athénienne [1]. Elle ne semble pas dépasser la fin du règne d'Auguste, époque à laquelle Délos appartint encore aux Athéniens [2]. Entre ces deux époques extrêmes, il faut compter quelques années où l'île sainte fut placée sous le protectorat de l'Egypte [3].

Une seule inscription, mais qui n'a peut-être pas appartenu au temple de Jupiter et de Minerve [4], semble, par la forme des lettres, antérieure à l'archontat de Proclès (144, av. J.-C.)

3° Pendant cette période, des étrangers nombreux, surtout syriens, furent attirés à Délos par le commerce. Quelques-uns de ces noms étrangers se rencontrent dans nos inscriptions.

4° Ces incriptions nous font connaître le nom d'un

[1] Sur l'époque exacte à laquelle Délos fut donnée à Athènes, vid. infra, la partie historique.

[2] Cf. l'insc. n° 17.

[3] Cf. l'inscr. n° 11.

[4] N° 16.

archonte délien nouveau (Déméas), peut-être antérieur à l'époque de la domination athénienne. Elles ne renferment du reste que des noms d'archontes athéniens [1]. Les archontes déliens à cette époque sont ceux d'Athènes. Ce détail important de l'histoire délienne a été prouvé par M. Dumont contre l'opinion de Bœckh admise par MM. Meïer et Westermann. Délos fut donc plus complètement sous la dépendance d'Athènes que les colonies (cleruchorum atticorum civitates) expédiées hors de la métropole avec des archontes distincts [2].

L'âge de ces inscriptions nous donne celui des ruines parmi lesquelles on les trouve. Cependant les débris de la chapelle dorique peuvent être plus anciens que l'édifice principal, et la petite colonne corinthienne, presque byzantine, dater d'une époque plus moderne. Enfin, un culte païen plus récent encore que ces inscriptions et peut-être que le temple, a été célébré sur le Cynthe; puisque ces fragments d'inscriptions, ces débris du sanctuaire ont été trouvés en partie dans le mur même qui forme l'enceinte pleine d'urnes antiques et d'ossements.

§ III. — *Temples déliens.* — *Temple de Sérapis.*

Nous avons cité plus haut les principaux temples déliens qu'il serait utile de déblayer. Tant que ce travail

[1] Cf. l'inscr. n° 17.

[2] ISOCR., *Panath.*, § 16. — Salamine eut ses archontes indépendants de ceux d'Athènes. — Cf. ALB. DUMONT, *Fast, épon. d'Ath.*, p. 19.

ne s'accomplira pas, nous aurons peu de renseignements sur leur culte. Comme nous aurons plus d'une fois à revenir sur l'histoire du culte d'Apollon, nous n'en parlerons pas maintenant.

On sait que le sort désignait le prêtre des Cabires ; celui d'Esculape était peut-être élu aussi par le peuple, mais le sort conférait seul les fonctions de prêtre de Dionysos [1].

Avec le temple de Jupiter et de Minerve Cynthiens, le temple de Sérapis est celui qui a jusqu'ici fourni le plus d'inscriptions [2]. Quoique ce temple, cité dans l'inscription des prémices, soit antérieur à l'année 117 av. J.-C., presque toutes ses inscriptions appartiennent au règne d'Auguste. On y trouve les noms des archontes [3]. Isigène (l'an 2 av. J.-C.), Dionysos (vers l'an 7 av. J.-C.), Lyciscos (l'an 8 av. J.-C.), Nausias (l'an 9 av. J.-C.).

Les prêtres de Sérapis étaient désignés par le sort [4]. Sans doute leurs fonctions étaient considérées comme importantes, puisqu'ils contribuaient, avec les principaux magistrats et des prêtres déliens, aux frais de l'ennéétéride. L'un d'eux, Caïus, fils de Caïus, fut en même temps prêtre des Cabires, confondus avec les Dioscures [5]. Leur temple est probablement distinct de celui de Sérapis [6], bien que Sérapis, Isis, Anubis, Harpo-

[1] C. I. G., 2270.

[2] C. I. Gr., 2295 à 2306. Cf. l'inscr. des prémices, et l'Ἀθήναιον, loc. cit.

[3] Cf. Mes inscr. du Cynthe, n° 17. — DUMONT, *Op. cit.*, loc. cit.

[4] C. I. GR., 2295.

[5] C. I. GR., 2295, 2296.

[6] C. I. GR. 2270.

cration et les Dioscures figurent tous ensemble sur une même dédicace[1]. Peut-être ce temple de Sérapis, voisin du Cynthe et placé devant la voie sacrée qui relie la ville à la montagne, eut-il quelque relation avec les sanctuaires d'Apollon. En effet, on a dédié à Sérapis, à Isis, à Anubis, la grande Trinité égyptienne, un autel avec bas-reliefs représentant Diane, Apollon et Latone[2]. Outre les prêtres, le temple de Sérapis eut des mélanéphores[3], des thérapeutes[4], des canéphores d'Isis[5]. Un Marathon, zacore[6], est cité, dans une inscription qui concerne ce temple, aussitôt après l'épimélète de l'île. Peut-être cet emploi de zacore avait-il pris de l'importance et ne se bornait-il pas à la surveillance d'un sanctuaire.

Ces diverses fonctions religieuses étaient à Délos ce qu'elles furent ailleurs; il n'y a donc pas lieu d'insister.

[1] C. I. Gr., 2302.
[2] C. I. Gr., 2303.
[3] C. I. Gr., 2293, 2294, 2295, 2297.
[4] C. I. Gr., 2295.
[5] C. I. Gr., 2298.
[6] C. I. Gr., 2298.

SECONDE PARTIE

Mythologie et Histoire.

PREMIÈRE SECTION

Mythologie, poésie et fêtes.

CHAPITRE PREMIER.

Mythologie délienne.

Sommaire : § 1. Avant-propos. — § 2. Naissance de l'île. — § 3. Latone et son arrivée à Délos. — § 4. Naissance d'Apollon et de Diane. — § 5. Origine probable de l'Apollon Délien. — § 6. Seconde légende sur la naissance d'Apollon. — On ne le sépare plus de Diane. — Leur enfance. § 7. Les divinités hyperboréennes. Abaris et Pythagore. — § 8. Ilithye, Iris, Hécate, Brizo, Echénice. — § 9. Les dieux égéens. Neptune. Doris, Thétis. Les Néréides, Glaucus. Pan fils de Thymbris. — Orion, Hercule, Thésée, Erysichthon. — § 10. Anios et les Œnotropes. — § 11, Conclusion.

§ I. *Avant-propos.*

L'histoire de l'île sainte jette peu de lumière sur l'origine des cultes déliens. Située au centre de l'Archipel, et comme au cœur de la civilisation hellénique, Délos fut successivement habitée par la plupart des races qui se sont partagé la Grèce et l'Asie-Mineure. Cariens, Crétois, Ioniens, et des étrangers même, des Phéniciens, s'y établirent. En outre, d'autres peuples qui l'ont visitée en passant, et ne semblent pas s'y être fixés, les

Troyens par exemple ou les habitants de l'Eubée, peuvent y avoir laissé leurs traditions et leurs dieux.

Ce que nous apprend l'histoire, c'est que d'âge en âge Délos se montra hospitalière à tous les cultes. Des rites nouveaux, les cérémonies expiatoires, s'y introduisirent encore au cinquième siècle avant Jésus-Christ; et, plus tard, les religions de l'Egypte, de Rome, d'Israel, s'établirent à côté des vieux temples.

C'est donc à la mythologie d'étudier les traditions déliennes et d'assigner à chacune d'elles une origine. Elles peuvent avoir été importées à Délos par tous les peuples, à presque toutes les époques.

Nous ne rechercherons pas quelle fut la première patrie de tous ces cultes, et nous n'essaierons pas de les expliquer par l'Inde, l'Assyrie, la Phénicie et l'Egypte, ou par la Grèce créatrice et son effort spontané. Cependant, si une légende délienne nous paraît avoir quelque rapport avec d'autres traditions grecques ou même étrangères, nous le remarquerons en passant, pour éveiller l'attention de mythographes plus autorisés.

Sans remonter trop loin, nous pensons que la plupart des dieux déliens, avant d'aborder à l'île sainte, régnaient sur des peuples riverains de la mer Egée : le pays d'où ils sont partis pour Délos pourra quelquefois être indiqué.

S'il était permis d'avoir sur la mythologie délienne des idées bien arrêtées, nous ferions l'histoire de ses développements successifs [1]. On verrait le plus ancien de

[1] Il faudrait étudier ainsi les mythologies de toutes les Cyclades. Des dieux bien divers ont dominé dans des îles fort voi-

ses dieux entrer dans le premier des temples, puis les autels d'Apollon se multiplier et son culte s'étendre, enfin de nombreuses divinités accourir de toutes parts et se ranger autour de lui. Ne connaissant pas toujours l'âge relatif de ces dieux, nous suivrons une méthode moins rigoureuse, celle que les mythographes anciens auraient adoptée. Pour eux, l'histoire de Délos commence quand l'île apparaît. Latone y descend ensuite ; et, lorsque les deux jumeaux ont vu la lumière, les vierges hyperboréennes viennent leur rendre hommage. Nous suivrons cet ordre, bien que l'hyperboréenne Opis nous paraisse en Asie Mineure aussi ancienne qu'Apollon, et bien que le conte de l'île flottante soit plus moderne que le mythe du dieu naissant. Aussi indiquerons-nous à plusieurs reprises quelles modifications notre plan pourra recevoir quand la science des religions deviendra plus certaine.

En attendant, on trouvera ici des faits coordonnés avec soin, et parfois quelques vues générales.

§ II. *Naissance de l'île.*

Quand Latone demande un asile à Délos, cette île ose à peine servir de berceau à des dieux trop puissants ; elle craint qu'Apollon, méprisant cette humble patrie, infertile et rocailleuse, ne la repousse du pied dans

sines. C'est Héphaistos à Lemnos, Hermès à Imbros, Héra à Samos, les Cabires à Samothrace, Aphrodite à Cythère, Zeus en Crète, Hercule à Cos, Dionysos à Naxos, Hélios à Rhodes. Le hasard seul a-t-il fait que chacun de ces dieux a fini par régner en maître dans un sanctuaire préféré ?

l'abîme[1]. C'est qu'elle avait été longtemps couverte par les flots, et qu'elle était, comme Théra, comme Rhodes, comme Anaphé, sortie un jour du fond de la mer[2].

Les Grecs les plus anciens avaient-ils conservé le souvenir de cataclysmes bouleversant la mer Egée, engloutissant ou créant des îles, et soulevant autrefois Délos comme aujourd'hui les îlots qui entourent Santorin? Les premiers riverains de l'Archipel ont-ils assisté près de Délos aux combats soutenus par les dieux de l'Olympe et les Centimanes, maîtres des trombes et des tempêtes, contre ces géants qui lancent le feu et qui font trembler la terre? Seule, la géologie, contrôlant ces légendes, saura si Délos, après une éruption plutonienne, apparut au centre des Cyclades, sous le regard de leurs plus anciens possesseurs.

Cependant, aucune tradition ne fait naître Délos après une guerre de géants[3]. Elle est sortie du sein des flots, soulevée par Neptune[4] ou par Jupiter[5]. Tantôt, elle est soutenue par quatre colonnes[6], et s'élève sur l'abîme

[1] *H. Hom. in Ap. Del.*, 65 et suiv.

[2] Pin., II, 87 (89 éd. Nisard). — Amm. Marc., XVII, 7.—Hygin., 140 « Neptune l'a cachée au fond des flots. » — Angelo Maï, Coll. Vatic., t. III, *Myth.*, I, 37; II, 17 et suiv.; III, 8. — Suivant Tertullien, *Apologet.* 40, elle avait été engloutie avec de nombreux habitants. Cf. le préambule de cet ouvrage, art. Délos.

[3] Nous ne chercherons pas ici à savoir si les géants sont les volcans ou les nuages, ni quelle est l'origine des mythes sur la guerre des dieux. — Les géants ont été vaincus à Mykonos, bien voisine de Délos.

[4] Hygin., 140.

[5] Etym. Magn., art. Délos.

[6] Pindar., *Fragm.*, *loc. cit.*

comme le fronton d'un temple; tantôt, des chaînes de fer, l'attachant à Mykonos et à Gyaros, la maintiennent immobile.

Neptune paraît avoir régné à Délos avant Apollon; ce fut donc lui sans doute qui passa le premier pour l'avoir tirée du fond des mers. Le nom de Jupiter fut mis en avant, quand le mythe de l'île née de la mer et celui de Latone persécutée se confondirent. Les « chaînes de fer » ont été inventées pour expliquer une légende qui n'est peut-être pas très-ancienne, celle de l'île flottante [1].

Détachée de la Sicile [2], ou plutôt tombée du ciel [3], Délos, avant de porter ce nom, errait sur les vagues de l'Archipel [4].

Les Athéniens racontent que Latone avait parcouru l'Attique avant d'atteindre Délos. Ils ont aussi adopté tour à tour la légende de l'île errante et celle de l'île immobile; tantôt l'île s'approche pour recevoir la déesse; tantôt, la déesse, après avoir délié sa ceinture au cap Zoster, suit le rivage jusqu'au cap Sunium, et, d'île en île, arrive à Délos [5].

[1] STACE, *Theb.*, III, 438. — VIRG. *Æneid.*, *loc. cit.* — Elle n'en éprouva pas moins quelques tremblements de terre. Cf. *infr.* art. Trémon. — La légende de l'île flottante est assez moderne. Cf. PRELLER, *Op. cit.*, I, 185.

[2] LUCIEN, *Dial. mar.*, X, Cette tradition ne peut être que très-moderne.

[3] Cf. Supr. art. Asteria. — CALL., *H. in Del.*, v. 30 et suiv. — PINDAR., *loc. cit.*

[4] CALLIM., *H. in Del.*, v. 38.

[5] HYPERID., *Deliac. or.*, Cf. p. 22. — ANGELO MAÏ, *Coll. Vatic.*, loc. cit.

Ainsi nous sommes toujours en présence de deux traditions principales : Délos est immobile à sa place lorsque Latone y descend ; et la déesse y attend, au milieu de cruelles souffrances, la joie d'enfanter Apollon ; ou bien l'île est errante, et se fixe quand la déesse y pose le pied : aussitôt, le pouvoir de Junon expire, et la naissance des jumeaux est immédiate. La première de ces deux légendes, contenue dans l'hymne homérique, paraît la plus ancienne. A la seconde, on a rattaché celle de l'astre tombant du ciel ; et les mythographes postérieurs au troisième siècle avant Jésus-Christ, ont conté que l'île tombée du ciel dans la mer fut tour à tour errante, puis submergée [1], et qu'elle réapparut pour recevoir Latone [2]. Ils ont ainsi fondu dans un récit unique plusieurs mythes distincts. L'île, tant qu'elle flotte, se nomme, soit Ortygie [3], l'île de la Caille, l'île de Latone, soit Astérie [4], la sœur de Latone, poursuivie par Jupiter et précipitée du ciel, sous la forme d'un astre, quelquefois sous celle d'une caille. Ce dernier mythe prouve qu'Astérie et Latone ont pu quelquefois être confondues.

La légende de Latone et de ses longues douleurs sur la place même où devait naître Apollon paraît venir de l'Asie-Mineure ; nous en fournirons quelques preuves. La tradition de l'île flottante est probablement phénicienne. La caille était consacrée à Hercule Phénicien [5].

[1] HYGIN. *Fab.*, 140. — ANGELO MAÏ, *Op. cit.*, loc. cit.
[2] ARRIEN, *Ad. Dion.*, 525. — HYGIN, *loc. cit.*, ANG. MAÏ, *Op. cit.*, loc. cit.
[3] Vid supr., art. Ortygie.
[4] ANG. MAÏ, *op. cit.*, loc. cit.
[5] ATHEN., IX, 392, d.

Astérie, sœur de Latone, vient peut-être de Tyr [1], et quelquefois l'Astérie de Délos porte le nom phénicien d'Astarté [2]. La Syrie et la Phénicie, bien plus que la Grèce, sont remplies de villes saintes, et Tyr, consacrée à Astarté [3], est, comme Délos, une « île sainte. »

Faut-il attribuer une origine méridionale à toutes ces légendes de coffres, de divinités, d'îles voguant sur les flots, comme Deucalion [4], Europe ou Danaë [5]? L'Egyptien Osiris est enseveli dans une arche flottante, mais la tête du Thrace Orphée est aussi entraînée sur les eaux de l'Ebre. Un autre mythe, peut-être analogue, se rencontre encore à Délos. Le prêtre Délien, le dieu Anios [6], a été enfermé dans un coffre et porté par les vagues à Délos, comme Persée à Séripho.

Si les mythes de l'île sainte, de l'île flottante, de l'astre des mers ont tiré leur plus ancienne origine de la Phénicie ou même de l'Egypte, la Crête a pu les modifier : elle a connu la légende d'Europe qui, elle aussi, traverse la mer ; elle a fort anciennement adopté des mythes astronomiques, entre autres ceux du Minotaure, appelé 'Αστέριος [7], et elle a souvent influé sur les reli-

[1] CIC.. *De nat. deor.*, III, 16.

[2] *Vid. supr.*, art. Astarté. — Influence de l'Assyrie et de la Phénicie sur la civilisation grecque, Cf. Gerhardt, p. 32. — Otf. Müller pense que des mercenaires venus d'Egypte ont importé à Délos, 200 ans avant J.-C., le mythe de l'île flottante. Cette date est trop moderne. (*Orchom.*, p. 103, 104).

[3] *Vid. supr.*, art. Astarte. — EUSÈBE, *Præp. evang.*, I, 10, 21.

[4] APOLLODOR., *Bibl. gr.*, I, VII, 2.

[5] APOLLODOR., *Bibl. gr.*, II, IV, 1.

[6] TZETZÈS, *Ad Lycophr.*, 370, 570, 580.

[7] APOLLODOR., *Bibl. gr.*, III. I, 4.

gions déliennes. Cependant, aucun texte ne prouve que Latone ou qu'Astérie déliennes aient en même temps été crétoises.

Si Délos, autrefois visitée par les Phéniciens, leur doit quelques légendes orientales, on s'explique pourquoi les Perses attaquant la Grèce, pillant ses temples, insultant ses dieux, ont respecté l'île sainte [1]. Ils y retrouvaient quelques traces des cultes asiatiques [2].

Ces légendes venues de la Phénicie paraissent moins anciennes en Grèce que les traditions consacrées par l'hymne homérique ; mais il serait téméraire d'affirmer qu'il n'en existait encore aucune à l'époque où chantait l'aveugle de Chios. Plus tard, du temps de Callimaque, les mythes déliens sont plutôt rattachés à l'Egypte.

§ III. *Latone, et son arrivée à Délos.*

Latone, unie, comme Junon, à Jupiter, fut autrefois adorée en Asie Mineure, et surtout en Lycie [3]. Nous ne ferons pas l'histoire de ses courses à travers l'Asie et l'Europe, quand la colère de Junon la poursuivait. Menacée par un dragon ou par un sanglier [4], métamorphosée en louve [5], elle erra longtemps autour de Délos [6], qui devait seule lui offrir un asile inviolable.

[1] Vid. la partie historique.

[2] La Phénicie ou l'Asie-Mineure peuvent aussi avoir transporté à Délos des mythes venus de la haute Asie.

[3] PRELLER, *Myth.*, t. I, p. 184 *in not.*

[4] TZETZÈS, *Ad Lycophr.*, 266. HYGIN, 140.

[5] SCHOL. APOLL. RHOD., II, 124. En 12 jours elle va de l'Hyperborée à Délos.

[6] Cf. CALLIM., *H. in Del.*, 55 et suiv.

Quand il fut admis que Délos avait flotté, et s'était fixée à l'arrivée de Latone, on raconta que, la terre entière obéissant aux ordres implacables de Junon, il avait fallu que l'île fût cachée un temps sous la mer, puis apparût pour accueillir la déesse persécutée : Latone fut sauvée dès qu'elle y aborda, et Junon perdit sa puissance. Au contraire, d'après l'homéride de Chios, le pouvoir de Junon n'expire pas quand Délos, île rocailleuse, peu fertile, nullement flottante, accueille Latone ; et tant qu'Ilithye ne sera pas descendue, Apollon ne pourra naître. Les villes qui repoussent Latone, et Délos avec elles, craignent moins le ressentiment de Junon que la puissance d'Apollon lui-même : elles n'osent pas servir de berceau à un dieu si redoutable.

Par conséquent l'homéride de Chios n'a pas adopté, et probablement n'a pas connu la tradition d'après laquelle Junon, puissante contre Latone dans tout l'univers, n'a rien pu tenter à Délos.

L'homéride énumère plusieurs villes qui ont repoussé Latone. On a pensé que ce culte, quand il essaya de s'établir sur les rives de l'Archipel, en fut écarté par les prêtres de Junon et finit par triompher au centre des Cyclades. Mais le mythe de la mère d'Apollon errante, persécutée, puis délivrée, se retrouve en Lycie [1], et ne peut être le symbole d'un évènement qui aurait eu les rivages de la mer Egée pour théâtre et Délos pour centre. L'histoire peut affirmer que les villes énumérées par l'hymne homérique ont reconnu la suprématie

[1] STEPH. BYZ., Art. *Suessa* et *Tegyra*. — EUSTATH., *Iliad*, Δ. 101. — PRELLER, *op. cit.*, I, 184.

d'Apollon Délien ; elle ne se hasardera pas davantage.

Nous ne déterminerons pas ici l'origine première du mythe de Latone errante. Il faudrait peut-être l'expliquer par le naturalisme. Du temps d'Eschyle, on aurait donné un sens philosophique et moral à ces longues histoires de souffrances des dieux. Ils ont eu presque toujours quelque faute à expier et surtout quelque bienfait à préparer pour les hommes. Il faut se purifier du mal et payer le bien par avance : l'enfantement d'un aussi grand dieu qu'Apollon devait être acheté par de longs jours d'angoisse. Mais nous ne savons pas si de pareilles idées étaient connues des premiers adorateurs de Latone.

§ IV. *Naissance d'Apollon et de Diane.*

La critique ne peut laisser à Délos la gloire d'avoir seule vu naître Diane et Apollon. Ils naquirent en différents pays, au moins en Lycie [1], en Béotie [2], en Crète [3], à Ephèse [4], en Arcadie [5]. A Délos même, on ne s'entend pas sur le lieu de leur naissance, sur les noms des arbres qui l'ont abritée. C'est qu'elle fut à l'origine fantastique [6] : si les plus intelligents des anciens avaient

[1] TEXIER, *Asie-Mineure*, texte, t. III, p. 193.

[2] PLUT. *Pélop.*, loc. cit.

[3] CIC., *De nat. deor.* III, 23. — PRELLER, *Myth.*, t. I, p. 193. — GERHARDT, t. I, p. 38.

[4] TAC., *Ann.*, III, 61.

[5] LENORMANT et DE WITTE, *Monum. céramogr.*, t. II, p. 5. — Cf. ch. II, §. 11.

[6] PRELLER, *op. cit.*, t. I, p. 182, 185.

cru que cette légende dût être tout-à-fait précise, ils n'auraient pas adopté sans examen tant de versions contradictoires.

Elles peuvent être partagées en deux principaux groupes : 1° Apollon paraît seul au monde, comme le soleil, et Diane semble venir d'un autre île ; 2° Les deux divinités naissent presque en même temps, et Diane, qui est généralement la plus âgée d'un jour, remplace Ilithye auprès de sa mère.

Naissance d'Apollon, d'après l'hymne homérique.

L'hymne homérique, le plus ancien qui soit connu, fut probablement inspiré par une tradition plus vieille que lui-même : on chanta de bonne heure à Délos des poésies apportées surtout par le lycien, l'hyperboréen, le légendaire Olen : il est fort probable que les inspirations de ces époques reculées se transmirent jusqu'au dernier homéride, conservant le même fond sous les embellissements de la forme.

Sous le voile transparent de l'allégorie, on découvre aisément le naturalisme qui fait le fond de cet hymne [1]. Apollon y est à la fois un homme-dieu et le soleil. Il naît seul. Faible à sa naissance, il est enveloppé dans des langes d'un tissu blanc et léger, serrés par une bandelette d'or. Mais à peine a-t-il goûté à l'ambroisie, que Thémis lui présente, qu'il rompt ses langes, fait éclater ses liens, apparaît dans toute sa force, et ré-

[1] Voir plus loin l'analyse poétique de cet hymne.

clame à haute voix les attributs de sa divinité, Puis il marche, et un flot d'or se répand sur l'île.

C'est ainsi qu'apparaît le soleil. D'abord il perceà peine les brouillards du matin qui l'enveloppent ; mais il a grandi, il a dissipé ces voiles légers, il monte dans le ciel, il inonde la terre de ses rayons.

Cependant une idée morale s'ajoute à cette représentation purement physique. Thémis offre au nouveau-né la nourriture qui en fait un dieu. On dirait que la plus grande gloire de Latone, un peu effacée devant la majesté de son fils, est d'être la déesse-mère ; mais ce n'est pas elle qui le fait participer à la vie divine. Entourée de toutes les vieilles divinités [1], de tous les protecteurs du monde pélasgique, la déesse qui préside à ses lois fatales et divines, morales et humaines, Thémis, donne à l'enfant, avec la nourriture céleste, la puissance dont elle est investie. Déesse inflexible de la justice, elle remplira désormais un rôle secondaire dans la conduite des sociétés; elle abdique, au nom de Jupiter,

[1] *H. Hom. à Ap. Del.*, 93 et suiv. — Avaient-elles leur temple à Délos avant la venue de Latone ? Ont-elles abordé à l'île sainte pour secourir la déesse, comme les nymphes océanides sont venues consoler Prométhée ? Suivant la tradition homérique, Délos existait déjà, immobile, à sa place, mais rien ne prouve qu'elle eût des temples. Homère emploie bien en parlant de Délos à cette époque l'épithète de » εὐκτιμένη » « aux belles constructions »; mais il ne faut peut-être pas accorder à ce terme de sens précis. Délos semble avoir connu des dieux avant Apollon (*V.* part. I, chap. II, § 61), mais les déesses qu'énumère l'hymne homérique, Dioné, Rhéia, Ichnaia, Thémis, Amphitrite, ne sont pas des divinités locales. Ce sont les plus puissantes de l'ancienne religion, et elles viennent accueillir, adopter le culte nouveau.

entre les mains d'un dieu redoutable encore, mais accessible à la clémence.

La tradition veut que l'enfance d'Apollon ait été courte; il n'est représenté enfant que sur des vases et dans quelques légendes que la poésie a rarement consacrées : l'art grec en fait presque toujours un adolescent éternel. Ici, tout d'abord, il atteint à l'âge que marqueront ses statues; il apparaît en un instant et tout entier ce qu'il sera toujours : le dieu de la lyre et des flèches et le dieu prophète.

§ V. *Origine probable de l'Apollon Délien.*

Apollon, suivant la tradition homérique, un instant après sa naissance, est un dieu accompli, en possession de tous ses attributs. On ne peut l'avoir ainsi créé à Délos de toutes pièces, et sans doute, il est né ailleurs. L'histoire de l'oracle Cynthien [1] nous avait déjà prouvé qu'il était venu déposséder les vieilles divinités de l'île : quand il entra dans leurs sanctuaires, il était déjà puissant.

On a voulu le faire venir directement de l'Egypte parce qu'il est né près d'un palmier, d'un bassin ovale qui rappelle celui de Saïs, d'un ruisseau, l'Inopus grossi[2] par les eaux du Nil, et qu'ainsi l'Egypte attache son souvenir à quelques traditions déliennes. Mais aucune, sauf celle du palmier [3], n'est rapportée par un

[1] *Vid.* part. I, ch. II, § 16.
[2] Tzetzès, *ad Lycophr.*, 575.
[3] *Od.*, VI, 162 et suiv.

auteur bien ancien, et le palmier de Délos ne vient probablement pas d'Égypte. Au siècle où l'on composa l'Odyssée, on chantait déjà ce palmier, et l'Egypte était encore une contrée lointaine, à peine entrevue par les navigateurs grecs : il est donc improbable que cette Egypte, si mystérieuse [1], eût déjà établi à Délos une puissante religion. Le palmier est connu en Asie Mineure, c'est l'arbre sacré d'Éphèse.

L'Apollon que célèbre l'hymne homérique, n'a rien d'égyptien, rien de phénicien dans l'allure ni dans la physionomie : quelle que soit son origine première, il est tout à-fait grec et ressemble trait pour trait à l'Apollon Lycien et Troyen. Même caractère, mêmes attributs, même culte. A Délos comme près de Troie, il s'appelle Thymbræos, et il se confond avec Hélios prophète. Anios [2], le pontife d'Apollon, prêtre et roi comme Anchise et comme Enée, est l'hôte et l'ami des Troyens, qui laissent à Délos des traces nombreuses de leur passage.

Mille souvenirs rattachent l'Apollon de Délos à l'Asie Mineure. C'est Olen de Lycie qui chante ses premiers hymnes en l'honneur du dieu. C'est la lycienne Patare qui garde l'Apollon Délien pendant l'hiver [3]. La Sibylle Erythrée naît en Asie Mineure et prophétise à

[1] Peut-être l'Egypte a-t-elle été fort anciennement en contact avec des peuples grecs ; en tout cas ces peuples, du temps d'Homère, ont perdu le souvenir de ces relations lointaines.

[2] *Vid. infr.*, art. Anios.

[3] Latone est peut-être lycienne. Preller, *op. cit.*, I, 184. — Apollon, suivant quelques mythographes, naquit en Lycie. Cf. Steph. Byz., art. Τεγύρα., et Eustath., *Schol. Hom. Iliad.*, Δ. 101.

Délos. Les hyperboréennes Opis et Hécaergé, qui adorent Apollon Délien, sont invoquées l'une à Claros, l'autre à Ephèse. Par toutes ses origines, le dieu de Délos se rattache à l'Asie Mineure, à la Troade, à Ephèse, à Claros, à la Lycie.

Le culte d'Apollon a donc marché, comme le soleil, d'orient en occident. Il s'est ensuite enrichi de légendes venues de tous les côtés.

L'influence crétoise [1], si puissante, un peu avant Homère, sur la Grèce et l'Asie, se retrouve à Délos, mais postérieurement à la fondation du grand culte lycien, dont elle n'a point effacé les traditions. Les nymphes de l'Amnisos, fleuve crétois voisin de la caverne d'Ilithye, obéissent à Diane Cynthienne [2]. Anios, peut-être eubéen ou crétois, est le serviteur et quelquefois le fils d'Apollon [3]. Thésée, revenant de Crête, institue la danse du labyrinthe en l'honneur du dieu déjà puissant [4]. De vieilles traditions, à la fois crétoises, déliennes, et troyennes unissaient les trois pays [5] : sans doute la Crète, avant la guerre de Troie, avait civilisé l'Archipel; mais elle ne fut, dans l'accomplissement de cette œuvre, ni la seule ni la première en date.

Contredisant les deux témoignages les plus considérables peut-être de la poésie grecque, ceux d'Eschyle [6] et de l'Homéride, qui font voyager Apollon soit

[1] OTF. MULLER, *Dor.*, t. I, p. 209 et suiv. — GERHARDT, t. I, p. 38, exagère l'influence de la Crète.

[2] CALLIM., *Hymn. in Art.*, 61.

[3] *Vid. infr.*, art. Anios.

[4] *Vid. infr.*, art. Thésée.

[5] VIRG., *Æneid*, l. III, *passim*.

[6] ESCH., *Euménid.*, 9.

de Délos, soit de la Crête à Delphes, Otf. Müller [1] a pensé que le dieu parti de Delphes avait abordé à Délos. Une seule bonne raison peut justifier cette hypothèse : quand les Delphiens arrivaient à Délos on leur devait le pain, le sel, le vinaigre, l'huile, le bois, les couvertures[2]. Peut-être les Déliens se regardaient-ils comme des colons partis de Delphes, et tenus à de telles redevances envers leur mère patrie.

Il n'est pas impossible que des prêtres venus de Delphes aient contribué à l'organisation du sacerdoce délien et nous ne serions pas plus étonnés de voir des Doriens à Délos que des Dryopes à Delphes, ou que l'ancêtre même de la race Ionienne, cet Ion, prêtre du sanctuaire pythien, qui en écartait les cygnes et les renvoyait à Délos.

Mais nous croyons, avec les mythographes postérieurs à Otf. Müller, qu'Apollon n'est pas allé de Delphes à Délos. Le sanctuaire pythien a successivement accueilli plusieurs cultes, l'un descendu de la Thessalie, l'autre, venu peut-être de Délos par l'Attique ou plutôt par la Crête, en tous cas, asiatique et arrivé par mer.

Voici par quels arguments Otf. Müller a combattu cette opinion. On trouve dans la vallée de Tempé une inscription dédiée à l'Apollon ou plutôt à l'Aplon de

[1] Otf. Muller, *Die Dor.*, p. 209 et suiv. — Preller, *op. cit.*, t. I, p. 183, 184, 193, 194.

[2] Athen., IV, 173. Les Magnètes du Méandre qui faisaient les mêmes offres aux étrangers étaient métèques de Delphes. Peut-être Delphes a-t-elle importé à Délos le culte du laurier. Cependant le laurier de Délos se nomme quelquefois πρωτογόνος (Eust., *od*, Z, 261.)

Thessalie qui est fort ancien, et un Pythoon sur une hauteur. Enfin certaines cérémonies qui s'accomplissent périodiquement sur le Parnasse et dans la vallée de Tempé prouvent avec le second hymne homérique que le culte du dieu a marché autrefois de cette vallée vers cette montagne. Si Apollon, venu de Thessalie, est entré ensuite en possession de la Phocide, c'est en sortant de la Phocide qu'il a envahi la Crète, les îles, l'Asie Mineure.

Les deux monuments archéologiques sur lesquels s'appuie cette hypothèse sont postérieurs à l'époque troyenne. Quand Apollon Thymbréen, Sminthien, Lycien, régnait en maître dans toute l'Asie Mineure, inspirant les poètes, dictant ses prophéties et présidant à une civilisation déjà brillante, il n'est pas sûr que l'on eût commencé à construire en Thessalie des Pythoons [1] couverts, et certainement on n'y gravait pas encore d'inscriptions. Si donc il était démontré qu'un dieu, qu'un Apollon eût réellement voyagé de Tempé à Delphes, cela prouverait beaucoup pour le culte local du sanctuaire phocidien, cela ne prouverait rien pour

[1] Cf. Schwartz, *De antiquissima Apollinis natura*, Berlin, p. 24 et 24. « Il est probable que la ville de Delphes et celle de Pytho reçurent leur nom du dieu et ne le lui donnèrent pas. On trouve Pytho à Tempé, à Gortyne en Crète, (Otf. Muller, *Dor*., I, 204 et suiv.) dans l''Ile d'Egine (Paus., II, 31, 9), chez les Argiens (Thuc., V, 53. — Paus., II, 35, 2), chez les Arcadiens, qui ne subirent pas l'influence dorienne. (Paus., VIII, 15, 4-38, 6). » J'ajouterai que l'on trouve l'Apollon Délien à Naxos, à Paros, à Phalère, à Athènes, etc. A Rhodes, où beaucoup de mois portent comme noms des épithètes d'Apollon, on trouve un mois Dalios.

la grande religion asiatique née et développée avant l'érection de ce sanctuaire phocidien.

Il est probable, au contraire, que le culte d'Apollon Delphien a été modifié par celui de l'Apollon Marin, qu'adoraient les riverains de la mer Egée. On sait en effet que des cultes divers se sont maintes fois mélangés en Grèce, et que les nouveaux-venus, sans déposséder complétement les plus anciens, ont adopté leurs traditions et les ont mélangées avec celles qu'ils apportaient eux-mêmes, sans prendre la peine de les mettre d'accord. Aussi, dans bien des temples d'Apollon, entrevoit-on derrière le possesseur définitif de l'autel principal, toute une suite de dieux, anciens maîtres du sanctuaire. Leur successeur ne les a pas toujours chassés ou supplantés ; il s'est plutôt fondu avec eux.

Par conséquent, sans nier qu'Apollon Pythien soit venu du nord, on peut lui trouver aussi d'autres origines. Il est Délien, suivant Eschyle [1]; il est en partie Crétois [2], si l'on en croit l'homéride qui a chanté Apollon Pythien.

L'archéologie confirme ces témoignages. Quel que soit le sens primitif du mot δελφίνιος, l'idée du dauphin y a été fort anciennement attachée, et la tradition veut que les dauphins, inspirés par l'esprit d'Apollon [3], aient guidé avec le dieu lui-même le vaisseau qui menait ses adorateurs et ses ministres de Crète en Phocide.

Or, à Delphes, les médailles portaient souvent l'em-

[1] ESCHYL., *Eumen.*, v. 9 et suiv.

[2] HYMN. HOM., éd. Baumeister, *H. à Ap. Pyth.*, v. 210 et suiv.)

[3] PLUT., *De Solert. anim.*, 36.

preinte d'un dauphin [1]. Des vases représentent Apollon sur un trépied ailé et traversant les mers où les dauphins bondissent. Quelle apparence que cette légende toute marine soit née à Tempé et à Delphes, d'où l'on ne voit pas la mer ? L'Apollon Delphinien est un dieu de l'Archipel et de la Crète, et on le rencontre presque partout sur les bords de la Méditerranée. La citadelle de Chios s'appelle Δελφίνιον [2]. Athènes avait un temple d'Apollon Delphinien [3] et un tribunal de ce nom, institué, disait-on, par les Crétois [4]. Marseille, et très-probablement Phocée, avaient leurs temples d'Apollon Delphinios [5]. En Grèce, on lui avait élevé de nombreux sanctuaires, et on l'y avait associé à la déesse des filets et des pêcheurs, à la Diane Dictynne. Le principal était celui de Cirrha, édifié, suivant Plutarque, par une colonie crétoise [6].

Un autre symbole que l'on rencontrait souvent à Delphes, comme à Délos, ne vient pas non plus de la Phocide. Le palmier, qui ne porte pas de fruits dans la Grèce continentale, était consacré à Apollon Pythien. Athènes avait offert au dieu un palmier en bronze chargé

[1] MIONNET, éd. 1824, suppl., t. III, p. 497, nos 29 et 30.
[2] THUC., VIII, 40.
[3] HARPOCR., *ad verb.*
[3] ETYM. MAGN., *ad verb.*
[5] STRAB., 179.
[6] PLUT., *De Solert. anim.*, 35. — STRAB., IX, 6, 403 : On trouve en Béotie, sur le bord de la mer, Δελφίνιον, ἱερὸν λιμένα. — Apollon Delphinien avait son temple à Egine (BŒCKH *Ad Pind. Nem*, V); en Crète ; (OTF. MULL., *Dor.*, 1, 1, 207,) etc.—Cf. SCHWARTZ, *De ant. Apoll. nat.*, *passim.*

de ses fruits [1], symbole de victoire [2]. Un autre palmier, plus intéressant encore, se voyait à Delphes près de l'œcus des Corinthiens [3] : des serpents, des grenouilles de bronze couvraient la base de cet arbre. Plutarque ne sait pourquoi : c'était probablement un souvenir de la Lycie, où les ennemis de Latone furent changés en grenouilles.

Par conséquent Apollon Délien est presque entièrement asiatique, et Apollon Pythien [4], au moins à moitié.

[1] PAUS., X, 15, 3.

[2] PLUT., *Quæst. conviv.*, VIII, 4.

[3] PLUT., *De Pyth. orac.*, 12. — *Sapientium convivium*, 21.

[4] Nous voulons indiquer une question qui demanderait, pour être complétement traitée, des développements fort étendus : soit que Délos ait transmis à Delphes une partie de ses légendes, soit que les deux villes aient adopté l'une et l'autre un même culte étranger, elles ont une grande quantité de traditions communes. On retrouve à Delphes le mythe de la fuite de Latone poursuivie par le dragon : elle se réfugie derrière une pierre sacrée, près d'un platane. A Délos, Latone est aussi attaquée par un dragon, vaincu par Apollon. (*Vid.* p. I, ch. II, § 14). A Delphes comme à Délos, Apollon possède quatre sciences (Μουσική, μαντική, ἰατρική, τοξική). Les fêtes du dieu ont lieu dans les deux sanctuaires à la même époque, quand le printemps chasse l'hiver : tour-à-tour le dieu quitte et visite ses deux temples. Leurs deux oracles renferment le χάσμα et le bætyle. Dans les deux pays, Apollon est prophète après Thémis. L'un et l'autre temple sont visités par la sibylle Erythrée, le poète Olen (PAUS., X, 5, 4) et, plus anciennement, par les Hyperboréens. Ce sont, à Délos, Hypéroché et Laodicé; à Delphes, Hypérochos et Laodicos (PAUS., I, 4, 4 et X, 23, 3). Un seul mythe delphien ne se retrouve pas à Délos : celui d'Apollon pasteur. Mais nous ne connaissons pas toute la légende d'Apollon Délien, et à Délos on en célébrait surtout les mystères joyeux. Du reste, ce mythe d'Apollon pasteur ne semble pas appartenir seulement à Delphes. Apollon est serviteur de Laomédon, en

Il n'est pas sûr que de Délos Apollon soit allé directement en Phocide ; mais on peut tenir pour certain qu'il est venu d'Asie à Délos sans passer par Delphes.

§ VI. *Seconde légende sur la naissance d'Apollon. — On ne le sépare plus de Diane. — Leur enfance.*

Le 7 du mois de Bysios à Delphes et de Thargélion en Attique, on célébrait la naissance d'Apollon. Un jour plus tôt, la naissance de Diane était chantée dans de vieux hymnes. Ces dieux, qui ne naissaient pas ensemble, n'avaient peut-être pas tous les deux la même patrie. C'était Ortygie pour Diane, et Délos pour Apollon[1]. On incline à croire que cette Ortygie est celle d'Ephèse.

Troade; et, comme tous les dieux, il a eu des fautes à expier ou des épreuves à subir. — Deux lois paraissent avoir présidé à la formation de la mythologie grecque et expliquent un grand nombre de ses anomalies. 1° Quand le culte d'un dieu se répand, il chasse plusieurs dieux de leurs vieux sanctuaires. Il leur enlève leur nom, conserve une partie de leur légende, se l'approprie, et la mêle à sa propre histoire. Aussi, presque partout, au fond il est le même, et des traditions locales le défigurent. 2° Quand un même dieu envahit plusieurs temples avec son cortége de légendes, elles ne se développent pas toutes également dans tous les sanctuaires. Ainsi à Délos on chantera plutôt la naissance du dieu et les mystères joyeux qui s'y rapportent ; ce mythe en grandissant étouffe ou du moins obscurcit tous les autres. A Delphes, le mythe principal est la victoire du dieu sur le serpent et la prise de possession de l'oracle.

[1] ORPH. *Hymn.*, XXXV, 5. — *H. Hom. in Ap.*, *Del.*, 16. Baumeister pense que ce vers appartient à un vieil hymne consacré à Latone.

Plusieurs hypothèses, que nous n'approfondirons point, sont en présence. On a pensé que Diane et Apollon avaient pu être un dieu unique, hermaphrodite, dédoublé par le génie artistique des Grecs qui n'aimait pas les monstres. On a supposé que le couple divin, représentant le soleil et la lune, avait été adoré déjà en Asie Mineure ou bien en Phénicie, avant d'être transporté à Délos. On a cru enfin que l'Apollon solaire, chanté par l'hymne homérique, s'était rencontré à Délos avec un dieu, frère de Diane, et confondu avec lui. Ainsi, deux religions, l'une dualiste, et l'autre plutôt monothéiste, ont pu se mélanger.

Le couple divin, Apollon et Diane, est célébré dans l'Iliade, antérieure à l'hymne homérique ; mais cet hymne peut être une reproduction et comme un écho de poésies plus anciennes que l'Iliade, et l'on ne peut déterminer l'âge d'une légende par celui de l'œuvre littéraire qui la contient.

Généralement Diane naît comme Apollon, à Délos [1], soit en même temps que lui [2], soit avant lui [3] : plutôt avant lui, puisque la naissance de Diane était célébrée à Athènes et à Ephèse [4], un jour avant celle d'Apollon. Diane a même pu, comme une autre Ilithye, secourir Latone [5] quand Apollon dut voir le jour ; et on l'invoquait souvent comme une sorte de Lucine.

[1] *Iph. in Taur.*, *loc. cit.* — HÉRODOT., *loc. cit.*
[2] PIND., *Frag.*, *loc. cit.*
[3] LENORMANT et DE WITTE, *Céramogr.*, *loc. cit.*
[4] *Vid. infra.* — ANON., *Vit.*, *Plat.*, éd. Didot, *Vit, Philos.*, p. 6.
[5] APOLLOD., *loc. cit.* — SERV., *Æneid.*; III, 73, etc.

A Délos, Apollon et Diane sont presque toujours associés, sans que le lien du mariage les unisse comme Jupiter et Junon. Remarquons, du reste, que Junon, l'épouse de Jupiter, est en même temps sa sœur, et que souvent on la considère comme une vierge. Le mythe de la virginité de Diane a prévalu, mais il est possible que la tradition en ait fait aussi autrefois l'épouse de son frère. La sibylle Erythrée, qui séjourna dans l'île sainte, se nommait Artémis et se disait femme et sœur d'Apollon [1].

Enfance de Diane et d'Apollon à Délos.

Ces deux divinités ont passé leur enfance dans les différents pays où l'histoire de leur naissance est racontée. A Délos, parfois les deux enfants sont associés, parfois Apollon paraît avoir été seul. Quand Apollon naissant tue le dragon, Diane est présente [2]. Diane y tue Orion sous le regard d'Apollon [3], et c'est Diane qui fournit au jeune dieu les cornes de chèvres avec lesquelles il édifie son premier autel [4].

D'autres mythes peuvent se rapporter seulement à Apollon : celui de la nymphe qui mordit un olivier pour amuser l'enfance du dieu [5]; celui de Pan, prophète avant lui et son maître dans l'art divinatoire [6]; celui du départ

[1] PAUSAN., X, 12.
[2] Cf. p. I, ch. II, § 16. — PRELLER, *op. cit.*, I, 187.
[3] HYGIN., *Astron.*, II, 34.
[4] CALLIM., *H. in Ap.*, 59 et suiv.
[5] CALLIM., *H. in Del.*, 322 et suiv.
[6] Cf. p. I, ch. II, § 16.

d'Apollon à Delphes. Il s'y transporte presque aussitôt né, ou bien quatre mois après avoir vu le jour [1].

C'est en Lycie que la tradition a surtout placé l'enfance d'Apollon et de Diane [2], et c'est peut-être de là que des mythes relatifs à cette enfance se sont propagés jusqu'à Délos. Mais la Lycie n'est pas le seul berceau de ce culte, même en Asie-Mineure. Nous retrouvons un autel de cornes à Ephèse [3], où Diane était fort anciennement adorée; et les dieux hyperboréens, intimement unis aux cultes d'Apollon et de Diane, semblent venir surtout d'Ephèse et de Claros.

§ VII. *Les divinités hyperboréennes.*

OPIS, ARGÉ, HÉCAERGÉ, LOXO, HYPÉROCHÉ, LAODICÉ.

Les hymnes les plus anciens chantés en l'honneur de Diane s'appelaient οὔπιγγες ou bien οὔπιγγοι [4]. On parlait à Délos d'une vierge hyperboréenne nommée Opis, arrivée autrefois dans l'île « en la compagnie des dieux eux-mêmes [5]. » Opis était ensevelie avec Argé derrière l'Artémisium, et l'on versait la cendre des victimes sur leur tombeau. Les jeunes filles déliennes, avant de se marier, consacraient à ces divinités les boucles de leur chevelure, comme les Mégariennes à la nymphe Iphione [6].

[1] HYGIN, 140.
[2] STEPH. BYZ., art. *Tegyra* et *Suessa*.
[3] EUSTH., *Iliad.*, VIII, 249.
[4] POLLUX, a, 38; d, 53.
[5] HÉRODOT., IV, 32 et suiv. — CALLIM., *H. in Del.*, 291 et suiv.
[6] PAUS., I, 43, 4.

D'autres légendes ont laissé vivre Opis, mais elles lui ont enlevé son rang. Opis ne sera plus qu'une suivante de Diane [1], protégée par la déesse contre la violence d'Orion [2] et chantée par Olen.

Cette légende laisse entrevoir deux vérités :

1° Quand le culte de Diane s'est transporté à Délos, Opis accompagnait déjà la déesse; la religion d'Artémis n'est donc pas née dans l'île sainte; elle y est arrivée assez complète.

2° Opis, dans le pays d'où elle partie pour Délos, est antérieure à Diane: sinon pourquoi les hymnes consacrés à Diane auraient-ils porté le nom d'Opis? Il faut qu'ils aient d'abord été chantés en l'honneur de la vierge que Diane remplaça ensuite et supplanta. Quand deux divinités représentent le même phénomène, la même loi naturelle, le même astre, elles ne règnent pas ensemble et l'une éclipse l'autre. Artémis remplace plusieurs divinités lunaires. Celles-ci ne tombent pas dans l'oubli, mais elles deviennent les suivantes de la déesse victorieuse, ses nymphes favorites ou disgraciées. A Délos, elle leur réserve derrière son temple la place d'un tombeau.

Cette Opis était probablement une grand déesse [3] qu'on retrouve jusqu'en Italie. Son nom signifie « l'œil clair de la nuit [4] » à moins qu'il ne soit tiré du mot ὀπίζεσθαι [5]. La Diane tellurique d'Ephèse a de grandes

[1] Virg., *Æneid.*, XI, 532. — Nonnus, *Dionys.*, V, 490.

[2] Apollodor., *Bibl.*, I, 4, 3.

[3] Hygin., 139. Opis est, en Grèce, la première femme de Saturne.

[4] Preller., *op. cit.*, t. I, p. 229, 230.

[5] Les idées de « lune » et de « menstrue » étaient associées dans l'esprit des anciens.

ressemblances avec cette Opis[1] et semble l'avoir remplacée. Les Éphésiens appelaient leur Diane Opis, et les Amazones, comme les jeunes filles déliennes l'avaient en grand honneur[2]. D'après Cicéron, Diane est née d'Upis et de Glaucé[3] qui l'ont peut-être précédée, comme Glaucus a dû précéder Apollon au moins à Délos. La Némésis de Rhamnonte se nomme Οὖπις. Enfin, suivant Platon[4], Hécaërgé et Opis sont venues ensemble de chez les Hyperboréens, apportant à Délos sur des tables d'airain, l'histoire de l'âme et de sa descente aux enfers après la mort.

Opis semble donc réunir les attributs sidéraux, telluriques, infernaux de Diane, l'avoir précédée, avoir été transportée à Délos en même temps qu'elle, et venir d'Éphèse ou des côtes voisines[5].

Argé, sa compagne, paraît une personnification de la lune[6] et de son éclat pendant les nuits brillantes. On la retrouve ailleurs qu'à Délos; c'est une nymphe chasseresse, une suivante de Diane, que le soleil a changée en biche[7]. Apollon, sans doute, a frappé une

[1] ALF. MAURY, *op. cit.*, III, 156. — MACROB., *Saturn.*, V, 22.

[2] SERVIUS, *ad. Virg. Æneid.*, XI, 532. — CALLIM., *Hymn. in Art.* 240, 244.

[3] CIC., *De nat. d.*, III, 23. — Ailleurs Opis est une néréide, fille de Nérée et de Doris. Cf. HYGIN, 129.

[4] PLAT., *Axioch.*, 371, a. — Opis vient peut-être de la haute Asie.

[5] CREUZER-GUIGNIAUT, I, II, p. 100, — Sur les ressemblances qui existent entre les mythes hyperboréens à Délos et à Delphes, Cf. le § 5 de ce chap., et OTF. MULLER, *Dor.*, t. I, p. 269 et suiv.

[6] PRELLER, I, p. 229.

[7] HYGIN., 205.

ennemie de sa sœur, comme Diane a plus d'une fois atteint de ses flèches les dieux rivaux de son frère, Orion et Actéon. Dans le mythe d'Argé, les deux grands dieux sont encore une fois associés.

Hérodote cite deux autres vierges hyperboréennes, Hypéroché et Laodicé, venues plus tard à Délos après de longs voyages [1]; elles apportaient à Ilithye un tribut pour qu'elle accordât aux femmes de leur pays un prompt et heureux accouchement. Suivant Callimaque, les vierges qui avaient un culte et des tombeaux dans l'île sainte, se nommaient Opis, déjà citée par Hérodote, Hécaergé, Loxo.

Hécaergé et Loxo semblent être encore des personnifications de la lune : si Hécaergé n'est pas un autre nom d'Argé, elle peut être comme son masculin Hécaergos [2], « la divinité qui atteint de loin [3]. » Elle fait songer à Hécate, adorée aussi à Délos, et avec laquelle la Diane Taurique s'identifie quelquefois [4]. Le masculin de Hécate est Hécatoïos, surnom d'Apollon; le dieu Hécaergos était invoqué en même temps que Hécaergé dans le temple d'Apollon Clarien, quand une peste menaçait l'Asie mineure. On chantait alors un hymne où l'on trouvait ce vers [5] :

Μέλπετε, ὦ παῖδες, Ἑκάεργον καὶ Ἑκαέργην.

[1] Hérodot., IV, 33, 35,

[2] Preller, I, 229.

[3] Étym. Magn., *ad verb.*, Hécaergos vient de ἕκαθεν εἴργειν.

[4] Alf. Maury, t. I, p. 151.

[5] Clem. Alex., *Strom.*, v, 5770.

Hécaergé, comme peut-être les autres vierges hyperboréennes, est donc associée à un dieu : ces couples de dieux, qui ne sont qu'une même divinité tour à tour mâle et femelle, semblent fort anciens. Comme Apollon et Artémis dans l'Iliade, ces dieux président aux fléaux, frappent et tuent, mais on peut les fléchir.

Ils se sont encore fondus dans Artémis et dans Apollon. Seulement Apollon détruit généralement les dieux qu'il supplante ; quelques-uns deviennent des héros, mais la plupart disparaissent ou bien servent d'épithètes au dieu vainqueur, comme Hécatos et Hécaergos ; Diane, presque toujours plus clémente, laisse la vie aux déesses qu'elle remplace ; elles deviennent des nymphes chasseresses. Ce destin attendait Hécaergé. Elle n'est plus, comme Opis, qu'une de ces déesses détrônées qu'Artémis traîne à sa suite[1]. Apollon règne seul, Diane se fait un cortége de ses anciennes rivales.

Le même sort attendait aussi Loxo[2], personnification de la lune, et féminin de Loxias, épithète d'Apollon[3].

Le nom de Loxo se rencontre rarement dans la mythologie grecque ou latine. Le tombeau de cette vierge se trouvait à Délos derrière l'Artémisium.

Un autre sépulcre s'élevait à l'entrée du même

[1] CLAUD., *Stil.*, 253 et suiv.

[2] NONNUS., *Dionys.*, v. 489.

[3] Cependant Loxo est, dit-on, appelée ainsi « à cause de l'obliquité de ses rayons », et Loxias doit son nom « à l'obscurité de ses oracles ». L'une des deux étymologies, probablement la première, doit expliquer les deux noms.

édifice, à gauche [1], celui d'Hypéroché et de Laodicé; un olivier y croissait, et les jeunes filles et les jeunes gens y venaient couper des boucles de leurs cheveux. — Deux dieux, deux héros étaient les homonymes de ces déesses, ce sont les Hyperboréens Hypérochos et Laodikos [2] (ailleurs Amadokos), qui ont défendu le temple de Delphes contre les Gaulois [3]. Il n'est pas sûr que ces deux couples de dieux soient du même âge que les autres.

En résumé, cette légende des Hyperboréens confirme cette loi de la mythologie, que les dieux nouveaux lorsqu'ils en remplacent de plus anciens, les effacent ou les font périr, et se revêtent de leurs attributs [4]. — Les déesses hyperboréennes étaient pour la plupart associées à des dieux qui portaient leur nom, et ces couples divins datent d'une très-haute antiquité. Ils ont

[1] HÉRODOT., *loc. cit.* — Cf. CYRILL., *adv. Julian.*, X, p. 343. — CLEM. ALEX., *Protrep.*, 29. — PORPHYR., *De Abstinent.*, II, 28.

[2] PAUS., X, 23, 3.

[3] Un troisième héros, Pyrrhus, figure à Delphes dans cette guerre. Le nom de Pyrrhus n'était pas inconnu à Délos. C'était le nom d'un pêcheur délien dans le corps duquel l'âme de Pythagore s'était incarnée : on sait que le nom des hommes en Grèce était souvent tiré de celui des héros et des dieux. — Le Pyrrhus dont on montrait le tombeau à Delphes était considéré comme le fils d'Achille. (PAUS., I, 4, 4).

[4] Il faudrait distinguer, parmi les surnoms d'Apollon, quels sont ceux qu'il doit à quelque divinité solaire vaincue par lui; quels sont au contraire ceux qui sont de simples épithètes. Si les noms de quelques vierges hyperboréennes n'ont été d'abord que des épithètes de la lune, il est curieux de les voir honorer d'un tombeau et d'un culte.

probablement été le symbole du soleil et de la lune, sans préjudice du rôle terrestre ou bien infernal qu'ils ont pu remplir. Ils semblent venir d'orient ; ils ne sont pas nés à Délos ; quelques-uns ont été aussi transportés à Delphes. Ils ne datent pas tous de la même époque.

LES VOYAGES DES HYPERBORÉENS.

Suivant Hérodote [1], Hypéroché et Laodicé abordèrent à Délos après Argé et Opis. Accompagnées des cinq περιφερέες qui furent toujours en grand honneur dans l'île sainte, elles apportèrent les présents des Hyperboréens. Elles ne revirent pas leur patrie, qui cependant ne cessa pas d'abord d'envoyer à Délos des offrandes enveloppées dans de la paille de froment [2]. Ces offrandes étaient déposées aux frontières de l'Hyperborée ; le peuple voisin les recevait à son tour, et ainsi, de peuple en peuple, elles arrivaient à destination. Elles allaient donc des Hyperboréens aux Scythes (qui pourtant ne connaissaient plus ces Hyperboréens) ; puis vers l'Occident jusqu'à l'Adriatique ; enfin à Dodone, d'où elles traversaient la Grèce. Par le golfe Maliaque on les portait en Eubée jusqu'à la ville de Carysto, sans toucher à Andros, les Carystiens les conduisaient à Ténos, les Téniens à Délos : « Si l'on croit les Déliens, ajoute Hérodote, ces offrandes parviennent ainsi dans leur île. »

[1] HÉRODOT., *loc cit.* — ÆLIEN, *V. H.*, III, 1.

[2] Cf. OTF. MULLER, *Dor.*, t. I, p. 325. Des présents analogues étaient offerts par les femmes du Parnasse au sanctuaire de Delphes. Ce sont presque certainement les prémices des moissons.

Suivant Callimaque [1], les vierges Hyperboréennes Oupis, Loxo, Hécaergé, filles de Borée, sont allées de Dodone à Délos. Pline et Solin [2] rapportent que les vierges hyperboréennes n'ayant pas été respectées, on prit le parti de faire voyager sans elles leurs présents de pays en pays. Depuis longtemps, ajoutent-ils, cet usage est tombé en désuétude.

Quand Athènes devint la maîtresse absolue de Délos, ces offrandes partirent de Prasiæ en Attique, mais elles étaient censées venir des pays hyperboréens en passant par les territoires des Arimaspes, des Issédons et des Scythes, qui les portaient à Sinope. De Sinope, à travers la Grèce, elles parvenaient à Prasiæ dans le temple d'Apollon, près du tombeau d'Erysichthon, et de là, à Délos [3].

Sans chercher à mettre d'accord tous ces récits qui se contredisent, on en peut tirer quelques vérités historiques. Il est évident que des offrandes, enveloppées dans de la paille de froment, furent portées de Carysto et plus tard de Prasiæ à Délos. Le détail que donne Hérodote « qu'elles ne touchaient pas Andros, » est trop précis pour n'être pas vrai. S'il n'était rien parti de Prasiæ, Pausanias qui a visité l'Attique, aurait été, lui aussi, beaucoup moins affirmatif. Ce voyage d'objets sacrés n'est pas plus étrange que celui des Théories. Enfin, un vaisseau partant de Délos apportait le feu

[1] CALLIM., *H. in Del.*, 280 et suiv. — ETYM. MAGN., Οὖπις.

[2] PLIN., *H. N.*, IV, 26, 11. — SOLIN., XVI, 5. — PLUT., *De Music.*, 14.

[3] PAUS., I, 31. 2. — MÉLA, III, 5.

sacré à la pélasgique Lemnos [1]. Délos pouvait recevoir d'ailleurs des offrandes pieuses, puisqu'elle en envoyait elle-même.

Ces présents venaient de plus loin que Prasiæ ou Carysto ? Ont-ils traversé la Grèce ? D'anciennes relations ont-elles existé entre Hadria, Dodone et Délos, entre Sinope et Délos : soit que Délos ait autrefois transporté sa religion dans ces villes, soit au contraire qu'elle ait reçu d'elles ses légendes hyperboréennes ? Anciens et modernes répondent mal à ces questions.

Que Dodone, comme Delphes, ait été unie à Délos par des souvenirs religieux et lui ait envoyé des processions solennelles, cela n'a rien en soi d'invraisemblable; mais rien n'est moins prouvé. Hérodote ne paraît pas croire à ce voyage : « ce sont les Déliens, dit-il, qui le racontent. » Si une procession avait traversé toute la Grèce, depuis Dodone jusqu'au golfe Maliaque, Hérodote aurait invoqué des preuves plus certaines que ce vague témoignage. Celui de Callimaque ne fera pas autorité. Quant à Pline et à Plutarque, ils parlent de ce voyage comme d'une coutume bientôt oubliée, et que l'époque historique n'a guère connue. « On dit qu'il avait lieu autrefois au son des flûtes, des syrinx et des lyres [2]. » Le seul voyage qui se soit fait chaque année pendant les derniers siècles du paganisme est celui de Prasiæ à Délos, parce que les Athéniens ont tenu à le maintenir, peut-être même à le fonder.

[1] PHILOSTR., *Héroic.*, 20, p. 740 et suiv.
[2] PLUT., *De music.*, 14.

N'osant rien affirmer de Dodone, à plus forte raison ne dirons-nous rien de Sinope et d'Hadria.

Le mythe des Hyperboréens a été connu dans les principaux temples d'Apollon. Milet et Métaponte [1] recevaient, à des époques fixes, les visites d'Apollon, revenu de la septentrionale Hyperborée. Les Hyperboréens Hécaergos et Hécaergé résidaient à Claros; Ephèse adorait Opis et d'autres déesses venues du septentrion, les Amazones. Ilithye était descendue de l'Hyperborée [2]. Les vierges hyperboréennes avaient voyagé dans l'Achaïe [3]. Delphes avait reçu la visite des Hyperboréens accompagnés par Olen[4]. Quand les Gaulois envahirent la Phocide, des héros hyperboréens défendirent le sanctuaire que d'autres Hyperboréens avaient édifié [5]. L'hiver, quand Apollon quitte Délos, il émigre à Patare et visite aussi l'Hyperborée [6]; à Delphes, il fait de fréquentes absences dans le pays des Hyperboréens [7]; il y passe l'équinoxe d'hiver.

Donc il existait des relations directes entre les principaux sanctuaires d'Apollon et l'Hyperborée; ou, pour mieux dire, on conservait dans chacun de ces temples des traditions relatives aux Hyperboréens et à leurs voyages.

[1] PRELLER, *Myth.*, I, 190, 191.
[2] PAUS., I, 18, 5.
[3] PAUS., V, 8, 4.
[4] PAUS., X, 5, 4.
[5] PAUS., *loc. cit.* — *Hymn. à Ap. Pyth.*, *loc. cit.*
[6] DIOD. SIC., II, 47, (citant Hécatée d'Abdère.)
[7] HIMER., *Or.*, XIV, 10 et 11, citant Alcée. Le troisième Apollon, nommé par Cicéron, vient de chez les Hyperboréens à Delphes sans passer par Délos. (CIC., *De nat. deor.*, *loc. cit.*)

Cette légende s'est fondue, en Asie mineure, avec celle d'Apollon, pour accompagner dans la suite la religion principale[1] : sinon les habitants de ces pays divers ne chercheraient pas l'Hyperborée chacun au nord de son propre pays.

On comprendra pourquoi les anciens n'ont su où placer le territoire des Hyperboréens et pourquoi la science allemande a dépensé en pure perte une érudition énorme, quand elle a pensé résoudre ce problème de géographie. Placé à côté de la Scythie, exposé à des nuits de six mois, ce pays était sans doute le plus septentrional et le plus froid du globe; et les poètes qui l'ont célébré avaient certainement entendu parler des longues nuits polaires. Mais, d'autre part, ils vantent la douceur merveilleuse de son climat. Les habitants, pendant ces longues nuits, chantent des hymnes en l'honneur d'Apollon, qui, sur un char attelé de cygnes, vient parfois visiter son peuple. L'olivier est originaire de ces contrées, et c'est de là qu'Hercule l'a transporté en Grèce[2].

Les Hyperboréens sont fils des Titans ou d'Hyperboréus, qui est Thessalien ou même Athénien. Ailleurs, il descend de Pélasgos. Les Hyperboréens habitent derrière Sinope et par conséquent vers le Caucase, ou bien au nord des monts Riphées, séjour de Borée; parfois aussi en Italie, où dut retourner l'hyperboréen Aba-

[1] OTF. MULLER, *Dor.*, p. 272 et suiv., fait venir les Hyperboréens de Thessalie, comme Apollon.

[2] PIND., *Olymp.*. III, 55. in Schol. — PAUS., V, 8, 4.

ris, après avoir visité Délos[1]; et peut-être en Mauritanie[2]. En un mot ce pays, au dire d'Apollodore, est situé comme le jardin des Hespérides, près de l'Atlas et du Caucase [3]. Nous en savons maintenant aussi long qu'Apollodore et que tous les Grecs, sur le pays des Hyperboréens.

Hermann et Spanheim sont plus précis. Comme les Hyperboréens sacrifiaient des ânes à Apollon [4], Spanheim suppose que les vierges hyperboréennes apportaient des quartiers d'âne à Délos. Ces offrandes étaient soigneusement cachées, parce qu'on avait honte de les montrer après un si long voyage. Hermann, renchérissant sur Spanheim, a découvert quel pays, produisant

[1] PINDARE, éd. Bœckh, *explicat. ad Olymp.*, III, V, 9, 17. — ID. *Pyth.*, X, 23, 30. — *Id.*, p. 53. Cf. VOSSIUS, *Alte weltkunde. passim.*

[2] DIOD. SIC., II, 47.

[3] APOLLOD., II, 5, 11. — PIND., *loc. cit.*

[4] CALLIM., Ernest. Lugdd. bat. 1761, t. I, p. 511. Voir au *fragm.* n° 187.

Φοῖβος Ὑπερβορέοισιν ὄνων ἐπιτέλλεται ἱροῖς.

Le sens de Ἐπιτέλλεται (se lève) indique qu'il s'agissait de sacrifices matinaux.

On a voulu remplacer ce mot par ἐπιτέρπεται.

Le fragment de Callim. n° 188 est aussi explicite.

Τέρπουσι λιπαραὶ Φοῖβον ὀνοσφαγίαι.

PINDARE (Cf. BŒCKH., *op. cit.*, *Expl. ad Pyth.*, X. 31, 54. mentionne aussi les Hyperboréens et leurs sacrifices d'ânes. — L'Hyperboréen Abaris offrait des ânes à Apollon; ces sacrifices se nommaient ὀνοσφαγίαι. Les Hyperboréens avaient seuls le droit d'offrir des ânes à Apollon. (ANTON. LIBERALIS, ch. 20). En Egypte, on sacrifiait des ânes à Typhon. PLUT., *De Iside et Osiride*, ch. XXXI. — On sacrifiait des ânes à Apollon, dans son temple de Delphes. C. I. GR., 1688.

beaucoup d'ânes, était, par excellence, hyperboréen : c'est l'Espagne, avec les contrées voisines de l'Atlas.

L'Hyperborée n'a existé que dans l'imagination des Grecs. Supposé qu'elle fût un pays réel, les traditions qui s'y rapportaient étaient fixées avant que le culte d'Apollon envahît la Grèce.

Transportées avec lui de temple en temple, elles devinrent fantastiques. Il est probable pourtant que l'espace qu'elles désignèrent d'abord est celui que le soleil parcourt dans le ciel pendant l'hiver.

Nous affirmons seulement de Délos qu'elle a reçu des présents venus, disait-on, du pays hyperboréen. C'étaient des objets sacrés (ἱρά), ou plutôt des prémices [1] (ἀπαρχαί) soigneusement enveloppés dans de la paille tressée. Les Grecs ne savaient pas quelles étaient ces offrandes. Etait-ce du feu sacré, caché dans un panier tressé, comme le feu de Prométhée dans une férule ? On sait que Délos envoyait du feu sacré à Lemnos. Il est pourtant plus vraisemblable que ces prémices étaient celles des fruits et des moissons : le sens habituel de ἀπαρχαί autorise [2] cette interprétation, et l'on sait qu'à différentes fêtes on offrait à Apollon les prémices des récoltes. On sait enfin que les Hyperboréens recevaient le nom d'Amallophores, « porteurs de gerbes de blé [3]. »

On a supposé que ces présents étaient déposés sur

[1] Hérodot., *loc. cit.*
[2] *Vid. supr.*, *inscr.* n° 9.
[3] Porphyr., Περὶ ἀποχ., II.

l'autel d'Apollon Génitor[1], non sanglant (ἀναίμακτος), pur (ἁγνός), adoré par les hommes pieux [2], et sur lequel on n'offrait aucune victime qui eût vécu, mais seulement du blé, de l'orge et des gâteaux. — Si l'on immolait des ânes à Apollon Hyperboréen, l'autel non sanglant ne pouvait pas lui être consacré [3]; et cet Apollon dut avoir quelque autre autel dans l'enceinte du téménos.

Peut-être y eut-il à Délos une Diane hyperboréenne. Ces offrandes, enveloppées de paille, suivant un usage thrace, font songer aux nombreux sanctuaires qui furent consacrés à Diane sur les rives de la mer Egée. C'est de Prasiæ que les Athéniens ont envoyé ces présents, de Prasiæ, voisine de Brauron et d'Halæ, attachées elles-mêmes aux plus vieux cultes d'Artémis. La statue de bois de l'Artémis Taurique fut transportée à Halæ ; elle avait été adorée auparavant en Tauride par

[1] Cet autel était situé derrière l'autel de cornes. *Vid. supr.* — Cf. DIOG. LAERT., VIII, 13. — JAMBL., *Vit. Pythag.*, V, 25.

[2] CLEM. ALEX., *Strom.*, I, 7, 717. — JAMBL., *loc. cit.* — PORPH., *De abst.*, II, 28. — CIC., *De nat. deor.*, III, 36.

[3] On offrait à l'Apollon de Patare des gâteaux en forme de lyre; de pareils présents pouvaient être faits à l'Apollon de Délos. Quant à l'antiquité de ce culte non-sanglant, elle doit être fort reculée (Cf. ALF. MAURY, t. II, p. 119). Il faut remarquer cependant que la douceur ou la cruauté d'une religion ne prouvent guère en faveur de sa haute antiquité. M. Alfred Maury pense que les sacrifices non-sanglants étaient fort anciens et peut-être antérieurs à l'époque où le sang des victimes fut versé; M. Curtius affirme au contraire que les premiers Ioniens allaient jusqu'à sacrifier des hommes. Diane Taurique semble avoir demandé parfois des sacrifices humains, et deux victimes expiatoires lui étaient consacrées le 6 thargélion, jour de sa naissance.

Iphigénie et par son chœur de jeunes filles déliennes [1]. Si un temple de Diane « à tête de génisse » s'est élevé à Délos, il dut avoir quelque rapport avec ces vieux temples dédiés à l'Artémis septentrionale.

Le mythe des Hyperboréens, venu d'Asie, s'est donc répandu à Délos et sur les bords de la mer Egée ; des traditions communes et d'antiques cérémonies, établies par les ancêtres des Ioniens, en partie continuées par les Athéniens, ont sans doute uni entre eux ces différents sanctuaires. Peut-être ces liens religieux s'étendaient-ils de la pélasgique Dodone à la pélasgique Lemnos.

Fin du mythe des Hyperboréens. Abaris et Pythagore.

Le héros hyperboréen Abaris [2], qui traversait les airs sur une flèche et instituait dans les contrées qu'il visitait des rites purificateurs, voyagea en Grèce, renoua les relations d'amitié qui unissaient la Scythie aux Déliens [3], et passa ensuite par l'Italie méridionale en retournant vers l'Hyperborée. Il paraît être une sorte d'Apollon qui ne serait pas arrivé à son complet développement [4].

[1] Eurip., *Iph. in Taur.*, *loc. cit.*

[2] Hérodot., IV, 36. — Jambl., 32.

[3] Diod. Sic., II, 47.

[4] Le Véjovis, dont la statue se voyait à Rome, ressemble fort à cet Abaris qui visita la grande Grèce. Véjovis était le dieu de la gens Julia, venue de l'Asie-Mineure en passant par la Crète et par Délos. On ne peut déterminer l'époque à laquelle le fabuleux voyage d'Abaris fut accompli. — Pour Véjovis, Cf. Preller, *Myth. lat.* ad verbum.

Quant à Pythagore, on ne peut guère douter de son existence réelle, mais la légende en a fait un dieu : il passa pour un Apollon hyperboréen. Il présenta des offrandes à l'autel d'Apollon Génitor, il s'initia aux mystères de Délos; il y ensevelit son maître Phérécyde[1], qui avait porté à Syros sa patrie, et peut-être aussi à Délos, la science qu'il avait trouvée en Phénicie. Délos, un des centres de la religion des Ioniens, et l'un des foyers de leur poésie, peut donc avoir exercé aussi quelque influence sur leurs premières idées philosophiques et avoir servi d'intermédiaire entre l'Italie et l'Orient.

§ VIII. *Ilithye, Iris, Hécate, Brizo, Echénice.*

Presque toutes les traditions déliennes ont été modifiées par les cultes crétois, très-influents un peu avant l'âge homérique. La civilisation de la Crète paraît s'être insinuée partout, sans avoir pourtant révélé à Délos aucun dieu nouveau.

Une partie du culte d'Artémis était censée venir de Crète. Vingt des nymphes qui accompagnaient la déesse étaient filles du fleuve Amnisus [2], qui coulait en Crète près de la caverne d'Ilithye [3].

Ilithye est, avec Thésée, la divinité délienne qui doit le plus à la Crète. Elle est semi-hyperboréenne [4], semi-

[1] DIOG. LAERT., *Vit. Pythag.*, 21. — JAMBL., *Vit Pythag.*, § 151, 184.

[2] CALLIM., *H. in Artem.*, 16.

[3] HOM., *Od.*, T, 188.

[4] CREUZ. GUIGN., *Part.*, I, t. II, p. 96, 97, 98.

crétoise, comme Thésée est à la fois ionien et crétois, et l'on ne sait guère ce qu'ils furent à l'origine. Diane est parfois une sorte d'Ilithye : Ilithye délivre Latone, et Diane Lochia, nommée aussi Ilithye [1], passe également pour être venue en aide à sa mère. Voici, d'autre part, qu'Ilithye est confondue avec Aphrodite [2] : Olen a composé un hymne en l'honneur d'Ilithye, plus ancienne que Cronos et mère de l'Amour [3]. Cette déesse a donc quelque ressemblance avec l'Aphrodite que Thésée a portée dans l'île sainte. Les mythes de l'Artémis hyperboréenne, et ceux de l'Aphrodite crétoise, d'origine méridionale, peuvent donc s'être confondus à Délos dans la religion d'Ilithye. Nous ne chercherons pas à voir ce que cette déesse, tantôt simple, tantôt multiple, a pu devenir ailleurs [4].

Iris est inséparable d'Ilithye. Suivant Homère, Iris est la messagère des dieux, qui s'élève, comme l'arc-en-ciel, de la terre à l'Olympe. L'hymne homérique lui conserve ce rôle : Iris va chercher Ilithye qui fera cesser les douleurs de Latone. Ailleurs [5], au contraire, Iris surveille avec Mars le monde hellénique parcouru par

[1] APOLLOD., *Bibl.*, I, 4, 1. — PLUT., *Quæst. conviv.*, III, 10.

[2] Cf. PRELLER, *Gr. myth.*, I, 286, 287, 401. — GERHARDT, *Venusidole*, 4, 6.

[3] PAUS., IX, 27, 2.

[4] Cf. Sur Ilithye, déesse de la lumière, de la naissance, du destin, GERHARDT., *Myth.*, t. I, p. 115, 117.—LE BAS et WADDINGTON, *Inscr.*, V° part. Asie-Mineure, sect., I, n°s 67 et 74. — Sur la pluralité des Ilithyes dans Homère, CREUZ.-GUIGN., I, II, p. 101. — Les Ichneumons étaient consacrés à Latone et aux Ilithyes. Cf. ÆLIEN, *Hist. an.*, X, 47.

[5] CALLIM., *H. in Del.*, 157 et suiv.

Latone, effrayant les dieux et les nymphes qui seraient tentés de la secourir. Iris est alors une déesse puissante, hostile aux cultes nouveaux. Aux derniers jours du paganisme, Iris redevient ce qu'elle était au temps d'Homère, la messagère céleste [1]. Elle ordonne à Neptune de fixer l'île de Délos, pour qu'Apollon y puisse naître[2]. Les Déliennes offraient dans l'île d'Hécate, à la déesse Iris, des gâteaux de farine grillée au miel [3].

HÉCATE.

La plus grande des deux îles situées en face de Délos [4] portait le nom d' « île d'Hécate » ou de ψαμίτη [5] parce qu'on y offrait à Hécate [6] des gâteaux appelés ψάμμητα. Hécate n'était donc pas seulement considérée à Délos comme une des personnifications de Diane ; elle était l'objet d'un culte local fort ancien. Car Hécate est une Titanide, fille d'Astérie [7], et par conséquent une de ces vieilles divinités que le triomphe d'Apollon et de Diane a rejetées dans l'ombre.

[1] On sait quelle influence Homère a exercée sur toute la mythologie gréco-romaine. Cette mythologie est devenue en quelque sorte classique. On a donc tenu à donner aux dieux des attributions fixes et un caractère arrêté. L'Iliade et l'Odyssée sont dans toutes les mémoires, et l'on se représente les dieux sous les traits qu'Homère leur a donnés.

[2] LUCIEN, *Dial. mar.*, X.

[3] Τοὺς βασυνίας. Cf. SEMUS, *Fr. Hist.*, éd. Didot, p. 492. « Ἔστι δὲ ἑφθὸν πύρινον, σταὶς σὺν μέλιτι, καὶ τὰ καλούμενα κόκκωρα, ἰσχὰς καὶ κάρυα τρία. — Pendant le moyen-âge on offrait des noix au diable.

[4] Ces deux îles sont maintenant appelées les ῥευματιάρια.

[5] HARPOCR., ψαμμητίκη.

[6] SUID., Ἑκάτης νῆσος. — SEMUS, *loc. cit.*

[7] Cf. OTF. MULLER, *Dor.*, p. 310, 311, 312.

Brizo, Echénice.

Peut-être faut-il rapprocher du nom d'Hécate celui de Brizo [1]. Cette divinité envoie des songes prophétiques, et on l'implore pour le salut des navigateurs. Peut-être, comme Brimo, qui est une sorte d'Hécate, était-elle surtout la déesse des apparitions effrayantes [2]. Les femmes des pêcheurs déliens offraient à Brizo des friandises, mais jamais de poissons [3]. Comme beaucoup de dieux qui, exclus du culte officiel, sont conservés par la superstition du peuple, Brizo n'est pas moderne; et, comme les divinités les plus vieilles, elle semble avoir été mâle et femelle à la fois [4]. Nommée souvent βριζόμαντις, et toujours prophétesse, il est probable qu'elle n'est point venue après le prophète Apollon. Ainsi, à Delphes, la divination par les songes, plus ancienne que l'oracle, lui a fait concurrence; et les Érinnyes dormant (βρίζοντες) pendant que le fantôme de Clytemnestre leur apparaissait, avaient autrefois annoncé l'avenir.

Brizo doit appartenir à ce cycle de divinités primitives. Si l'on en croit les contes inventés partout aussitôt qu'il y eut des marins, des songes présagent des tempêtes ou font apparaître les naufragés à ceux qui les attendront vainement. Infernale, comme Hécate, et maritime comme la Diane crétoise Britomartis, Brizo

[1] Hésych.
[2] Creuz. Guign., part. I, t. II, p. 101, 102.
[3] Eustath., *Ad Od.*, M, 252.
[4] Hésych. — Etym, magn.

est aussi ancienne que les terreurs des premiers âges et que les déesses fatales qui personnifièrent ces épouvantes. Elle est de la même race que ces divinités mystérieuses et nocturnes chassées de leur trône par des dieux de lumière, mais toujours vivantes dans les souvenirs du peuple.

On conservait à Délos le nom d'une autre femme, qui fut peut-être une divinité: c'est Echénice (ἐχενίκη), dont on montrait la coupe d'or [1].

§ IX. *Les dieux Egéens.*

NEPTUNE, DORIS, THÉTIS, LES NÉRÉIDES, GLAUCUS, PAN, FILS DE THYMBRIS. — ORION, HERCULE, THÉSÉE, ERYSICHTHON.

Plusieurs dieux vénérés dans les Cyclades ne sont pas arrivés d'Asie avec Apollon ; ils se sont rencontrés avec lui à Délos. Quelques-uns d'entre eux, comme Neptune, Doris, Thétis, Pan, Hercule, ne se sont pas mis sous sa dépendance et se sont trouvés par hasard en relation avec son culte : les autres divinités locales de l'Archipel sont à Délos les serviteurs ou les ennemis vaincus du couple divin.

Quand Apollon veut posséder un sanctuaire occupé par Neptune, Neptune lui cède la place sans combat [2].

[1] ATHEN., XI, 469, c.
[2] PLUT., *Quæst. conviv.*, IX, 6.

Il en fut ainsi à Délos [1]. Neptune Égéen [2] et la mère des Néréïdes ont laissé le dieu nouveau régner sur l'île sainte, qui n'a pourtant jamais cessé de leur être chère. Thétis n'aborde à Délos que pour ensevelir Ajax. Il semble que les dieux marins, premiers maîtres de Délos, aient accueilli et protégé les deux jeunes divinités pour disparaître ensuite. Ce sont les Néréïdes, qui ont élevé et parfois amusé leur enfance ; c'est Glaucus, père d'une des sibylles, époux d'Ariadne, dieu marin et prophète, comme Protée ; il habitait Délos avec les Néréïdes et prédisait l'avenir ; comme Pan, fils de Thymbris, il a transmis son art au jeune Apollon [3] et s'est effacé devant lui. Ces dieux sont donc antérieurs à sa venue, et la maritime Délos fut quelque temps le berceau du nouveau culte. Bientôt, les Néréïdes ne sont plus que des nymphes déliades, compagnes de Diane ; le père de la sibylle, Glaucus, disparaît, et la sibylle elle-même, servante fidèle d'Apollon, périt dans ses temples.

Le dieu solaire de la mer Egée, Orion, ne survécut pas non plus à l'invasion des dieux nouveaux : tué par Diane à Délos, il fut, comme souvent les divinités vaincues, relégué dans un coin du ciel sous la forme d'une constellation.

Le souvenir d'Orion était conservé dans les légendes

[1] Suiv. STRAB., 373, 374, Calaurie est donnée à Neptune en échange de Délos. — Ailleurs, c'est Delphes qui est échangée contre Calaurie.

[2] VIRGIL., *Æneid.*, *loc. cit.* — Neptune Egéen est peut-être le même que Briarée, qui règne près de l'Eubée et des îles environnantes. Cf. HÉSIOD., *Théog.*, v. 818, *Comment.* Van Lennep.

[3] *Vid. supr.*, p. I, ch. II, § 16. — ATHÉN., VII, 296, c. — APOLLOD., *loc. cit.* — TZETZÈS, *Hist.*, VII, 810.

populaires de l'Archipel. A Chios, une allégorie transparente nous le montre marchant sur la mer, comme le soleil matinal, et faisant mûrir la vigne, Staphylé, que le dieu Œnopion soustrait à ses ardeurs [1]. Orion est donc, comme d'autres dieux de ces contrées, comme Aristée, comme Apollon Thessalien, à la fois céleste et pastoral. Suivant Homère, l'aurore, éprise de lui, l'avait transporté dans l'île d'Ortygie, où les flèches de Diane le transpercèrent [2]. Il était puni d'avoir fait violence à Opis [3] ou d'avoir osé défier Diane au combat du disque [4]. Ce jeu est mortel pour les rivaux de Diane et d'Apollon : quel disque en effet oserait se mesurer avec ceux de la lune et du soleil ? On raconte ailleurs que le géant nageait dans la mer et que sa tête s'élevait seule au-dessus des flots quand Apollon le désigna aux flèches de la déesse [5]. Ailleurs, enfin, Orion meurt piqué par un scorpion [6]. Plusieurs de ces fables, la plupart astronomiques, se retrouvent en Crète ; mais il n'est pas sûr qu'elles en soient originaires.

Thésée.

Orion, dieu solaire, entre en lutte avec Apollon et

[1] Apollod., *Bibl.*, I, 4, 3.

[2] Hom., *Od.*, E, 123. — Apollod., *loc. cit.*

[3] Apollod., *Bibl.*, I, 4, 4.

[4] Id., *Ibid.*

[5] Hygin., *Astron.*, II, 34. Apollon trompa sa sœur, qui était éprise d'Orion, dieu solaire. Elle atteignit Orion sans le reconnaître.

[6] Cf. Arat., *Phænom.*, 635 et suiv. et Eratosth., in καταστερισμοῖς. — Schol. Eurip., *Hecub.*, 1088. — Sur le mythe d'Orion, Cf. Preller, *Op. cit.*, I, 350 et suiv.

Diane, et il est détruit; Thésée se fait leur serviteur, et il passe à l'état de héros, de demi-dieu. A moitié crétois, à moitié ionen, il n'a pu être tout-à-fait oublié, surtout lorsque Athènes, qui en avait fait un de ses rois, prit au centre de l'Ionie une influence prépondérante.

Thésée vint à Délos, après avoir quitté la Crète [1]; il repartit pour Athènes. Lorsqu'il aborda dans l'île sainte, le royaume de Minos florissait, l'Ionie se formait et Athènes devenait puissante; mais on ne sait pas si l'orgueil des Athéniens ne fait pas remonter trop haut l'illustration de leur ville et de leur race. Thésée rapporta de Crète, à Délos, la statue d'Aphrodite qu'Ariadne lui avait confiée [2]; c'est donc un culte méridional (probablement phénicien) qu'il introduisit dans le temple d'Apollon. Du reste, on trouve Apollon uni avec Aphrodite dans l'île d'Anaphé [3]. Il régnait déjà quand Thésée vint instituer en son honneur des chants et la danse du Géranos : elle rappelait la course du héros dans le labyrinthe, ou plutôt la marche du soleil parmi les constellations [4]. A la suite de ce voyage, la fameuse théorie athénienne fut envoyée à Délos, qui servit ainsi de trait d'union entre la Crète et Athènes.

[1] PLUT., *Thés.*, 21.

[2] PLUT., *Thés.*, 21,

[3] C. I. GR. 477.2,

[4] PLUT., *Thés.*, 21. — POLL., *Onom.*, Δ, 101. — On sait que le Minotaure s'appelait ἀστέριος. APOLLOD., *Bibl. gr.*, III, 1, 4. Les Grecs eux-mêmes ont révoqué en doute l'existence du Minotaure; ils racontent que les Athéniens envoyés en Crète vinrent à Delphes et finirent par coloniser la Bottiée en Thrace. — Cf. PLUT., *Quæst. gr.*, 35.

Du temps d'Hercule, les Méropes de Cos, déjà cités par l'hymne homérique, ont consacré une statue dans le temple d'Apollon [1]. Peut-être ont-ils fait connaître Hercule à Délos avant que les Héracléistes de Tyr [2] lui eussent élevé un temple.

ERYSICHTHON.

Erysichthon est, comme Thésée, un de ces dieux ioniens qu'Athènes revendique. D'anciens mythes s'étaient développés librement sur plusieurs points de l'Ionie, et, par conséquent, dans Athènes : Athènes prétendit plus tard que ces mythes, nés en Attique, avaient été ensuite propagés par elle. C'est ainsi que trouvant à Délos le souvenir d'Erysichthon, roi d'Athènes, elle a pensé qu'il était allé d'Athènes à Délos fonder le premier temple d'Apollon : elle avait un puissant intérêt à rattacher les origines déliennes aux siennes propres.

On a donc raconté qu'Erysichthon vint à Délos avec les Théories, édifia le premier temple d'Apollon [3] ou bien consacra au dieu une statue [4], qui fut conservée. Il mourut aussitôt après son retour en Attique, et son

[1] PLUT., *de Music.*, 14. Cette statue d'Apollon supportait de la main gauche les trois Grâces.

[2] C. I. GR., 2271.

[3] Suiv. ATHÉNÉE, IX, 392, d., Erysichthon vit seulement Délos (κατεῖδεν). Casaubon a proposé la leçon κατεῖχεν. — Sur le temple Délos bâti par Erysichthon. Cf. EUSÈBE, CHRONIC., livre II. (L'an 500 après Abraham.)

[4] PLUT., *De dædalis plat.*, X. — Cf. GERHARDT., t. I, p. 300.

souvenir se retrouve à la fois près du cap Zoster [1], où Latone, suivant de vieilles traditions, avait dénoué sa ceinture; à Athènes, où il a rapporté de Délos une statue de bois d'Ilithye, et à Prasiæ [2], d'où les vierges hyperboréennes partaient avec leurs présents. Le mythe d'Erysichthon sert donc de trait d'union entre Délos et l'Attique.

Ces légendes ioniennes, accueillies et peut-être modifiées par Athènes, expliquent pourquoi Hypéride, dans un discours célèbre [3], osa prétendre que Délos avait dû son culte aux Athéniens. Erysichthon lui avait donné son premier temple et Thésée ses premiers jeux. En outre, l'Attique était remplie des souvenirs de Latone et de Diane. C'était Prasiæ, c'était Halæ, où la vierge, où la déesse Iphigénie avait consacré la statue d'Artémis Taurique ; c'était Brauron, Héraclée, Eleusis où dix prêtres, les ἱεροποιοί, sacrifiaient, ainsi qu'à Délos, aux fêtes des pentéétérides [4]. Diane Tauropole, que l'on retrouve à Délos, pouvait donc venir de l'Attique.

Il est probable qu'Hypéride n'a pas négligé ces arguments spécieux. On sait que, remontant jusqu'à la naissance d'Apollon, il raconta que Latone avait dénoué sa ceinture au promontoire Zoster [5], en Attique, et que Minerve Pronoia l'avait conduite jusqu'à Sunium. Tout

[1] Cf. CALLIM., éd. Spanheim, *H. in Del.*, 209 et le *Commentaire*.

[2] PAUS., I, 31. 2.

[3] Cf., p. 22.

[4] POLL., VIII, 107.

[5] CALLIM., éd. Spanheim, *loc. cit.* — HYPÉRID., *Deliac. or. frag. cit.*

n'était pas fictif dans cette légende : un vieil autel d'Apollon s'élevait encore près du promontoire Zoster[1], comme à Cumes, près du promontoire Zostérium[2].

Hypéride tira donc parti de ces mythes pour démontrer que l'origine des cultes déliens était athénienne; mais il lutta contre des traditions mieux établies, qui l'empêchèrent d'être cru par les Athéniens eux-mêmes. Athènes ne pouvait accaparer ainsi tous les dieux et tous les mythes de la primitive Ionie.

§ X. *Anios et les Œnotropes.*

Le délien Anios est, comme Thésée, un homme, un roi, un dieu. Il appartient à l'ère des héros, à cette époque où, derrière les traditions de la mythologie, on entrevoit quelques faits historiques.

Sa légende est intéressante, car elle nous renseigne sur la civilisation primitive de l'île. Elle porte la trace de presque tous les mythes qui s'y croisèrent et s'y mélangèrent. On ne s'étonnera donc pas si elle est remplie de contradictions.

Anios était fils de Zarex et de Rhœo[3], ailleurs, de Carystos, époux de Rhœo fille de Zarex[4], ailleurs, d'Apollon et de Créüse[5]; ailleurs encore de Rhœo et

[1] Paus., I, 31, 1.
[2] Tzetzès *ad Lycophr.*, 1278.
[3] Lycophr., *Cassand.*, 569 et sniv.
[4] Steph. Byz., Μύκωνος.
[5] Conon, 41. — Phot., *Bibl, gr.*, éd. *cit.* 139, a, 18.

d'Apollon [1]. Voici comment Tzetzès établit la généalogie d'Anios : Rhœo était la fille de Staphylos, fils de de Bacchus ; elle s'unit à Apollon. Staphylos enferma sa fille dans un coffre, et la mit à la mer ; ce coffre aborda en Eubée, où Rhœo enfanta Anios près d'une caverne. Transporté par Apollon à Délos, Anios eut pour femme Dorippe, et pour filles les trois Œnotropes, Œno, Spermo, Elaïs [2]. Suivant Palæphate, cité par Servius [3], Anios était proche parent d'Anchise ; il était au moins son ancien ami, si l'on en croit Virgile [4]. Les Troyens séjournèrent dans l'île de Délos ; ils y laissèrent des traces de leur passage [5] ; une tradition veut même qu'Enée ait eu d'une fille d'Anios un fils également appelé Anios [6]. Ailleurs, c'est un dieu naturalisé crétois, peut-être aryen, Rhadamante [7] qui donna Délos à Anios (écrit ici Anion), comme il avait donné Chios à Œnopion, dieu de la vigne. — Il n'est pas impossible que cet Anion, nommé aussi Ancon, ait été considéré comme distinct d'Anios. On rencontre aussi les noms d'Οἰνείος et d'Αἰνέος, et ce dernier nom se rapproche singulièrement de celui d'Enée [8].

[1] TZETZÈS, *ad Lycophr.*, 570.

[2] *Cyclicorum poetarum fragmenta, Homère*, éd. Didot, 1837, p. 593. — Cf. WELCKER, *Der epische cyclus*. Bonn, 1849, t. II, p. 108, 109.

[3] SERV., *Æneid.*, III, 80.

[4] VIRG., *Æneid.*, III. 80 et suiv.

[5] DENYS d'HAL., *Ant. rom.*, II, 50. p. 125 éd. Reiske.

[6] SERV., *ad Æneid.*, III, 1, 80. — DIOD. SIC., V. 79, 80.

[7] DIOD. SIC., V. 79 et 80. — ALF. MAURY., *op. cit.*, t. I, p. 173.

[8] MEINEKE, *Analect. Alex.*, Berlin, 1843, p. 16 et 17, *in not.* — EUDOC. *Viol.*, p. 127. — STEPH. BYZ., Μύκωνος. — SERVIUS, *ad Virg. loc. cit.* Rhœo est aussi appelée Ryo et Roio.

Anios fut adoré dans un temple comme un dieu, et son prêtre contribuait aux dépenses de l'ennéétéride pythienne. Aussi Clément d'Alexandrie a-t-il pu considérer Anios comme un génie et un devin [1], quoique la tradition en fît généralement un roi, un prêtre et un prophète [2]. Anios vit commencer et finir la guerre de Troie : il en avait prédit l'heureuse issue à Agamemnon [3] ; il mena Enée consulter le fameux oracle qui rendit les Troyens à l'Italie, leur antique mère [4] .

Les trois Œnotropes, filles d'Anios, avaient reçu de Bacchus le don de créer l'une du vin, l'autre du blé, la troisième de l'huile. Grâce à leurs dons, l'armée d'Agamemnon put vivre quelque temps à Délos dans l'abondance, et Anios proposa aux Grecs de les héberger toujours. Agamemnon refusa. Pour concilier l'intérêt de son bien-être avec celui de sa gloire, il emmena de force avec lui les trois Œnotropes ; mais, à leur prière, Bacchus les métamorphosa en colombes [5]. Aussi fut-il défendu de tuer des colombes à Délos.

Thasus étant allé voir Anios pendant la nuit, les chiens le déchirèrent : aussi fut-il interdit par la suite d'avoir des chiens dans l'île sainte [6].

[1] Clem. Alex., *Protrept.*, 26. — *Strom.*, I, 336.

[2] Virg., *loc. cit.* — Ovid., *Métam.*, XIII, 630 et suiv.

[3] Ttetzès *ad Lycophr.*, 570, 580.

[4] Virg., *loc. cit.*

[5] Ttetzès, *loc. cit*, — Ovid., *Métam.*, *loc. cit.* — Servius, *Æneid.*, III, 80.

[6] Callim., ed. Ernesti, Lugd. Bat., *Schol.*, t. I, 420. « Sacerdos Apollinis Delii Anius fuit, ad quem quum venisset per noctem Thasus a canibus laniatus est. Unde nullus canis Delon accedit, auctore Callimacho. Scholiastes ad Ibin Ovidii. Reer ad Αἴτια, (Livre perdu de Callimaque).

Myconos était un fils d'Anios; un autre de ses fils, Andreos ou Andros colonisa l'île qui porta son nom [1]. Selon Diodore [2] Andros était un des généraux que Rhadamante établit dans cette île, au temps de la domination crétoise.

Les contradictions qui semblent obscurcir ce mythe nous aideront à découvrir la vérité. Anios, le plus ancien héros de Délos, est la personnification de ces prêtres-rois que l'on retrouve dans la Grèce primitive, peut-être pélasgique, en particulier à Samothrace. Sa légende nous apprend que Délos, longtemps soumise à ce mode de gouvernement, était, depuis les âges les plus reculés, une île pacifique et sacrée. Elle aimait à vivre dans l'abondance avec les présents qu'elle tenait de ses dieux; et, sans prédilection patriotique, elle accueillait également les Grecs et les Troyens : plus tard elle vécut toujours ainsi, tenant table ouverte, recevant de toutes mains des présents sacrés, et s'enrichissant en paix sous la tutelle d'Apollon. — L'influence sacerdotale de Délos s'est étendue dans les Cyclades.

Délos semble avoir eu très-anciennement un culte local, celui des Œnotropes qui président à la fertilité de la terre : ainsi, non loin de là, Staphylos, grand père d'Anios, préside à la vendange, Ariadne à la vigne, Aristée aux moissons. Le souvenir de Bacchus, qui avait son temple à Délos, est associé avec celui des Œnotropes.

[1] OVID., *Métam.*, XIII, 648.—STEPH. BYZ., Ἄνδρος; *Id.* Μύκωνος.
[2] DIOD. SIC., V, 79.

Ensuite, toutes les races, tous les cultes qui ont passé par Délos ont modifié cette religion, et l'histoire d'Anios, qui dut à ces peuples divers une parenté multiple et disparate. Anios est mis dans un coffre flottant comme Persée, comme Deucalion : ce mythe vient peut-être de la Phénicie ; l'Ionie fait d'Anios un fils de Créüse ; la Crête, un lieutenant de Rhadamante ; la Troade, un ami d'Anchise. Cette légende est donc comme un abrégé de l'histoire de l'île, et des plus anciennes religions qui s'y sont succédé. Toutes ont brodé sur ce fond primitif : que Délos connut un culte local, celui des Œnotropes, et qu'elle fut gouvernée par des rois pontifes et prophètes. Ce gouvernement survécut à la guerre de Troie. Plus tard, les Doriens envahissent le Péloponèse, les Ioniens, les îles ; et l'ère des temps historiques est ouverte.

§ XI. *Conclusion.*

Les plus anciennes traditions mythologiques nous font voir en Délos une île sainte, sacerdotale, visitée par différentes nations qui toutes vénèrent sa religion, et peut-être en même temps son gouvernement et sa population primitive. Mais, comme il est toujours arrivé en Grèce, les races qui ont passé par Délos y ont toutes laissé quelque chose de leur mythologie. Le mythe d'Astérie ou d'Astarté, la légende de l'île errante et sacrée, le culte d'Aphrodite, le bassin trochoïde pareil à celui de Saïs, l'Inopus venu du Nil, font songer à la Phénicie et à l'Egypte. Apollon archer, musicien, prophète, et Diane avec son cortége de vierges hyperboréennes, viennent de l'Asie Mineure, de la Troade, d'Ephèse, de la Lycie. Avant la guerre de Troie, les Crétois sont les maîtres des îles; on retrouve à Délos des traces nombreuses de leur influence : Thésée, Ilithye, Aphrodite ont passé par la Crête. L'Eubée, peut-être Delphes, peut-être la Thrace, ont modifié les légendes d'Anios, d'Apollon, de Diane. Thésée tient à la Crète et à l'Ionie qui donne à Délos Erysichthon; enfin, la religion des Athéniens, envahissante comme leur politique, fait de ces divinités ioniennes, que l'Attique avait anciennement connues, des rois Athéniens fondateurs de cultes à Délos.

Ces religions diverses se sont mélangées, à des époques fort difficiles à déterminer. Beaucoup en effet ont abordé à Délos en plusieurs fois : aux temps historiques, la Phénicie lui donnait encore le temple d'Hercule, et l'Egypte celui de Sérapis.

Le hasard et le caprice furent pour beaucoup dans la naissance, dans l'extinction de ces cultes; et la science tenterait vainement d'en saisir les variations. Mobiles, superstitieux, les Grecs ont accepté ces dieux venus du dehors ; leur vanité en a fait des divinités autochthones; leur ingénieuse curiosité en a déformé les légendes pour les expliquer; leur inspiration poétique les a transformées. Comment établir, sinon les dates, au moins l'ordre d'arrivée de ces cultes? Comment dresser le tableau de ces invasions de divinités?

A Délos, on peut les diviser en groupes assez indépendants. Délos connut une religion pastorale, fort ancienne, venue peut-être de l'Eubée, celle des Œnotropes, qui se fondit plus tard avec celle d'Apollon. Un autre culte, distinct de celui des Œnotropes ou d'Apollon, fut celui des dieux marins, prophètes comme les plus anciennes divinités des eaux. Neptune, Glaucus, les Néréides elles-mêmes, devenues plus tard les suivantes de Diane, appartiennent à une religion distincte.

Apollon est à Délos, comme partout ailleurs en Grèce, un dieu nouveau. Plusieurs dieux, comme Pan, Orion et peut-être Hélios, ont été sinon supprimés par lui, du moins fort effacés. Presque tous les autres cultes se sont combinés avec le sien. Quand un dieu en remplace un autre dans son temple, il prend beaucoup de son aspect et de ses traits. Aussi Apollon, dans ses différents sanctuaires, n'est-il presque jamais identique à lui-même. Cette loi trouve à Délos une application évidente.

Apollon est venu d'Asie amenant avec lui d'autres divinités aussi vieilles, peut-être même plus vieilles que lui. Il a remplacé quelque dieu prophète et solaire dans l'adyton du Cynthe; il a construit sur le bord de la mer un autel autour duquel une ville de temples s'est peu à peu groupée. Tous les cultes anciens ou nouveaux ont reconnu sa suprématie, ceux de Thésée, d'Aphrodite, d'Erysichthon.

Il est fort difficile de concilier entre eux les mythes de l'île sainte et flottante, celui d'Apollon solaire, et ceux de Diane qui naît avec son frère, ou bien avant lui. Plusieurs traditions distinctes se sont évidemment confondues. L'Apollon, dieu solaire qui naît seul, et qui est à la fois un astre et un homme est produit par une religion naturaliste; elle n'est pas née à Délos et elle vient d'Asie. Il faut peut-être voir dans ces couples divins qui se complètent, comme Hécaergos et Hécaergé, comme Diane et Apollon, des dieux d'abord uniques, puis dédoublés par les Grecs. Ils peuvent venir de la Phénicie, mais cela n'est pas encore prouvé.

On voit donc que, si la mythologie délienne était mieux connue, d'importants problèmes seraient enfin résolus. On saurait aussi, quand on aurait élucidé le mythe des Hyperboréens et celui de Latone, ce que signifient ces grands voyages accomplis par des dieux. La géographie les explique-t-elle? ou la symbolique? ou certaines idées philosophiques, et certains rites qui en ont résulté, comme celui des expiations? On saurait, en approfondissant la légende d'Opis, si les plus vieux cultes asiatiques, avant de pénétrer en Grèce, avaient déjà quelque portée philosophique et morale, comme le pensait Platon, et si les divinités solaires avaient déjà le triple caractère dont Bacchus, Hercule, Apollon, Diane ont été revêtus : céleste, terrestre, infernal.

La mythologie délienne, qui est d'une remarquable richesse, nous permet de hasarder sur chacune de ces questions quelques hypothèses vraisemblables, et nullement de conclure. Comme ces problèmes n'ont été résolus par aucun mythographe pour aucun pays, il faut attendre que des monographies patientes, et, autant qu'il se pourra, complètes, aient paru sur toutes les îles et toutes les cités principales de la Grèce. Alors seulement on éclairera ces ténèbres profondes qui enveloppent les religions helléniques.

CHAPITRE II

SOMMAIRE : § 1. La poésie des cultes déliens. — Les dieux primitifs. — Les victimes d'Apollon. — § 2. Apollon et ses poètes. — L'hymne homérique d'Apollon Délien. — § 3. Les lyriques. — Pindare. — § 4. Les tragiques. Euripide. — § 5. Les Alexandrins. Callimaque. — § 6. La poésie des derniers jours.

§ I. *La poésie des cultes déliens. — Les dieux primitifs. — Lès dieux déchus. — Les victimes d'Apollon.*

Nous avons, dans la limite du possible, indiqué les origines de ces dieux déliens; mais, quel que soit leur passé, ils nous intéressent surtout parce qu'ils sont devenus helléniques. Transformés par le sentiment religieux des Grecs, ils l'ont inspiré à leur tour; et Délos est moins sacrée pour avoir abrité les obscurs commencements de ses religions que pour avoir attiré vers elles, aussi longtemps que dura le paganisme, une suite ininterrompue de théories, de fêtes et de chefs-d'œuvre. Il faut, s'il se peut, comprendre ces mythes comme la Grèce les a compris, c'est-à-dire poétiquement.

Un double sentiment religieux animait les Grecs anciens : formalistes parfois et surtout superstitieux, ils conservaient avec scrupule les rites observés par leurs ancêtres ; mais aussi, persuadés qu'embellir un culte, c'était l'honorer, et que le génie des poètes, inspiré par les dieux, surprenait leurs secrets, ils transformaient librement ces vieilles légendes.

De là une double poésie, celle que réveillaient l'aspect de ces antiques symboles et le son même de ces formules souvent incomprises, et celle qu'une inspiration savante créait librement tous les jours. A Délos, elles fleurirent ensemble. Les anciens cantiques furent entendus aux époques déterminées par la liturgie, et chaque grande fête voyait naître quelque hymne nouveau. Sur l'informe bætyle adoré des anciens Pélasges s'éleva le produit d'un art achevé, la statue d'Apollon, en marbre de Paros.

La poésie de ces temps primitifs se révèle dans des œuvres plus modernes. L'oracle du Cynthe, où la sibylle a parlé, ne nous a pas laissé un seul vers : il a inspiré l'imposante prophétie que Virgile, animé par l'esprit des vieilles religions, fait retentir à Délos.

Que savons-nous de Glaucus Délien? Divinité marine, il s'efface, dès que la mer, sillonnée par de nombreux navires, perd son mystère. Mais Homère, Virgile et Horace nous apprennent encore comment les vieux prophètes, fils de la nature, des bois ou de la mer, changeants, insaisissables comme les éléments, transfigurés par l'inspiration, rendaient autrefois leurs oracles toujours solennels, souvent funestes. Protée ou Nérée nous font comprendre Glaucus.

Brizo n'est plus à Délos que la divinité du menu peuple et des pêcheurs. Nous pouvons deviner cependant quelle poésie elle éveillait dans les âmes naïves qui lui demandaient quelque songe et qui osaient préférer ses prophéties à celles d'Apollon; car nous savons par Eschyle et par Euripide comment les divinités des songes prophétiques épouvantaient autrefois les mortels sur le seuil même des dieux nouveaux. L'épisode de Céyx et d'Halcyone, conté par Ovide, nous offre un de ces rêves sinistres, précurseurs des naufrages, que les dieux envoyaient cette fois dans un palais, mais le plus souvent dans les cabanes des pêcheurs.

J'ai hâte d'arriver à des divinités plus connues, plus belles, plus inspiratrices. Les dieux chers à la superstition du peuple, adoptés à l'époque où le Grec, dominé par les forces de la nature, n'avait pas encore la conscience et l'admiration de sa propre beauté artistique, s'effacent devant Apollon et son cortége.

L'antiquité offre peu de spectacles aussi imposants que celui de cette arrivée successive de divinités à Délos et de leur transfiguration. Plusieurs ont précédé Apollon, mais elles ne semblent être venues avant lui que pour entourer sa naissance de plus de solennité et d'allégresse. Ensuite, de tous les pays, les héros et les dieux abordent à l'île sainte. Ces êtres bizarres, soit avec une croupe de serpent, comme Erysichthon, soit le corps emprisonné dans une gaîne, comme Aphrodite, s'embellissent pour être dignes du dieu principal. Apollon lui-même, à l'étroit dans son oracle de granit, le délaisse, et, descendant au bord de la mer, s'entoure de temples.

Qui lui a résisté a péri. C'est le géant Orion, frappé à mort par la colère de Diane, errant comme dans un songe au sein du Tartare, parmi les champs d'asphodèles, ou brillant la nuit au milieu des étoiles. C'est le dragon symbolique; c'est la sibylle, la fille des eaux, dont le souffle animera, quand elle sera morte, les bois, les fontaines et les astres. Ce sont aussi les vierges hyperboréennes, immolées à la fois et protégées par les jeunes dieux, mourant lorsqu'ils ont triomphé, ensevelies dans leurs temples. Elles se sont effacées, comme les Euménides, après avoir occupé leur place dans la vieille société, et, comme Prométhée, elles expient le bien qu'elles ont fait en apportant aux hommes les présents divins.

Mais leur mort a été douce, et leur tombe est entourée d'honneurs : si les Hyperboréennes avaient leurs statues à Délos, on doit se les représenter, sinon souriantes, du moins calmes et belles comme les cariatides de l'Acropole, qui sont aussi des jeunes filles protégées par un temple.

Nous avons épuisé la liste de ces divinités dépossédées par Apollon. Quelques-unes, comme Glaucus et Neptune, anciens maîtres des mers, lui ont abandonné la souveraineté sans combattre, mais sans le servir ; d'autres, comme Aphrodite, vivent dans sa dépendance; Orion lutte et succombe, les Hyperboréennes meurent en l'adorant. Chacun a conservé sa poésie et comme sa physionomie propre.

Un poète moderne, Henri Heine, a dû ses meilleures inspirations à l'idée, qu'il crut nouvelle, de transporter dans le monde qui l'entourait les divinités de l'Olympe, déchues et mornes. L'antiquité avait déjà connu des dieux vaincus, et elle en avait peuplé ses légendes.

Nous préférons cependant aux récits aimés surtout du peuple les traditions que l'art a glorifiées, et à la poésie de la nature et de ses divinités symboliques cette pleine beauté intellectuelle qui apparaît sur le visage des dieux, rois et protecteurs des hommes : quelque intéressants que soient les exilés de l'Olympe, nous sommes, avec toute la Grèce, pour les vainqueurs; leur triomphe est si fécond en chefs-d'œuvre! A Délos, tout s'évanouit devant Apollon.

§ II. *Apollon et ses poètes. — L'hymne homérique d'Apollon Délien.*

L'enthousiasme des poètes l'a célébré sans s'épuiser pendant près de dix siècles; on peut voir par les fragments qu'ils ont laissés, comment cette inspiration s'est modifiée en traversant les âges.

Au début, avant Homère, Olen et les vieux aëdes ont composé des hymnes qui ne sont pas venus jusqu'à nous. Peut-être ont-ils inspiré quelques vers orphiques ou sibyllins, qui semblent parfois comme un écho de ces poésies perdues.

Les temps homériques apportent à Délos le grand hymne d'Apollon. Vient ensuite l'âge des lyriques, puis des tragiques grecs, qui n'ont eu garde d'oublier l'île sainte. Cet âge est suivi de la quatrième et dernière époque, celle de la décadence alexandrine.

I.

Quand l'hymne d'Apollon Délien fut compose, l'ère

des temps homériques se fermait [1]. La race des Ioniens régnait sur l'Archipel; et, pour la première fois peut-être, une alliance religieuse unissait tous ces riverains de la mer Egée. Partout où cette race s'était établie, une poésie admirable se développait. Confiants dans leurs forces, fiers de leur beauté, de leur intelligence et de la civilisation qu'ils portaient en eux, les Ioniens allaient, de leurs cités éparses, au son des hymnes, prier dans l'île sainte. Les cœurs s'exaltaient alors, et les esprits s'inspiraient au spectacle de cette grande union des peuples devant leur dieu protecteur.

Ce dieu, ils l'avaient fait à leur image. Dieu de la poésie, il a pour caractère distinctif une radieuse sérénité ; dieu du soleil, quand il apparaît, il répand autour de lui, avec la chaleur et la vie, la reconnaissance et l'enthousiasme [2]. La saison choisie pour le célébrer est

[1] Sur la date probable à laquelle cet hymne fut composé sur le nom de son auteur, sur les interpolations et les mythes qu'il renferme, Cf. Baumeister, *Hymni homerici*, éd. cit., *in præfat.*

[2] Pendant la plus belle époque de l'art et de la littérature hellénique, les dieux ont un caractère assez précis pour qu'on puisse leur donner une figure humaine; mais on n'a pas oublié qu'ils sont les symboles de forces ou de phénomènes naturels. De là leur poésie. Il faut, pour produire l'émotion poétique, des types précis, aux formes arrêtées, satisfaisant la sensibilité; il faut aussi que, par delà ce qu'ils montrent, l'intelligence imagine encore autre chose, et qu'ils sollicitent sa curiosité en ne lui révélant pas tous leurs mystères. Aussi les dieux helléniques, déterminés pour la sensibilité avec leurs formes et leurs attributs bien marqués, indéterminés pour l'intelligence, qui ne connaît jamais à fond leur vraie nature, sont-ils éternellement poétiques. Ailleurs les dieux sont presque toujours ou trop vagues, comme dans l'Inde, ou, comme en Egypte, trop arrêtés dans leur forme immuable.

le printemps, si beau dans les Cyclades; et les théories traversaient une mer apaisée pour aborder à l'île couverte de fleurs, étincelante de lumière.

On y venait écouter de joyeuses légendes, la fin des douleurs de Latone et la naissance d'un dieu. Les mythes attristants ou terribles qui accompagnent ailleurs le culte d'Apollon, étaient laissés dans l'ombre. A Delphes, dans une vallée profonde qu'ébranlent les tremblements de terre, entre des montagnes, au pied de rochers taillées à pic, les ennemis d'Apollon défendent leur sauvage empire. Thémis lui dispute son oracle. Suscité par Junon, le dragon, fils de la terre, prend des proportions gigantesques. Delphes fut épouvantée par la visite du parricide Œdipe et du parricide Oreste; les Erinnyes y firent entendre l'hymne sans lyre, qui égare l'esprit des hommes et qui perd les peuples.

Si Délos connut aussi des divinités funèbres, Hécate et Brizo, leur nom, rarement prononcé, n'inspire pas les poètes. Les dieux qui, partout ailleurs, combattent Apollon, reconnaissent, sur sa terre natale, son légitime empire. C'est à peine si le dragon apparaît. Thémis, bienveillante, présente au fils de Latone la coupe d'immortalité. Sa mère a souffert pour lui et comme expié sa grandeur. Tout, jusqu'à la haine de Junon, s'apaise devant ce berceau. Les traditions d'un caractère lugubre s'adoucirent ou s'effacèrent sur cette terre délienne, éternellement joyeuse d'avoir vu naître un dieu.

Ce qui inspirait donc les poésies déliennes, à cette époque, c'était l'enthousiasme de toute une race d'hommes s'admirant elle-même dans sa force et dans sa religion; c'était l'aspect d'un printemps couvert de fleurs et plein de lumière; c'était enfin la légende d'Apollon, dieu du soleil et prophète des temps nouveaux, apportant à la nature son éclat et sa vie, aux dieux la paix et la notion d'une morale providentielle, aux hommes, l'ordre, la justice, l'art, la poésie.

II.

L'hymne homérique célèbre donc à la fois la gloire des Ioniens et celle de leur dieu, la splendeur du soleil naissant et l'éclat de cette religion qui apparaît au monde.

Il procède par images éclatantes et par majestueuses énumérations. Ce qui frappe surtout l'imagination des Grecs, ce que le poète fait ressortir tout d'abord, c'est la force presque menaçante d'Apollon. Quand il entre dans la demeure de Jupiter en tendant son arc, tous les dieux, saisis d'un respectueux effroi, se lèvent de leurs siéges; seule Latone sait désarmer et adoucir son fils; elle détache de ses épaules l'arc et le carquois, elle le mène à son trône. Pendant qu'Apollon reçoit de Jupiter la coupe d'or pleine de nectar, et que les dieux, rassurés, s'assoient, la vénérable Latone se réjouit d'avoir enfanté un fils aussi puissant.

Nous quittons alors cet Olympe, dans lequel Apollon, le dernier venu, est entré en vainqueur; et, redescendus sur la terre, nous entendons l'hymne qu'elle chante dans sa joie. Il s'élève des îles et des continents, des montagnes et des promontoires. Aussi fière que Latone du dieu qu'elle adore, l'Ionie énumère les villes et les peuples qui célèbrent cette gloire. En entendant tous ces noms l'assemblée se contemple dans son nombre et dans sa force : avec tant de serviteurs, le dieu doit prétendre à des honneurs sans fin, et, sous un tel protecteur, la race ionienne ne périra pas.

Quel honneur pour Délos d'avoir vu naître un pareil culte ! D'avoir été la seule préférée par Apollon, ou la seule assez courageuse pour accueillir un dieu si redoutable ! Aussi le drame de cette naissance est-il raconté dans ses plus poétiques détails. Les supplications de Latone ont ému Délos; mais celle-ci craint que le dieu méprisant une patrie indigne de lui, ne la repousse d'un pied dédaigneux jusqu'au fond des ondes. Alors Latone prononce avec solennité le plus redoutable des serments ; elle invoque la terre et le vaste ciel, et l'eau du Styx que les dieux ne parjurent point ; elle promet que Délos aura éternellement un autel, un temple et des sacrifices, et qu'Apollon l'honorera par dessus toutes les îles et les cités. C'est un puissant dieu que celui dont on craint, dont on espère ainsi la venue.

Sa naissance doit être achetée par de longues douleurs. Les souffrances de Latone ont duré neuf jours et neuf nuits. Toutes les déesses se tenaient autour d'elle dans une longue attente ; car Ilithye, retenue par la jalouse Junon, n'entendait pas les plaintes de Latone. Enfin, sollicitée par Iris, Ilithye descend à Délos; Latone embrasse le palmier, affermit ses genoux sur le gazon moelleux, la terre sourit, Apollon bondit à la lumière, et toutes les déesses poussent un long cri de joie.

Le mythe est ainsi raconté avec une naïveté gracieuse. L'enfant divin, l'astre du jour vient d'apparaître :

dans un élan de piété, le poète l'interpelle, et montre comment les déesses l'enveloppent de langes blancs et légers, et le couronnent d'un cercle d'or : on dirait le soleil naissant parmi les vapeurs du matin. Mais, pour que ce faible enfant devienne un dieu, il faut qu'il goûte au nectar et à l'ambroisie; Thémis l'adopte et présente à ses lèvres la nourriture sacrée.

A peine y ont-elles touché, que les liens d'or ne peuvent plus le retenir; il les brise : « A moi, dit-il, et la lyre, et l'arc recourbé, et que je prophétise aux hommes la volonté infaillible de Jupiter. » Alors il marche sur la terre, et toutes les déesses sont effrayées; Délos se couvre de rayons d'or et semble fleurir comme une forêt montagneuse : Apollon a revêtu toute sa force, et le soleil, toute sa lumière. Gracieuses quand il naquit à la vie, les images qui le célèbrent sont éclatantes dès qu'il naît à l'immortalité.

Il peut maintenant prendre possession de ses nombreux domaines, la terre de Délos est éternellement glorifiée. Qu'il y tourne ses regards, il verra l'assemblée des Ioniens qui la remplit, attentive aux cérémonies et aux jeux sacrés. Ce sont vraiment des dieux sur la terre. « On dirait qu'ils sont immortels et qu'ils ne doivent pas vieillir. » On admire et les hommes et les femmes aux belles ceintures, et leurs vaisseaux et leurs richesses. On admire surtout les vierges de Délos, servantes d'Apollon, qui charment les tribus des mortels par leurs danses et leurs hymnes aimés des hommes anciens.

Avant de terminer par un retour sur lui-même et de recommander ses chants et son souvenir, l'aveugle de

Chios conseille aux Déliennes de se livrer à la joie de la fête. « Réjouissez-vous, » est en effet le mot sur lequel doit se terminer un hymne où le bonheur éclate en joyeux transports et en images brillantes.

§ III. *Les lyriques.* — *Pindare.*

A l'homéride de Chios succèdent, après quelques noms presque oubliés, les plus grands lyriques de la Grèce. Ces admirables Ioniens, qui ont atteint sans effort et par la seule expansion de leur nature à la beauté parfaite, sont remplacés par des poètes élevés dans la sévérité de l'art dorien, plus graves, et d'une inspiration concentrée. Moins naïvement enthousiastes de leurs dieux que les Homérides, moins sûrs peut-être de la vérité des légendes populaires, les poètes nouveaux croient autant que les anciens à l'esprit divin qui les visite et qui les anime, et sans lequel tout leur génie languirait.

Il est à regretter que les productions de cet art, à la fois sincère et savant, aient péri presque entièrement, et qu'en particulier il reste à peine quelques vers des poëtes lyriques sur Délos et sur son dieu. Un fragment trop court sur la naissance d'Apollon, par Théognis, qui imite l'hymne homérique, et quelques vers de Pindare, voilà ce qui demeure de ces chants si nombreux que la Grèce consacrait à Délos. Au moins les vers de Pindare que nous avons conservés laissent-ils entrevoir ce que l'hymne pouvait être. Il montre d'abord cette Délos, que les dieux ont nommée « l'astre brillant de la mer sombre », flottant sur les eaux. Latone y pose le pied et l'île se fixe. Alors quatre colonnes, droites, inébranlables, s'élancent de leurs bases souterraines, et leurs sommets soutiennent le rocher. C'est là « qu'après avoir enfanté, la déesse contempla son heureuse progéniture ».

Cette naissance est donc racontée en un seul vers très-simple, comme Pindare les écrivait souvent. Après une longue suite de strophes, il aimait à s'arrêter sur une image frappante. C'est ainsi qu'ailleurs, après la prière de Pollux, tout d'un coup son frère ressuscite : devant le miracle qui s'achève, l'hymne se tait, et l'esprit, saisi par une religieuse émotion, se recueille.

La prosodie délienne ne procède pas autrement. Tandis que l'homéride insiste avec une foi naïve sur tous les détails traditionnels, plus grave, plus réfléchi, Pindare se concentre et se précipite. En deux bonds, son inspiration franchit toute la légende : une image grandiose représente l'île qui se fixe ; un seul vers montre Latone qui contemple ses enfants ; le grand acte est accompli.

§ IV. *Les tragiques. — Euripide.*

La civilisation se raffine en Grèce, et la poésie se transforme : de lyrique, elle devient dramatique. Délos, toujours chantée par les hymnes, est célébrée dans les tragédies. Le chœur de l'*Iphigénie en Tauride* est composé de jeunes filles déliennes qui regrettent la patrie absente ; et c'est encore un éloge de Délos que cette douleur des exilées. Sur le rivage de la Tauride et dans son temple sanglant, elles ne peuvent, sans verser des larmes et sans pousser, comme l'alcyon, des gémissements plaintifs, songer à leur belle et religieuse patrie, à la demeure de Diane qui s'élève auprès du Cynthe, et aux arbres sacrés, et à l'étang circulaire où chante le cygne mélodieux, serviteur des Muses. Chaque poète s'est inspiré de Délos suivant son génie ; la mélancolie remplit ce chœur d'Euripide. Cette tristesse est de circonstance. La religion, qui a si longtemps protégé l'île, commence à n'être plus respectée ; Euripide lui-même, quand il met en scène quelque pieuse légende, songe moins à honorer les dieux qu'à toucher les hommes ; et l'on entre dans l'époque où l'hellénisme, commençant à perdre confiance en lui-même, au lieu de se glorifier, s'inquiète et s'attriste. A cette époque, les hommes sacrés de Délos sont raillés par les Athéniens, puis expulsés; et ses vierges ont peut-être connu, sinon la captivité, au moins l'exil, « entraînées sur les vaisseaux, parmi les rames et les lances. » Si l'*Iphigénie en Tauride* date, comme on croit, de la vieillesse d'Euripide, il a connu ces malheurs de Délos ; peut-être même, par une délicate allusion, a-t-il voulu attendrir les Athéniens, si durs pour les indigènes de l'île sainte. Et, du reste, Athènes elle-même, vaincue en Sicile, ne laissa-t-elle pas comme Délos, sur une terre lointaine, des exilés et des captifs ? Par delà ces plaintes des vierges Déliennes, on en croit entendre de plus touchantes, celles d'Athènes, dont la ruine s'apprête, et de la Grèce entière, dont la décadence a commencé.

§ V. — *Les Alexandrins.* — *Callimaque.*

D'Euripide, nous arrivons à Callimaque. Les temps de puissance et de gloire sont passés pour la Grèce.

Son polythéisme, de plus en plus envahi par la superstition, est, d'un autre côté, profondément atteint par le scepticisme philosophique. Mais alors le monde païen, sentant sa ruine prochaine, essaie de raviver en lui la foi religieuse de ses âges primitifs et de rouvrir les antiques sources de la poésie sacrée : ce fut d'abord l'œuvre des Alexandrins. Erudits et mystiques, ils voulurent découvrir l'origine de leurs religions par la science et les interpréter par le sentiment.

Ces préoccupations trop diverses les perdirent; et les qualités de ces esprits si raffinés, trop variées, manquent de cohésion. L'homéride de Chios croyait à son dieu, et Pindare, à l'inspiration divine; Callimaque est tour à tour un mystique solennel, un érudit, un poète descriptif, jamais un croyant. Les rôles qu'il joue s'embarrassent et se contredisent; ils laissent froid en ôtant l'illusion. Ce poète officiel, d'une élégance maniérée, ce savant consciencieux et subtil est rarement inspiré. Pour fondre dans un ensemble harmonieux l'art et la science, il fallait plus que le talent de Callimaque, il fallait le génie de Virgile.

Callimaque, en outre, est un Grec qui vit en Egypte. Il conserve aux divinités helléniques leurs formes consacrées; mais, d'instinct ou de parti pris, il en fait, lorsqu'il le peut, des enfants du Nil. Cette théorie, que la science pourra quelquefois discuter, n'inspire ni l'art ni la poésie. Les dieux de la Grèce et ceux de l'Egypte n'étaient point faits pour se comprendre et s'allier. Virgile, mieux avisé, veut qu'ils se combattent; et l'Apollon d'Actium, en tendant son arc, fait fuir jusqu'au fond de l'Orient ces divinités à tête de chien ou d'ibis. La tentative des Ptolémées, qui unissaient la Grèce avec l'Egypte, a souvent été féconde, surtout pour la science; mais les belles poésies de l'école alexandrine n'ont été inspirées que par l'art hellénique, sans mélange.

Virgile a pourtant imité les premiers vers de l'hymne consacré par Callimaque à l'Apollon Délien, sans doute pour avoir trouvé à ce début un certain air de gravité convaincue : « Comme le laurier d'Apollon s'agite et le temple tout entier! Arrière, arrière les profanes! Le pied du beau Phœbus ébranle la porte. Ne voyez-vous pas? Le palmier de Délos s'est incliné tout à coup avec un doux murmure, et le cygne fait entendre dans les airs ses belles mélodies, etc. » Voilà bien tout l'appareil de la superstition païenne : un temple qui s'ébranle, des portes qui vont s'ouvrir, un dieu sur le point d'apparaître, le souffle sacré qui courbe les arbres. Certes, les prêtres n'étaient pas toujours les dupes de cette mise en scène; mais les ignorants, les enfants, et les âmes qui ne voulaient pas se détacher de leurs convictions, devaient, en attendant le miracle, se recueillir et trembler. Plus mystique que pieuse, cette époque s'inspire moins de la religion primitive d'Apollon que du culte établi par les prêtres, moins du dieu que du sanctuaire; et le ton de Callimaque est celui d'un pontife grec, ou plutôt égyptien, qui accomplit et qui prône ses mystères.

Dans l'hymne à Délos, il est moins mystique et plus

érudit. De nombreuses légendes, agencées avec un art pénible, appesantissent d'assez jolies descriptions. La partie méridionale de Délos est encore aujourd'hui un rocher exposé aux vents, aimé des oiseaux marins, battu et usé sans relâche par les flots écumants. Dans le cours du récit, Mars et Iris font vraiment grande figure sur ces montagnes, d'où ils ne perdent pas Latone de vue, terrifiant ses amis, écartant d'elle tout secours. Elle, épuisée et mourante, adresse au Pénée de touchantes prières que le fleuve repousse, bien malgré lui ; mais ensuite pourquoi tant d'érudition ? Pourquoi nous raconter la légende d'Apollon, prophète avant d'être mis au monde ? Dans le sein de sa mère, il disserte longuement sur le pays où il lui plaira de naître ! Il naît enfin, et, comme dans l'hymne homérique, Délos se couvre de rayons d'or ; les cygnes s'élèvent en chantant autour d'elle. Ces images sont gracieuses; mais pourquoi ajouter que les cygnes ont tourné sept fois autour de l'île, et qu'en l'honneur de ce nombre, Apollon a mis à sa lyre sept cordes ? L'érudition et la poésie sont choses fort distinctes, que le savant poète a confondues. Nous aurions de beaucoup préféré à cette compilation versifiée un traité sur les mythes déliens et un hymne plus simple. Aussi passons-nous rapidement sur ces œuvres. L'inspiration de Callimaque et ses procédés littéraires sont faciles à comprendre et à définir. Nous avons parlé ailleurs de ses légendes érudites.

§ VI. — *La poésie des derniers jours.* — *Conclusion.*

Après Callimaque, Délos, trop souvent chantée, devient fastidieuse. Virgile lui-même, qui lui a pourtant consacré quelques beaux vers, reconnaît que le sujet est épuisé :

Cui non dictus Hylas puer et Latonia Delos?

L'antiquité se fatigue de sa religion et se dégoûte de sa poésie ; le paganisme touche à sa fin.

Des épigrammes, des vers sibyllins constatent cette décadence ou la déplorent ; puis l'île sainte s'endort insensiblement dans l'oubli le plus profond, jusqu'au jour où la piété des modernes viendra réveiller les souvenirs dont cette terre est remplie.

En résumé, c'est l'antiquité tout entière que Délos nous rappelle. L'époque homérique nous a laissé l'hymne du poëte Chiote; la période des grands lyriques, les fragments de Théognis et de Pindare; celle des tragiques, les chœurs d'Euripide; les derniers temps du paganisme, Callimaque, Virgile et quelques poésies détachées. La série des hymnes déliens nous manque; mais on connaît les principales transformations qu'ils ont subies, à mesure que l'esprit des temps se modifiait.

CHAPITRE III.

SOMMAIRE. — § 1er. Sacrifices à Délos. — § 2. Jeux déliens. Théorie. — § 3. Les fêtes pentéétérides. — § 4. Les mégalarties. Les thargélies.

§ I. *Sacrifices à Délos.*

Délos n'inspira pas moins les architectes et les sculpteurs que les poètes; et il serait heureux que l'imagination, aidée par la science, pût ressusciter les chefs-d'œuvre qui l'ont couverte [1]. En même temps des cérémonies pieuses ont été célébrées autour de ses statues et de ses autels. Anciens et modernes les ont déjà décrites; ils ont représenté en beau langage l'arrivée des Théories et le débarquement solennel des chœurs. Nous pourrions à notre tour faire gravir le Cynthe, par les trois escaliers, à la procession vêtue de blanc, pendant que les mélanéphores d'Isis, couvertes de voiles noirs, procèdent, au pied de la montagne, à leurs cérémonies funèbres. Mais nous aimons mieux raconter que peindre, et donner sur les fêtes et les jeux déliens quelques détails précis. Aussi bien les

[1] Il reste assez de fragments d'architecture autour du grand temple pour qu'on puisse tenter quelques restaurations du plus haut intérêt. On trouvera des chapiteaux dont le style semblerait presque assyrien, s'ils ne portaient pas en même temps la marque de cet art si parfait que la Grèce a seule connu. — Sur les traces de l'influence de l'Assyrie sur les côtes grecques. Cf. GERHARDT., *Mythologie*, Berlin, 1854, I, p. 32.

Grecs attachaient-ils une haute importance à ces actes matériels, si minutieux, par lesquels ils honoraient la divinité suivant les mêmes rites que leurs ancêtres.

Nous avons rappelé quels sacrifices les habitants de Délos offraient à Brizo, à Iris, à Hécate, aux vierges hyperboréennes, aux différents autels d'Apollon, et surtout à l'autel non sanglant d'Apollon Génitor [1]. Il n'est pas utile d'y revenir ici. Tout notre intérêt se porte sur l'histoire des grandes fêtes déliennes d'Artémis et d'Apollon.

§ II. *Jeux déliens. Théorie.*

Délos fut peut être consacrée à Neptune et à Doris avant d'appartenir à Phœbus-Apollon [2]. Neptune l'a même échangée contre Calaurie [3], sans que Délos ait pourtant jamais cessé de lui être chère, car il y conserva au moins un temple [4]. On ne sait pas si des jeux furent institués en son honneur avant l'arrivée d'Apollon.

Le plus ancien fondateur des jeux déliens est, dit-

[1] Nous n'avons pas non plus à énumérer quels sacrifices furent offerts à Délos aux dieux qui recevaient ailleurs un culte identique. Apollon, dieu céleste, terrestre, infernal, vit couler pour lui, à Délos, le sang des volatiles et des quadrupèdes. Dieu hyperboréen, il se fit sans doute sacrifier des ânes, comme à Delphes. On immola en son honneur des brebis et des taureaux. On lui sacrifia des hétacombes.

[2] SERVIUS, *Æneid.*, III, 73.

[3] Vid. infr., *Mythol.*, § 9.

[4] Cf., C. I GR., 2271.

on, Thésée, qui pour la première fois a distribué des palmes aux vainqueurs. En même temps il consacrait à Apollon Délien la statue d'Aphrodite [1], que des jeunes filles ornaient de couronnes pendant les fêtes, et il instituait et conduisait lui-même, autour de Cératon, le chœur du Géranos, en souvenir de ses allées et venues dans le labyrinthe [2]. Quoique la fête eût été, suivant la légende athénienne, instituée par un roi d'Athènes, elle était célébrée aussi par des habitants de Délos [3]. Peut-être, à l'origine, n'était-elle pas aussi exclusivement athénienne que les Athéniens avaient intérêt à le faire croire.

Il est difficile de fixer l'époque [4] à laquelle ces fêtes ont commencé. Elles sont fort anciennes et durèrent tant qu'Athènes put envoyer des théores à Délos. Si l'on en croit Platon [5], elles étaient annuelles, et, depuis que Thésée les fonda, elles ne furent jamais interrompues [6]. La cérémonie théorique commençait aussitôt que le prêtre couronnait la poupe du vaisseau sacré; en même

[1] CALLIMAQUE, *H. in Del.*, 308. — Suivant PAUS., IX, 402, cette statue d'Aphrodite, en bois, assez petite, se terminant par une gaine, était l'œuvre de Dédale, et c'étaient les Déliens eux-mêmes qui, après l'arrivée de Thésée dans leur île, avaient consacré cette statue à leur Apollon.

[2] PLUT., *Thés.*, 21. — CALLIM., *H. in Del.*, v, 306-312. — POLL., IV, 10.

[3] PAUS., *loc. cit.* — PLUT., *loc.*, *cit.* — POLL., *loc. cit.* Les danseurs formaient une file, et de chaque côté, aux extrémités, se tenaient les conducteurs de la danse. Le chef portait le nom de Γερανουλκός. Cf. HESYCH., ad verb.

[4] MOMMSEN, *Héortologie*, p. 415 et 84.

[5] PLAT., *Phædon*, § 1.

[6] PLUT., *Thés.*, 21.

temps Athènes était purifiée. Cette purification avait lieu le 6 thargélion, jour de la naissance de Diane [1]; aussi est-on autorisé à croire que la Théorie partait aussitôt après. On sait que pendant son absence qui pouvait durer un mois, si les vents étaient contraires, aucune sentence de mort n'était exécutée dans Athènes, et que cette circonstance a prolongé la vie de Socrate [2]. Il est donc probable que, le 6, la naissance de Diane était célébrée par les Déliens [3], comme par Athènes et par Ephèse, et que la Théorie arrivait pour la grande fête du 7 thargélion. Sans doute elle ne se pressait pas de repartir et pouvait séjourner à Délos pendant le mois sacré.

Ce mois coïncidait avec le commencement du printemps [4], avec ceux de Bysios à Delphes et de Thargélion en Attique ; et c'est alors sans doute qu'Apollon quittant la Lycie et Patare, où il était adoré l'hiver, revoyait son île natale.

Les Théories annuelles envoyées par les Cyclades, se dirigeaient vers Délos au son d'hymnes appelés Rhusia [5]; et, sur les vaisseaux envoyés par la Grèce, on chantait toute sorte de cantiques. Quand les théores débarquaient, des salles de festin leur étaient attribuées [6]; et un de leurs compatriotes, habitant Délos,

[1] Diog. Laert., II, 44.
[2] Plat., *loc cit.* — Xénoph., *Mémor.*, IV, 8, 2. — Corsini, *Fast. att.*, II, 320.
[3] Diane est née le 6 à Délos. Cf. Diog. Laert., II, 44; III, 2.
[4] Denys Périég., *Schol. Geogr*, *minores*, éd. Didot, t. II, p. 450, 451. — Id. *Comment. d'Eustathe*, *ibid.*, t. II, p. 399.
[5] *Vid.*, p. 16.
[6] Hérodot., VI, 35.

auquel ils avaient décerné le titre de théorodokos, leur donnait l'hospitalité [1].

Les théores athéniens, envoyés pour sacrifier au dieu, le servir, lui offrir des présents , étaient montés sur le vaisseau chargé de porter les messages de l'État; ils étaient les ambassadeurs d'Athènes auprès du dieu.

Leur vaisseau qui, toujours réparé, était toujours l'ancien vaisseau de Thésée, marchait rapidement. On l'appelait soit Θεωρίς, soit Πάραλος [3], d'où le nom de Πάραλοι ou de Παράλιται [4], donné aux rameurs qui le montaient. Il portait des théores qui durant le voyage, faisaient entendre des chants d'une cadence

[1] C. I. Gr., 2329. Cf. l'inscr. 1693 sur la théorodochia de Delphes.

[2] Plat., *loc. cit.*, Schol.

[3] Plut., *Thés.*, 23. — Aristoph., *Schol. in Aves*, 147. — La théorie passe pour avoir eu 5 rangs de rames (Hérodot., IV, 87) ou neuf rangs de rames, ou bien en tout, trente rames. Il est probable que d'autres vaisseaux ont été confondus avec la théorie. Athènes en effet possédait plusieurs galères sacrées; entre autres une galère à 4 rangs de rames; (Cf. Bœckh, *Marine athénienne*, p. 88) et la Salaminienne confondue à tort avec le Paralos. Elle s'est aussi appelée Délienne. (Cf. Bœckh, *Écon. pol.*, t. II, p. 78 et suiv.—Etym. magn., art. Πάραλος.—Larcher, *Mém. de l'acad. des inscr.*, XLVIII, p. 297 et suiv.). Le navire Paralos a pû être ainsi nommé soit en l'honneur d'un héros Paralos, soit parce qu'il parcourait les rivages de l'Europe et de l'Asie (Etym. magn., éd. Gaisford, 1848, *loc. cit.*, in not.) — Athènes peut avoir eu jusqu'à 5 vaisseaux sacrés, le Paralos, la Salaminienne, appelée aussi Délienne, puis l'Antigonide, la Ptolémaïde et l'Ammoniade. *Schol. in Dem*; *loc. cit.*

[4] Harpocr., art. Πάραλος.— Etym magn., *loc. cit.*— Aristoph., *Schol. in Aves*,. 147, 1204. Sur les dépenses faites pour l'entretien de la Théorie, Cf. Bœckh, *écon. polit.*, *loc. cit.* — Sur les chants des théores, Cf. p. 16.

grave et solennelle. Les théores, tous de condition libre, ne pouvaient pas être choisis en dehors de certaines familles. Du temps de Solon, ils laissaient à Délos deux hérauts qui, pendant une année, étaient les parasites du dieu [1].

Le vaisseau de Thésée fut pris par les Eginètes, en 495 av. J.-C.[2], et, sans doute, rendu ensuite aux Athéniens. Il ne fut remplacé que du temps de Démétrius de Phalère [3].

§ III. *Les fêtes pentéétérides.*

Délos connut en outre des fêtes plus solennelles qui, depuis Pisistrate [4], devinrent quinquennales. Certains peuples n'envoyaient-ils des théores qu'aux fêtes quinquennales? On ne sait. On ne sait pas non plus si les grandes fêtes déliennes avaient été annuelles avant Pisistrate.

Le document le plus ancien qui nous reste sur ces grandes fêtes est l'hymne homérique. Il nous prouve qu'elles attiraient les théories des villes ioniennes d'Europe et d'Asie et même d'autres cités [5]. Le dieu ionien, comme aussi l'oracle dorien de Pytho, acceptait tous les hommages : Apollon n'a jamais été un dieu

[1] Soph., *Æd. ad Col.*, Schol. au vers 104. — Harpocr., ad verb. — Athén., VI, 234.

[2] Hérodot., VI, 87.

[3] Plut., *Thés.*, 23.

[4] Thuc., III, 104.

[5] *H in Ap. Del. loc. cit.* — Thuc., *loc. cit.*

exclusif. On lui chantait à Délos des hymnes en tous les dialectes [1].

Les Ioniens assistaient avec leurs femmes [2] à ces premières fêtes déliennes, plus patriarcales sans doute que les jeux olympiques d'où les femmes étaient exclues.

L'assemblée présidait à des exercices de pugilat, à des danses, à des concours de poësie [3]. Une tradition, certainement apocryphe, veut qu'Homère y ait disputé à Hésiode le prix de la poésie, et aussi que l'hymne du poète de Chios, déclamé sur l'autel de cornes, ait été copié par les Déliens et placé dans l'Artémisium ; et que les Ioniens, pour en récompenser l'auteur, l'aient nommé citoyen de leur confédération [4].

Sans doute, avant et après les jeux, des chants sacrés retentissaient. Il est assez difficile de déterminer dans quel ordre toutes ces belles cérémonies devaient se succéder. Probablement, le matin, les théores faisaient entendre leurs préludes et leurs pæans. Après les sacrifices et les lustrations accoutumées, les jeux commençaient, et ils se terminaient par le concours de poësie. Ensuite les vierges déliennes chantaient les hymnes consacrés [5], ceux d'Apollon, de Latone, d'Artémis. Elles répétaient les chœurs des femmes et des hommes anciens [6], c'est-à-dire les chœurs légués par

[1] Vid. le préambule. — *H. in Ap. del.*, v, 160 et suiv.
[2] *H. in Ap. del.*, v, 148.
[3] *H. in Ap. del.*, v, 149.
[4] PIND., *Schol. ném.*, II, 1. — *Certam. Hom. et Hés.*, p. 325, éd. Gœt., — BAUMEISTER, *op. cit.*, p. 107.
[5] *H. hom. in Ap. del.*, 158.
[6] ID., *Ibid.*, 161.

les ancêtres ou les hymnes des Hyperboréens ; on chantait aussi les οὔπιγγοι[1] et les poésies venues d'orient que le légendaire Olen avait composées en l'honneur d'Ilithye[2]. Au son des castagnettes les jeunes filles imitaient les chants de tous les peuples[3]. Leurs danses représentaient les douleurs de Latone, et peut-être, à une époque plus récente, les courses de Délos errante.

Une seule journée suffisait-elle à ces nombreuses cérémonies, et Diane était-elle fêtée un jour avant Apollon ? La tradition à la fois Athénienne et Ephésienne qui faisait naître Diane le 6[4] et Apollon le 7 Thargélion[5], fut certainement adoptée à Délos ; mais nous ne savons pas à quelle époque. D'après l'hymne homérique, Apollon était né seul, et les jeunes filles déliennes chantaient « Apollon, puis Latone, puis Artémis ». Mais il est possible qu'un chant consacré au seul Apollon lui ait assigné une sorte de priorité, et que la tradition qui fait naître Diane avant son frère ait été en vigueur à l'époque même où cet hymne fut composé.

Quand les Panionies et les Ephésies furent instituées, l'Asie cessa d'aller rendre à Délos son hommage accoutumé, et les jeux déliens tombèrent en désuétude. Cependant Athènes et les Cyclades envoyèrent toujours leurs théores, et d'autres peuples de la Grèce d'Eu-

[1] Poll., *Onom.*, *loc. cit.*
[2] Callim., *H. in Del.*, 305.
[3] *H. hom. in Ap. del.*, 164. — Sur les danses des jeunes filles déliennes, Cf. Plut., *Thés.*, 21. — Lucien, *De saltat.*, 16, 17.
[4] Diog. Laert., II, 44.
[5] Diog. Laert., III, 2.

rope, au moins les Messéniens, suivirent cet exemple. Eumélus leur apprit une prosodie sacrée la première fois qu'ils allèrent adorer Apollon Délien [1].

Plus tard, nous voyons à Délos des Éoliens [2] assister aux grandes Théories. Des habitants de Tauroménium envoient des présents au temple d'Apollon [3]. Toutes les races grecques sont venues, à diverses époques, participer à ces fêtes. Reprenons la suite de leur histoire. Polycrate et Pisistrate renouvelèrent les jeux déliens : Polycrate, peu de temps avant sa mort, si bien qu'il ne retira aucun profit de sa piété [4]. Il venait de conquérir l'île de Rhénée et de la consacrer à Apollon Délien [5]. Pisistrate profita de cette donation pour purifier l'île sainte et enlever toutes les sépultures qui étaient en vue du temple ; il instituait en même temps la première pentéétéride délienne, qui ne durait en réalité que quatre années révolues. Il réorganisa les anciens jeux et les concours de poésie. Il y joignit des courses de

[1] PAUS., IV, 4, 1.

[2] ANON. AD HERMOG., IX, p. 454.

[3] Du moins le nom de Tauroménium paraît devoir être restitué sur les inscriptions mutilées des amphictyonies. — On trouve dans DIOD. SIC., XII, 70, 5, que les Béotiens, vainqueurs à Délium, ont consacré une partie des dépouilles recueillies sur le champ de bataille à organiser des jeux déliens. Il s'agit peut-être de jeux déliens à Délium.

[4] ZÉNOB., VI, 15 et passim. — SUIDAS, XII, 35 et XIII, 33. Polycrate demande à l'oracle s'il faut appeler Pythiens ou Déliens les jeux qu'il établit à Délos. Faisant allusion à la mort prochaine et inévitable du tyran Samien, l'oracle lui répond : ταῦτά σοι καὶ Δήλια καὶ Πύθια. Zénobios explique autrement ce proverbe, mais son texte est probablement altéré (VI, 15).

[5] Cf. SUID., *loc. cit.* et le *Commentaire* d'Erasme, ad verb.

chevaux, que l'on ne donnait pas auparavant. Le héraut proclamait les prix des vainqueurs : c'était un certain nombre de bœufs; mais, pour chaque bœuf, on ne recevait que deux drachmes attiques : sans doute deux drachmes étaient le prix d'un bœuf à l'époque où les jeux furent primitivement institués. Quelques auteurs ont pensé qu'une monnaie soit athénienne, soit délienne, avait autrefois porté l'empreinte d'un bœuf [1].

Dix magistrats Athéniens, les ἱεροποιοί, désignés par le sort, accomplissaient, aux grandes fêtes déliennes et à toutes les autres pentéétérides, sauf à celles des panathénées, tous les sacrifices prescrits par les oracles [2].

D'autres cérémonies, d'autres jeux ont été célébrés, peut-être à l'occasion de ces fêtes [3]. On représentait les divertissements de l'enfance et de la jeunesse d'Apollon, on dansait autour du « mauvais autel », et les mains liées derrière le dos, on mordait l'olivier sacré sous le fouet du prêtre [4].

[1] De là le proverbe : « Avoir un bœuf sur la langue » signifiant : être payé pour se taire. — Cf. Zénob., *loc. cit.* — Pollux, IX, 6.

[2] Etym. magn., ad verb. — Pollux, VIII, 107. — Aristot., *Polit.*, VI, 5.

[3] Cf. Alf. Maury., op. cit., t. II, p. 181 et suiv. Peut-être y joignait-on des concours de natation, des exercices de plongeurs. — On sait que les plongeurs déliens étaient célèbres. Socrate lisant un ouvrage d'Héraclite, d'un grand mérite, mais obscur, prétendait qu'il aurait fallu être un plongeur de Délos pour naviguer au milieu des écueils dont ce livre était rempli. Cf. Diog. Laert., *Vit. Socr.*, VII.

[4] Callim., *H. in Del.* loc. cit., et le commentaire de Spanheim. Il est probable que cette cérémonie, à laquelle les ma-

La plus célèbre de ces théories est celle que Nicias organisa, mais elle ne se distingua des autres que par une plus grande solennité ; car il ne semble pas que, depuis Pisistrate, rien ait été innové, ni que la série des pentéétérides déliennes ait été interrompue [1].

Lorsque Nicias conduisit à Délos la grande Théorie, des raisons politiques et religieuses fort puissantes l'invitaient à célébrer cette cérémonie avec un éclat inaccoutumé. Un peu auparavant, pendant la sixième année de la guerre du Péloponèse, l'île avait été complètement purifiée; toutes les sépultures sans exception avaient été transportées à Rhénée; et défense avait été faite aux Déliens de laisser naître ou mourir dans leur patrie. Après avoir ainsi bouleversé à son gré l'île sainte, Athènes avait prétendu la posséder; et, l'année suivante, elle en chassait les Déliens. Ensuite elle se repentit, les rappela, et peu de temps après, conclut avec les Péloponésiens une paix générale. Nicias, ennemi de la guerre, et sans doute favorable aux Déliens, fut chargé d'organiser les fêtes de la pentéétéride suivante : on comprend alors et l'enthousiasme des habitants de Délos nouvellement rendus à leur patrie, et les prodigalités du pieux Nicias.

Plutarque nous a conté longuement l'histoire de cette

telots se soumettaient volontiers, avait lieu à diverses époques de l'année.

[1] Les Perses, qui ont vénéré Apollon Délien, brûlé sur son autel 300 talents d'encens, et plus tard rendu à son temple une statue pillée à Délium, n'ont pas entravé le culte d'Apollon Délien; et, du reste, aussitôt après la bataille de Salamine, la mer fut libre pour les Grecs jusqu'à Délos (Cf. HÉRODOT., VI, 97 et 118).

fête. Comme la foule qui se pressait devant le rivage à l'arrivée des théores les empêchait souvent de se déployer, Nicias [1] débarqua dans l'île de Rhénée. Pendant la nuit, un pont couvert de riches tapis unit les deux îles, et le lendemain matin, la procession le traversa en chantant et descendit sur la terre de Délos au milieu de ses habitants émerveillés. Cette cérémonie fut suivie de sacrifices, de combats, de festins. Nicias consacra ensuite au dieu un palmier de bronze surmonté d'une victoire en or, et un champ dont le revenu, de 10,000 dr. dut être employé à un sacrifice et à un repas offert aux Déliens, parasites de la Grèce [2].

Depuis Nicias la série des pentéétérides ne paraît pas avoir été interrompue : Les amphictyons d'Athènes administrèrent les cultes déliens jusqu'à la fin de la guerre Lamiaque ; et même quand Délos fut libre (jusqu'en 166 av. J.-C.) les Athéniens ne cessèrent pas de lui envoyer la théorie [3]. Il est fait mention des jeux déliens dans les inscriptions de Délos indépendante [4]. Rendue aux Athéniens, elle jouit d'une prospérité qui permit sans doute à ses possesseurs de vaquer à toutes les cérémonies de sa religion. Peut-être furent-elles interrompues quand Ménophane eut détruit la ville

[1] Plut., *Nicias*, 3.

[2] Nous savions déjà par Athénée (IV, 172, 173) que les Déliens vivaient aux dépens des autres Grecs, mais le passage de Plutarque est le seul qui prouve que des repas leur étaient offerts. — Sur cette condition de parasites sacrés, d'abord estimée, bientôt méprisée, *vid infra*.

[3] Callim., *H. in Del.* 314.

[4] C. I. Gr., 2267. — Il y eut encore des jeux à Délos sous la domination d'Athènes. *Vid infra*, et l'inscr. des prémices.

sainte et que Sylla se fut emparé d'Athènes [1], mais Délos, sans devenir jamais prospère, se releva de ses ruines, et bientôt après, elle retomba au pouvoir d'Athènes, qui administra ses temples et son culte jusqu'à la chûte du paganisme. Les hiéropii présidèrent alors à ses fêtes quinquennales.

Il est probable cependant qu'à partir du troisième siècle avant J.-C. elles eurent peu d'éclat. Presque tous les successeurs d'Alexandre avaient organisé dans leurs royaume des fêtes nationales et des jeux, et les Athéniens, maîtres de Délos durent surtout s'intéresser à leurs fêtes propres, aux Eleusiniennes, aux Pænathénées.

Les jeux déliens ne cessent pas à l'époque romaine, mais on n'en parle plus guère [2].

§ IV. *Les Mégalarties. — Les Thargélies.*

On a mis au nombre des fêtes déliennes les Méga-

[1] *Vid. infra.*

[2] LENORMANT, *Recherches archéologiques à Eleusis*, Paris, 1862, inscr. n° 3 «Les Δήλια où Démétrius de Phalère avait eu un prix pour les chars, sont assez difficiles à fixer. On célébrait des jeux de ce nom à Délos et dans la plaine de Marathon, etc. » Ces jeux déliens sont mentionnés dans une scholie (*Schol. ad Pindar. Olymp.*, VII, 77, 87 et le comment. de Bœckh); et nommés Δήλια ἐπὶ Δηλίῳ. Si la leçon est exacte, il s'agit de Délium et non pas de Délos, mais Bœckh (Cf. PIND., éd. Bœckh ad loc. cit.) pense qu'il faut peut-être lire ἐπὶ Δήλῳ. — Les « jeux déliens à Délos » sont mentionnés dans une inscr. probablement contemporaine d'Hadrien. Cf. HEYDEMANN, *Die Antiken marmorbildwerke*, Berlin, 1874, n° 235.

larties, qui n'ont peut-être pas été célébrées à Délos, et les thargélies qui sont Athéniennes.

On lit dans Athénée [1] que Sémus, au neuvième livre de son ouvrage sur Délos, mentionne des pains qui portaient un nom spécial (Ἀχαΐνας) et que l'on promenait pendant la fête appelée Mégalartie.

Puisque la mention de cette fête se rencontre dans un livre écrit sur Délos, il y a d'assez fortes présomptions pour qu'elle soit délienne, mais on ne peut l'affirmer.

On a placé aussi à Délos des « Thargélies » qu'il faudrait confondre alors avec les fêtes de la naissance de Diane et d'Apollon. Ces thargélies sont Athéniennes. « Je sais [2], raconte Athénée, que le poète Euripide servit d'échanson , dans Athènes, aux ὀρχησταί. Ils dansaient autour du temple d'Apollon Délien ; ils appartenaient aux premières familles Athéniennes, et avaient revêtu les manteaux théraïques. Cet Apollon est celui en l'honneur duquel on fête les thargélies ». Cette dernière réflexion n'aurait pas eu besoin d'être faite, s'il avait été question de l'Apollon de Délos. En outre, si la danse autour du temple avait eu lieu à Délos, l'échanson aurait suivi le chœur dans l'île sainte, et l'on n'indiquerait pas qu'il a rempli son ministère à Athènes.

Nous rappellerons, pour compléter cette liste des fêtes et des cérémonies déliennes, celles que les habitants de l'île sainte allaient célébrer au-dehors : un na-

[1] ATHEN., III, 109, f.
[2] ATHEN., X, 424, f.

vire de Délos a porté le feu sacré à Lemnos [1]; plusieurs prêtres déliens ont contribué aux frais de l'ennéétéride pythienne; et les Athéniens qui résidaient à Délos, devenue leur propriété, envoyèrent une Théorie aux fêtes des Panathénées, sous la conduite d'un archithéore élu [2].

Les autres particularités qui intéressent cette histoire religieuse figurent soit dans notre histoire politique, qu'elles servent à éclairer, soit dans nos documents archéologiques [3]. Ils ne montrent pas, du reste, que les religions à Délos et l'organisation des cultes aient en rien différé de ce qu'elles pouvaient être ailleurs.

[1] Cf. Supra, p. 88.

[2] C. I. Gr., 2270.

[3] Rappelons ici que les *Mystères de Délos* se sont accomplis au sommet du Cynthe. Cf. Supra, p. 158.

SECONDE SECTION

Histoire.

CHAPITRE PREMIER

Histoire primitive de Délos.

SOMMAIRE : § 1. L'ère de la piraterie : Pélasges, Cariens, Phéniciens. — § 2. Les dieux nouveaux. La Crète. L'Asie et les Troyens. Les Ioniens primitifs. — § 3. Anios et son gouvernement sacerdotal. — § 4. Délos depuis la guerre de Troie jusqu'à la première confédération Ionienne. — § 5. Délos jusqu'à la seconde confédération Ionienne.

§ I. *L'ère de la piraterie. — Pélasges, — Cariens, — Phéniciens.*

Située entre la Thrace et la Crète, entre l'Asie Mineure et l'Attique, Délos a dû être visitée aussitôt que les riverains de l'Archipel ont osé naviguer loin des côtes. D'où lui vinrent ses premiers habitants ?

De la Carie, de la Phénicie, au dire de Thucydide [1]. Quand on purifia Délos, on y trouva des sépultures cariennes et phéniciennes [2]. Mais il n'est pas sûr que ces tombeaux, ouverts du temps de Thucydide, fussent

[1] THUC., I, 8.

[2] *Schol. ad loc. cit.* On reconnaissait les tombeaux cariens au petit bouclier qu'on y trouvait, et les tombeaux phéniciens à leur orientation : ils regardaient le couchant. — Les Hellènes brûlaient leurs morts.

d'une époque très-reculée. Les Phéniciens ont pu conserver longtemps des comptoirs dans les Cyclades, et es Cariens, chassés ou soumis avant la guerre de Troie par les sujets de Minos [1], ont ensuite, à plusieurs reprises, conquis les îles de la mer Egée. Parfois ils en ont expulsé les Crétois, parfois ils se sont fondus avec eux [2].

Peut-on donner aux Cariens des Cyclades et de Délos le nom générique de Pélasges? Le témoignage d'Hérodote nous y invite [3]. Nous savons aussi par Strabon que des Pélasges habitèrent d'abord [4] toute la côte d'Asie, depuis Mycales, ainsi que beaucoup d'îles; et, par d'autres témoignages [5], que les villes asiatiques de Tralles, de Claros, de Milet, furent cariennes avant l'arrivée des Ioniens et même des Crétois. Il semble donc que les habitants des îles et de ces villes asiatiques aient été Pélasges [6] et Cariens avant de devenir Ioniens. Sans vouloir rien décider sur l'origine des Cariens, on doit conclure que leur souvenir est mêlé dans les plus anciens temps à celui des Pélasges, et que plus tard ils furent soit remplacés, soit absorbés par les Ioniens.

A Délos, l'adyton du Cynthe est un sanctuaire pélasgique. Si les Cariens l'ont construit ou simplement révéré, ils appartenaient à la race pélasgique, ils avaient

[1] THUC., loc cit. — HÉRODOT., I, 171.

[2] DIOD SIC., V, 84. — EUSÈBE, *Chron.* — CLINTON, *Fast. hellen.*

[3] HÉRODOT., loc. cit. Les Cariens, autrefois sujets de Minos, sont appelés Pélasges. — Cf. Sur les barbares qui occupèrent la Grèce avant les Pélasges, WELCKER, *Myth.*, p. 13 et suiv.

[4] STRAB., 621, 622.

[5] PAUS., VII, 2 ; VII, 3.

[6] HÉRODOT., VII, 95.

adopté ses coutumes religieuses, ou tout au moins ils adoraient comme, elle, les antres des montagnes et les déchirures de la terre, mystérieuses et humides.

La structure de ce monument et les traditions qui s'y rattachent permettent de lui assigner l'antiquité la plus reculée ; or les Cariens paraissent avoir occupé en Asie Mineure, à Claros et à Milet, des adytons tout-à-fait analogues et très-anciens, envahis ensuite par les Ioniens, et bientôt consacrés à Phœbus Apollon prophète[1].

Faut-il les considérer comme les constructeurs de ces temples, ou simplement les compter au nombre de leurs plus anciens adorateurs? Il ne nous est point permis de décider. Suivant Conon[2], Rhodes avait d'abord été habitée par un peuple autochthone, consacré au soleil, gouverné par les Héliades. Les Phéniciens lui avaient succédé, puis les Cariens, qui dominèrent sur toutes les îles. Il nous faudrait plusieurs témoignages plus concluants que celui de Conon pour attribuer avec certitude la construction de ces vieux adytons solaires aux Héliades primitifs.

Quoi qu'il en soit, les Cariens ont autrefois habité Délos ; ils ont au moins connu le temple-oracle consacré plus tard à Phœbus Apollon : ils ont adoré les vieilles divinités qui habitaient ce sanctuaire avant que le dieu nouveau[3] fût venu les y remplacer.

[1] PAUS., VII, 1 ; VII, 3. — PRELLER, op. cit., I, 217 : l'oracle d'Apollon Didyméen est plus ancien que la colonisation de Milet.

[2] Dans PHOT., *Bibl gr.*, éd. cit., p. 141, a.

[3] Les Cariens ne paraissent pas avoir jamais adoré Apollon. Cf. ALF. MAURY, *op. cit.*, t. III, p. 139. — OLF. MULLER, *Dor.*,

Il se peut que Délos ait reçu ensuite des Pélasges: elle s'est appelée Pélasgia et Lagia; des Pélasges ont à diverses reprises peuplé les îles de l'Archipel, et l'on sait que des Pélasges, chassés de l'Attique, envahirent dans les Cyclades une île de Pelasgia [1]. Ce fut peut-être Délos. Cette invasion s'achevait à l'époque où les Doriens pénétraient dans le Péloponèse. Elle est donc relativement récente.

Les Phéniciens laissèrent à Délos un plus grand nombre de sépultures que les Cariens. L'ont-ils occupée tout entière? S'y réservaient-ils seulement, comme à Syros, un poste pour s'y livrer à la fois au commerce et à la piraterie? Y fondèrent-ils une ville, soit phénicienne, soit colonisée par des sujets ou des esclaves de la Phénicie? Ont-ils épargné les anciens habitants et respecté la religion primitive de Délos? Nous ne voulons pas sortir de l'histoire grecque. D'accord avec Homère [2], Thucydide fait de ces premiers Phéniciens des pirates, mais des pirates en quelque sorte civilisateurs, qui importèrent, avec les produits de leur sol et de leur industrie une partie de leurs croyances, et peut-être de leurs rites religieux. Ils ont exercé sur la mythologie délienne une influence très-prolongée.

Quand les armées asiatiques et phéniciennes envahirent la Grèce, elles témoignèrent pour les cultes déliens

t. I, p. 201. — Cependant Artémis était adorée à Ephèse et à Magnésie, du temps des Cariens et des Léléges, avant l'invasion des Ioniens. Cf. PRELLER, *op. cit.*, I, 243. — Sur les Cariens, Cf. WELCKER, *Myth.*, p. 14 et 19.

[1] Cf., p. 27.

[2] HOM. *Od.*, O, 402 et suiv.

une vénération étonnante. Elles semblent y avoir retrouvé d'anciens dieux orientaux.

§ II. *Les dieux nouveaux. — La Crète. — L'Asie et les Troyens. — Les Ioniens primitifs.*

A l'ère de la piraterie succède la domination de Minos. Pendant cette expansion de la puissance crétoise, et peut-être auparavant, les Grecs se civilisent et leurs religions se fondent ou se transforment. Apollon et Diane passent d'Asie à Délos avec leur cortége d'Hyperboréennes; la Sibylle et le lycien Olen leur rendent hommage. Viennent ensuite les personnages historiques ou mythologiques les plus illustres: les Méropes de Cos, contemporains d'Hercule, Erysichthon, puis Thésée, les Argonautes, Rhadamante, Ulysse, Agamemnon, Enée et Anchise. Contemporaine des Crétois, succédant aux Pélasges, une civilisation qui précède celle des Ioniens s'étend sur tous les rivages de la mer Egée.

Trois influences paraissent avoir surtout régné, au moins à Délos: celle de la Crète, celle de l'Asie et surtout de la Troade,— celle des races diverses de l'Archipel qui ont préparé l'avénement des Ioniens.

Les traditions antéhomériques témoignent de l'influence de la Crète qui, la première, eut une marine assez puissante pour enlever aux pirates les îles de la mer Egée. Délos fut gouvernée par les lieutenants de Rhadamante [1], frère de Minos et père d'Anios, qui fut à son tour grand-prêtre et roi de l'île sainte.

[1] Nous n'avons pas ici à chercher si Minos et Rhadamante

Cependant, la Crète n'a pas importé dans l'île des divinités nouvelles, sauf peut-être Aphrodite; mais elle a modifié les cultes existants. Les Crétois figuraient dans les chœurs d'Apollon avec les Dryopes[1], et les suivantes de Diane étaient nées sur les bords de l'Amnisus [2], fleuve de Crète. Anios et Thésée furent à moitié Crétois.

L'Asie, par Claros, Ephèse, Patare, entretint avec Délos des relations surtout religieuses, et, par la Troade, des rapports plus intimes. Anios et Anchise étaient des hôtes, des amis, des parents ; Enée et les Troyens laissèrent à Délos des monuments de leur passage, qui se montraient avant la destruction de la ville [3]. Enfin l'île sainte et son oracle ont servi d'intermédiaires entre la Crète et la Troade, unies entre elles par leurs prophéties, leur culte, leur antique parenté.

S'il est vrai qu'une Ionie primitive ait lentement grandi pendant ces époques mythologiques, Erysichthon, Ion, Thésée auraient été des dieux, des héros, des rois ioniens, adorateurs de l'île sainte. Erysichthon passait pour être le plus ancien; il précédait d'un siècle l'expédition des Argonautes ; Thésée avait débarqué à Délos à l'époque où la puissance des Crétois atteignait son apogée. Tous deux étaient plus modernes qu'Apollon, car ils l'ont adoré et lui ont décerné de nouveaux honneurs. Erysichthon datait du seizième siècle avant J.-C. ; il

furent des hommes ou des dieux. — Sur Anios et Rhadamante, Cf. p. 227.

[1] VIRG., *Æneid.*, IV, 146, 147.

[2] CALLIM., *H. in Art.*, 16.

[3] DENYS d'HAL., *Antiq. rom.*, 50. éd. Reiske. Leipsig, 1774, p. 125.

avait édifié le premier temple d'Apollon Délien, et il était mort sur le rivage de l'Attique, près du cap Zoster, en rapportant à sa patrie une statue d'Artémis [1].

Suivant les chronologies athéniennes, Ion, fils de Xuthus, a colonisé Délos [2] deux siècles après Erysichthon ; mais si Erysichthon est une divinité et Ion une personnification de la race ionienne, il est difficile de savoir lequel vint au monde le premier. Du reste, cette colonie, « fondée par Ion, » et celle que les Ioniens envoyèrent dans les Cyclades, beaucoup plus tard, après le retour des Héraclides, paraissent s'être confondues dans les souvenirs des Athéniens. Il ne faut pas non plus trop chercher lequel est le premier en date, d'Erysichthon ou de Thésée. Erysichthon, suivant les chronologies, est le plus ancien ; mais la légende fait d'Erysichthon un théore, plus moderne, par conséquent, que Thésée, le fondateur des théories.

Nous avons déjà vu qu'Erysichthon, Ion, Thésée, dieux ioniens, ayant laissé des souvenirs en Attique, Athènes les compta au nombre de ses rois, et les vénéra comme des héros autochthones. Retrouvant leur trace à Délos, elle eut un puissant intérêt, quand elle voulut administrer les cultes de l'île, à démontrer que ces dieux, que ces héros étaient partis d'Athènes pour aller fonder les religions déliennes. Ce fut donc l'Athénien Erysichthon qui édifia le premier temple d'Apollon, l'Athénien Thésée qui fonda les Théories, l'Athénien Ion

[1] Phanodème dans Athénée, IX, 392, d. — Eusèbe, *Chron.*, (l'an 500 après Abraham).

[2] VELL. PATERC., 1, 4, 3, et le comment. — Cf. d'ORVILLE loc. cit.

qui colonisa l'île sainte. Il est probable qu'Athènes, bien effacée par Salamine pendant la guerre de Troie, a fait ensuite reculer dans le passé l'époque des premiers développements de sa puissance politique et de son influence religieuse.

§ III. *Anios et son gouvernement sacerdotal.*

Aussi loin que l'histoire et que la mythologie remontent, Délos, vénérée même par les pirates, paisible au milieu des guerres qui arment l'Europe et l'Asie, jouit, sous la protection de son dieu, d'une heureuse abondance. Anios, prêtre, prophète et roi, avec ses filles les trois œnotropes, déesses de la fertilité, est la personnification de cet âge d'or sacerdotal. Sont-ils d'origine crétoise? Sont-ils venus du nord, comme le gouvernement également sacerdotal de Samothrace, et doit-on penser que, chez les Pélasges primitifs, les prêtres exercèrent la royauté avant de céder partout la place à une aristocratie belliqueuse? La question est difficile à trancher pour Délos, car la légende d'Anios a subi l'influence des diverses religions qui se sont développées sur les rives de l'Archipel. Anios est tantôt un fils de Rhadamante, tantôt un descendant d'Ion et de Créuse, tantôt un fils d'Apollon, né en Eubée, d'où le culte des œnotropes a peut-être passé dans l'île sainte.

Cette royauté, qui dure quelque temps après la guerre de Troie, fut exercée par Anios ou par ses successeurs. Ce pouvoir sacerdotal, crétois, euléen, troyen ou pélasgique d'origine, envahit les Cyclades. Lemnos et Thasos eurent des relations avec Délos; le héros Mykonos est fils d'Anios, et la ville d'Andros fut fondée par Andros, fils d'Anios et prêtre d'Apollon[1].

§ IV. *Délos depuis la guerre de Troie jusqu'à la première confédération ionienne.*

Pendant la guerre de Troie, Délos accueille indistinctement Ulysse, Agamemnon, Enée; consacre un tombeau à Ajax, fils d'Oïlée, et conserve une neutralité scrupuleuse, débitant à chacun des prophéties et donnant des conseils pacifiques, fort mal écoutés[2]. Ces faits plus ou moins apocryphes sont conservés par de vieilles légendes que les chants cypriens ont sans doute reproduites. L'*Iliade* cependant est muette sur l'oracle de Délos, et Phœbus Apollon n'est jamais appelé par Homère, ni Délios, ni Pythios. Sans doute, lorsque les devins abondaient dans toutes les villes et dans toutes les armées, les oracles locaux n'avaient pas la célébrité qu'ils acquirent plus tard; et Apollon, dieu surtout asiatique et protecteur déclaré des Troyens, porta de préférence les épithètes qu'il tirait de ses principaux sanctuaires de la Lycie et de la Troade. Cependant, si l'oracle de Délos, si le vieux temple de la montagne n'inspira que les poésies cypriennes, l'auteur de l'*Odyssée* connut déjà le palmier qui s'élevait près de l'autel d'Apollon.

Ce dieu n'est pas encore le maître absolu de l'île

[1] Cf. p. 228.
[2] Cf. p. 225 et suiv.

sainte, toujours chère à Doris et à Neptune [1], qui ne l'a peut-être pas échangée contre Calaurie [2].

Après la prise de Troie, les Cariens occupent de nouveau les Cyclades [3].

Survint la grande invasion ionienne, qui eut pour résultat l'expulsion des Cariens. On ne retrouve plus aucune trace du pouvoir sacerdotal exercé jadis par Anios, mais la sainteté de l'île n'y a rien perdu.

Cette nouvelle invasion des Cyclades a commencé, dit-on, 60 ans après le retour des Héraclides [4]. Des populations diverses paraissent alors s'être unies et peut-être fondues sous la suprématie des Ioniens; mais cette fusion, qui s'est brusquement accomplie, avait été préparée par de longs siècles. Ces Ioniens apparaissent comme les successeurs des Lélèges, des Pélasges, même des Cariens, en un mot de tous les riverains de la mer Egée. Les dieux et les héros de la primitive Ionie avaient depuis longtemps reçu l'hospitalité dans ces parages.

Quoi qu'il en soit, l'Ionie, conduite cette fois par Athènes [5], envahit ces îles et mit des Grecs pauvres à la place des Cariens. Suivant Isocrate, cet événement suivit

[1] VIRG. *Æneid.*. loc. cit.

[2] Vid. p. 219.

[3] DIOD. SIC., V, 84. — Cf. EUSÈBE, *Chron.*, 76, et l. II : 927 après Abraham.

[4] Ou 120 ans après la guerre de Troie, suivant Philochore, Eratosthènes, Aristarque, Apollodore. On compte une différence de 26 ans entre la chronologie des marbres de Paros et celle d'Eratosthènes.—Cf. CLINTON, *Fast. hellen.*, p. 120.

[5] ISOCR., *Panath.*, 16.

l'expédition des Amazones et précéda les guerres médiques[1]. Nous n'en fixerons pas la date[2].

Délos fut aussi colonisée, mais on doutera que ses habitants, dépositaires de son culte révéré, prêtres et serviteurs de ses temples, aient dû fuir jusqu'au dernier devant une invasion de Grecs pauvres. Cela ne s'accorderait guère avec la vénération qui entoura depuis les Déliens, quand l'île sainte reçut l'hommage des confédérés et d'Athènes; on n'aurait pas ainsi placé au cœur de l'Ionie politique et religieuse une colonie d'indigents.

On n'est pas d'accord sur les noms des chefs qui occupèrent les Cyclades; peut-être plusieurs expéditions distinctes les ont-elles envahies. Le chef principal, après Ion, est Nilée fils de Codrus[3]. En outre chacune des Cyclades a reçu la visite d'un guerrier plus ou moins légendaire. A Délos, c'est le héros Antiochus[4]; le héros Délon colonise Rhénée. Sans doute Délos a étendu son influence sur cette île, comme sur Andros et sur Mykonos. Associée anx Héracléens, elle colonise aussi la Chersonnèse taurique[5].

[1] Id. *ibid.*, 76, 78.

[2] Nous avons compulsé, pour composer cette histoire de la primitive Délos, les documents anciens les plus autorisés. Nous ne pouvons ici éclaircir tous les doutes qu'ils soulèvent, et nous sommes loin d'affirmer tous les faits qu'ils renferment. Délos, avant le VIIe siècle, fut habitée par des Phéniciens, des Cariens, des Crétois, visitée par des Troyens, puis peuplée par des Ioniens. Il serait téméraire d'en affirmer beaucoup plus long.

[3] Nilée va d'adord consulter le vieil oracle des Branchides. Gelzer, *De Branchidis*, Leips., 1869. p. 6.

[4] *Schol. anon. de Denys le périégète*, loc. cit.

[5] Scymnus de Chio, fr. 73. — Anon., *Périple du Pont-Euxin.*

Délos devint, on ne sait à quelle époque, le centre d'une alliance qui unit plusieurs peuples de race ionienne. Le seul monument que cet âge nous ait légué, l'hymne homérique nous laisse ignorer si les Ioniens s'assemblaient à Délos pour délibérer sur leurs intérêts politiques [1], ou seulement pour assister à des fêtes. Apollon était alors le dieu protecteur de l'Ionie, comme il le fut ailleurs de la race dorienne ; mais nous ne savons pas s'il exerçait par ses prophéties ou par ses prêtres quelque influence sur l'organisation civile et militaire des cités qui l'adoraient en commun. En tout cas, cette réunion est qualifiée par Thucydide de synode et de fête; et, quand les Ioniens [2] chantés par l'homéride de Chios se vantent de leur nombre et de leurs richesses, ils ne paraissent pas s'enorgueillir de la puissance militaire qui en aurait pu résulter pour leur confédération, mais de la gloire qui en rejaillit sur leur religion et sur leur dieu.

§ V. *Délos jusqu'à la seconde Confédération ionienne.*

Arrivent les temps historiques où la Grèce compte par olympiades les années de son existence. Des dates

Cf. Raoul-Rochette, *Hist. des colonies grecques*, t. III. p. 304-305. — C'est pour se conformer aux ordres d'un oracle que les Déliens prirent part à cet établissement.

[1] Vid. p. 257. Homère est élu à Délos citoyen de la confédération Ionienne. Cette légende, qui est apocryphe, prouve que les Grecs ont cru plus tard à l'existence de cette confédération.

[2] Sur les vêtements des Ioniens primitifs, Cf. Grote, t. III, p. 46 et suiv. — Sur les noms des villes de la confédération, Cf. Alf. Maury, t. II, p. 18.

précises commencent à figurer dans les annales de Délos. Vers la 9e olympiade, les Messéniens lui envoient pour la première fois une Théorie avec les chants d'Eumélus [1].

Mais en ce moment où Apollon Délien trouvait en Europe des adorateurs nouveaux, les cités asiatiques commençaient à négliger son culte. Les liens qui unissaient l'Asie avec la Grèce tendaient à se relâcher. Séparés par la mer, les Ioniens d'Asie et ceux de l'Attique devenaient étrangers les uns aux autres et perdaient en grande partie leurs caractères de ressemblance. Pendant qu'Athènes, au contact des Doriens, devenait plus sévère, Ephèse et Milet s'étaient amollies. Puis le dangereux voisinage des Syriens et des Perses tourna vers l'orient toute leur attention ; elles s'unirent étroitement entre elles, et les solennités du Panionium leur firent oublier les jeux de Délos. Athènes elle-même les délaissait pour ceux des Panathénées. En attendant qu'un intérêt politique encore plus que religieux la ramenât vers Délos, elle préféra sans doute aux jeux d'Apollon Délien ses propres fêtes nationales.

Délos toutefois ne perdait pas encore son prestige. Pythagore vint rendre hommage à la sainteté du lieu, s'initier aux mystères de Délos, ensevelir son maître Phérécyde de Syros [2] et présenter ses offrandes non sanglantes à l'autel d'Apollon Génitor [3].

En outre les théories athéniennes n'avaient pas oublié le chemin de l'île. L'une d'elles fut même enlevée

[1] CLINTON. *Fast. hellen.* — PAUS., IV, 4, 1.
[2] DIOG. LAERT., *Vit. Pyth.*, 21. — JAMBL., *Vit. Pyth.*, 184.
[3] Vid. p. 44.

en 495 [1] par les Eginètes. Les Déliastes, institués avant Solon, procédaient régulièrement, à Délos, aux adorations autrefois prescrites [2].

Au reste, si les cités ioniennes s'étaient en grande partie éloignées de leur centre primitif, elles s'en rapprochèrent quand l'imminence du péril leur fit chercher un appui dans l'alliance des Grecs d'Europe. Même avant les guerres médiques, on pouvait prévoir que cette alliance deviendrait nécessaire et que Délos serait la capitale religieuse de la nouvelle confédération.

Par politique ou par superstition, les principaux états ioniens offrirent à l'île sainte des témoignages de leur piété. Polycrate donna Rhénée aux Déliens, réunit les deux îles par une chaîne, symbole de la sujétion de Rhénée, et restaura les jeux; mais Apollon Délien ne put écarter de lui la défaite et la mort [3].

De son côté, Pisistrate purifia l'île sainte, et enleva toutes les sépultures qui regardaient le temple [4]. Il

[1] Hérodot., VI, 87.

[2] Athen., VI, 234. — Cf. Soph., *Œd Col.*. 1047, in Schol. On donne le nom de *Déliades* aux Athéniens qui appartiennent aux familles chargées d'envoyer quelques-uns de leurs membres comme théores à Délos. Avant de laisser partir la théorie, on observait le ciel et ses présages. Il y avait à Marathon un temple ou un autel Délien où l'on prenait ces augures.

[3] Vid. infr., p. 259.

[4] Hérodot., I, 64. Les noms de Solon et d'Epiménide sont attachés au souvenir de cette purification. Plut., *Septem sapientium conviv.*, ch. cxli. Pendant la grande purification, il est probable qu'on a transporté dans le temple des mauves et des asphodèles, pour rappeler quelle était la nourriture des premiers hommes.

obéissait à d'anciens oracles, inconnus sans doute aux Déliens primitifs, puisque leur mythologie plaçait des sépultures dans les temples mêmes de leurs dieux.

Peut-être Athènes, sous Pisistrate, eut-elle déjà la secrète ambition d'honorer Apollon Délien pour administrer son culte; mais l'invasion des Perses la réduisit à ne s'occuper que de son propre salut. Les Déliens étaient encore indépendants, et les Grecs, les barbares eux-mêmes, les considéraient comme des hommes sacrés. Lorsque Datis conquit les Cyclades, les Déliens s'enfuirent. Mais il eut pour l'île sainte un tel respect, qu'il ne voulut même pas y aborder, et fit arrêter sa flotte devant Rhénée. De là, il envoya un héraut pour inviter les « hommes sacrés » à rentrer dans leur île, car il avait reçu du grand roi l'ordre d'épargner Délos, où les dieux Apollon et Diane étaient nés. Il fit même brûler trois cents talents d'encens sur l'autel d'Apollon[1]. Dans la suite, étant à Mykonos[2], il rendit à Délos une statue dorée d'Apollon que les Phéniciens avaient enlevée à Délium, en Béotie, et que l'on réintégra plus tard dans son temple.

Si l'on excepte quelques oracles grecs fort anciens, et d'une origine peut-être orientale, consultés par Mys d'après les ordres de Mardonius[3], et le bois sacré de Jupiter Laphystien[4], épargné par Xerxès, les temples qui, dans la Grèce d'Europe, tombèrent au pouvoir des Perses furent pillés et brûlés sans scrupule. Les Perses

[1] HÉRODOT., VI, 97.
[2] HÉRODOT., VI, 118.
[3] HÉRODOT., VIII, 134.
[4] HÉRODOT., VII, 197.

ne laissaient debout que les dieux de leurs alliés [1]. Ils ne respectaient pas plus Apollon que les autres dieux : ils voulurent piller l'oracle de Delphes [2], ils détruisirent le temple d'Apollon à Abæ [3].

Pourquoi ces ennemis de la race et de la religion grecque ont-ils adoré les sanctuaires déliens? Etait-ce au début de la guerre, pour se concilier des amis parmi les Grecs d'Europe, ou pour ménager les sentiments religieux des Grecs d'Asie? Mais ils commencèrent par détruire les temples de Naxos. Etait-ce, comme l'a supposé d'Orville [4], parce que les Déliens nourrissaient déjà contre Athènes une haine secrète? Mais quand les Perses approchèrent, les Déliens s'enfuirent, et Datis, après les avoir rassurés, ne s'en fit point des auxiliaires. Il invita ces hommes sacrés à desservir leurs temples et à cultiver leurs terres; et ces Déliens, non moins heureux que leurs ancêtres contemporains d'Anios, assistèrent, paisibles spectateurs, à cette lutte mémorable de l'Europe et de l'Asie.

La conduite de Datis ne s'explique que par des motifs religieux. Il y a lieu de supposer que le sanctuaire de Délos eut avec la Phénicie, alliée des Perses, peut-être même avec l'Asie centrale [5], des relations fort anciennes, et que déjà il possédait le privilége, dont il jouit toujours, d'attirer à lui les adorations de l'Orient tout entier. Un mage, Gobryes [6], chargé de garder

[1] Hérodot., VI, 96. — VIII, 32, 53, 129, etc.

[2] Hérodot., VIII, 36 et suiv.

[3] Hérodot., VIII, 33.

[4] D'Orville, *op. cit.*, p. 18.

[5] Creuz. Guign., I. II, p. 116.

[6] Plat., *Axioch.*, 371 a. — Les Perses épargnèrent également,

l'île, s'occupa de ses antiquités religieuses, et de la déesse Opis qui, pensait-il, venait de la haute Asie.

Les Perses, comme les Grecs, n'imposèrent à Délos que leur protectorat, sans l'assujettir. Aussi Eschyle, énumérant les îles soumises au grand roi, ne cite pas Délos [1]; et, quand les Athéniens reconquirent les Cyclades, Miltiade ne paraît pas avoir combattu les Déliens ou reçu leur soumission [2].

Après la bataille de Salamine, la flotte de Xerxès ne s'aventura pas au delà de Samos; et, de leur côté, les Grecs craignirent de dépasser Délos [3]. Leur flotte s'y arrêta ; et ce fut Léotychidas qui, le premier, osa faire voile pour Samos [4] quelques jours avant la défaite de Mardonius à Platées. (479 av. J.-C.)

Délos cessa bientôt d'être comme à l'avant-garde de la Grèce ; elle se trouva au centre de la confédération Hellénique, une fois qu'Athènes eût fait décider, malgré les Péloponésiens, que la Grèce victorieuse s'associerait l'Ionie en la délivrant. La position centrale de Délos, son caractère sacré, et peut-être bien aussi sa faiblesse qui ne pouvait porter ombrage à personne, la recommandèrent au choix des alliés, pour en faire, à l'exclusion de la trop puissante Athènes, le chef-lieu de la confédération et la dépositaire du trésor national.

à Ephèse, le temple du bois d'Ortygie, rempli de traditions analogues à celles de Délos. Cf. TAC., *Ann.*, III, 61.

[1] ESCHYL., *les Perses*, 885.

[2] CORN. NEP., *Miltiad.*, 2.

[3] HÉRODOT., VIII, 132.

[4] HÉRODOT., IX, 90, 96.— ID., *ibid.* Il y conclut un traité secret avec les Samiens.

Athènes elle-même, inspirée par la sagesse d'Aristide, trouvait plus glorieux de protéger l'Ionie que de l'asservir.

Il ne semblait pas alors que, placée sous le patronage de la Grèce entière, Délos dût bientôt n'être plus qu'une île athénienne.

CHAPITRE II

Délos et Athènes.

SOMMAIRE : § 1. Considérations générales. — § 2. Délos depuis l'établissement de la seconde confédération jusqu'à la prise d'Athènes (477-404 av. J.-C.). — § 3. Amphictyonie des Athéniens (suite) et constitution politique des Déliens jusqu'à la guerre Lamiaque. (De 404 à 322 av. J.-C.) — § 4. Délos libre. (De 322 à 196, — de 196 à 166 av. J.-C.)

§ I. *Considérations générales.*

L'histoire de Délos offrira maintenant un double intérêt. Délos sera toujours une terre sainte ; elle recevra toujours les Théories de la Grèce, les offrandes de l'Asie, mais la cité qui se distinguera entre toutes par ses hommages et ses libéralités, Athènes, en faisant profession d'adorer Apollon, persécutera les compatriotes et les serviteurs du dieu. Cette cité délienne entourée de tant d'honneurs sera des plus misérables. Exposée sans défense à des convoitises toujours en éveil, elle succombera sans lutte, partant, sans gloire ; et, plus tard, les ennemis, les vainqueurs d'Athènes, ceux de qui Délos devait espérer sa délivrance, la laisseront aux mains de ses maîtres comme une proie sans valeur.

L'histoire religieuse de l'île sainte continuera d'intéresser la Grèce entière, le paganisme entier; mais son histoire politique ne sera guère plus que celle de son asservissement par Athènes, sous le joug de laquelle il lui faudra toujours retomber.

Pieusement usurpateurs, les Athéniens construiront d'abord ou bien embelliront le temple voisin de la mer, habiles à l'administrer et à toucher les revenus de ses propriétés religieuses. Plus tard, cette prise de possession ne leur suffisant plus, ils passeront du sacré au profane; et les Déliens, chassés de leurs temples, seront enfin expulsés de leurs demeures.

§ II. *Délos depuis l'établissement de la seconde confédération jusqu'à la prise d'Athènes. (477 - 404 av. J.-C.*

Bien différentes étaient pourtant les vues d'Aristide, lorsqu'en 477 il réglait les conditions de l'alliance qui unissait les Cyclades et presque toutes les cités riveraines de la mer Egée. Aux termes de ce contrat, Athènes devait simplement présider la confédération hellénique, percevoir les contributions équitablement réparties entre les cités grecques, et dues par chacune d'elles pour la défense commune ; enfin donner aux fonds du trésor national l'emploi déterminé par l'assemblée. Le trésor commun était conservé à Délos, et les confédérés se réunissaient dans le temple d'Apollon [1].

Les amphictyons étaient donc envoyés à Délos par les différentes cités de la Confédération. Athènes exerçait la présidence et recueillait les impôts. A cet effet, une

[1] THUC., I, 96.

magistrature nouvelle, celle des Hellénotamies, fut instituée [1]. Les Hellénotamies étaient des Athéniens qui recevaient les contributions (φόροι), les déposaient dans le trésor, étaient préposés à leur garde et les administraient.

Nous ne nous occuperons ici ni de l'histoire de cette confédération, ni de cette magistrature tout athénienne[2], ni des modifications qu'elle subit après l'époque à laquelle Délos cessa de garder le trésor, et n'eut plus à remplir le rôle tout honorifique qui lui avait d'abord été confié [3].

Le trésor de la confédération reçut d'abord 460 talents chaque année [4]. Cette somme, d'abord appliquée aux frais de la guerre et des fêtes religieuses, fut plus tard dépensée par les Athéniens à leur profit presque exclusif, et consacrée surtout aux embellissements

[1] Sur les différents tributs imposés aux Grecs, Cf. BŒCKH., *Econ, pol.*, l. III, ch. XV, et l. II, ch. VII. *Inscr. att.*, 226 et suiv., d'après KŒHLER, *Urkunden und untersuchungen zur Geschichte des delisch-Attischen bundes.* Comment. Acad. Berol., 1869, Cl. Hist. phil., 2, p. 4 et suiv.

[2] Bœckh pense que les hellénotamies étaient tirés au sort, comme les trésoriers des dieux, parmi les pentacosiomédimnes. Probablement ils étaient plus de dix et pouvaient appartenir plusieurs ensemble à la même tribu. BŒCKH., *op. cit.*, l. II, ch. VII.

[3] Les Hellénotamies paraissent avoir été remplacés, après l'archontat d'Euclide, par le trésorier de la guerre et l'intendant des fonds théoriques. Cf. BŒCKH., *op. cit.*, l. II, ch. VII. — KOEHLER, loc. cit. Nous n'insistons pas sur cette importante question, presque étrangère à notre sujet.

[4] BŒCKH., *op. cit.*, l. III, ch. XV. — Cf. KŒHLER, loc. cit. Cette somme, par la suite, alla jusqu'à 1200 talents. MILIARAKIS, *op. cit.*, p. 166 et suiv.

d'Athènes [1]. En cessant de fournir des hommes pour l'œuvre commune, les alliés avaient en quelque sorte abdiqué en faveur de cette ville puissante et belliqueuse, qui, chargée de les défendre, aspira bientôt à les gouverner. Voilà pourquoi les Athéniens enlevèrent de Délos le trésor commun pour le transporter dans le Parthénon. Proposée d'abord par les Samiens, peut-être à l'instigation de Périclès, et adoptée, paraît-il, vers 454 av. J.-C. [2], cette mesure significative dut mécontenter plus d'un allié et surtout la cité de Délos ; mais Athènes, en soutenant seule le poids de la guerre contre les Perses, s'était créé une puissance navale redoutable dont l'appareil étouffait les murmures.

Nous possédons plusieurs listes des tributs prélevés par les Hellénotamies sur les différentes cités de la confédération ionienne [3]. Leurs dates sont comprises entre l'ol. 81,3 et l'ol. 88, 4. (454 à 420.) Le nom de Délos n'y figure pas ; elle était donc exemptée de l'impôt [4] : les Déliens, que leur caractère sacré avait toujours dispensé de combattre, n'avaient pas à payer une taxe de guerre. En revanche, Rhénée acquittait son tribut comme les autres îles : elle paraît avoir eu toujours

[1] Bœckh, *op. cit.*, l. II, ch. VII.

[2] Miliarakis, *op. cit.*, p. 171, 172. — Plut., *Périclès*, 17. — *Aristid.*, 23, 24. — Kœhler, *op. cit.*, p. 103-107. — La plus ancienne inscription « des tributs » que l'on trouve sur l'Acropole date de 454, mais il n'est pas prouvé qu'il n'y en ait pas eu d'antérieures.

[3] Kirchhoff, inscription n° 37 et n° 226 et suiv.

[4] Cf. Hyperid., *fr.* 75, *Orat. attic.* t. II, p. 392 et suiv., éd. Didot. — Le mot de φόρος est plus tard remplacé par celui de σύνταξις.

une organisation politique indépendante et distincte de celle de Délos. Les administrateurs des revenus sacrés de l'île, ou plutôt du temple, doivent être distingués des Hellénotamies qui recueillaient les impôts de la confédération. L'ol. 86, 3 et 4 (434, 433) ces administrateurs étaient athéniens [1]. On ne sait pas s'ils s'appelaient épimélètes, épistates ou bien amphictyons, nom qu'ils ont porté un peu plus tard.

A partir de l'année 454, les Hellénotamies ne cessèrent pas de recueillir les impôts levés sur les alliés, mais ils les portèrent dans le Parthénon et n'eurent plus de relations avec Délos. Les Amphictyons continuèrent à gérer les revenus sacrés de l'île, dont les Athéniens voulurent être bientôt les uniques possesseurs. Des prétextes pieux servirent leur ambition. La sixième année de la guerre du Péloponnèse (ol. 88, 3; l'hiver de l'année 426), ils décidèrent que l'île serait purifiée. Pisistrate en avait enlevé les sépultures qui se voyaient du temple; sur l'avis de l'oracle, il fut décidé que désormais aucun tombeau ne profanerait le sol de l'île sainte, et toutes les sépultures furent transportées dans la nécropole de Rhénée. Défense fut faite de mourir à Délos et même d'y naître. Les femmes enceintes et les mourants durent être embarqués pour Rhénée .

[1] KIRCHHOFF, *Corp. inscr. att.*, n° 283. Cette inscription qui contient les actes de l'ol. 86, 3 et 4, ne fut elle-même gravée que beaucoup plus tard (entre les ol. 92, 2 et 102). Cf. KIRCHHOFF, *Comment.* ad loc. cit.

[2] THUC., III, 104. — STRAB., 486. — ESCHINE (*Orat. attic.* Didot, t. II, p. 144) raconte qu'une maladie contagieuse affligea les Déliens parce qu'ils avaient enseveli un mort dans leur île. — PLUT., *Apopht. lacon.*, 15.

Ces prescriptions nouvelles sont étonnantes dans une ville où l'on pouvait naître et mourir depuis des siècles, où Pythagore avait enseveli Phérécyde, où l'on montrait le tombeau d'Ajax, où les Hyperboréennes reposaient à l'ombre même du temple de Diane. Sans doute la politique ne fut pas étrangère à cette mesure religieuse; et, débarrassée des morts, Athènes comptait avoir meilleur marché des vivants.

En effet, à partir de ce jour, les Déliens n'eurent plus de patrie, car on ne peut appeler de ce nom une terre sur laquelle on n'est point né, dans laquelle on ne sera pas enseveli, et qu'on ne saura pas défendre par les armes. La fonction de ces ministres des dieux, qui méritaient à peine le nom de citoyens, fut de s'asseoir aux festins sacrés[1], dont ils ne faisaient pas les frais, d'en dresser les tables[2], d'en vendre les mets[3] ou de les préparer. Ces offices, que la crédulité pieuse des premiers Grecs avait honorés, perdirent leur prestige, et les parasites des dieux mêmes furent raillés sans pitié. Quels services rendaient-ils à la Grèce pour vivre à ses dépens? On ne craignit donc pas d'attaquer les Déliens dans leur caractère religieux, leur unique sauvegarde. On leur donna les noms de tous les animaux, de tous les mets qui figuraient à leurs festins, et ce catalogue de sobriquets est

[1] PLUT., *Nicias*, loc. cit.

[2] ATHEN., IV, 172, 173.

[3] Une des spécialités des Déliens était d'engraisser la volaille. — Cf. BARTHÉLÉMY, *Voy. du jeune Anacharsis*, ch. LXXIII, et CIC., *Acad.*, II. 26. « Gallinarium invenisti Deliacum illum qui ova agnosceret. » Ces « Gallinaires » déliens savaient probablement deviner en examinant l'œuf, le sexe de l'animal qui en sortirait.

long. On y joignit ceux de harponneurs de poisson[1] et de néocores ou balayeurs du temple, nom souvent très-honoré, mais ici tourné en ridicule. Enfin la population porta en bloc le surnom d'Eléodytes, ou dresseurs de tables, et leurs femmes, le titre moins flatteur qu'ironique de « fleurs de cumin. » Les parasites, d'après le poète comique Criton, avaient en grande estime Délos, où l'on trouvait des gens de toutes les nations et un marché bien fourni[2].

Déchus de leur ancienne position au centre de la confédération ionienne, raillés par Rhénée et par Athènes[3], les Déliens voyaient avec haine et douleur Athènes accaparer le culte d'Apollon, en administrant les temples et les biens consacrés au dieu qui, devenant ainsi Athénien lui-même, passait à l'ennemi. Ils purent donc remplir avec répugnance les prescriptions religieuses que leur imposait la piété intéressée d'Athènes.

Aussi, quatre années plus tard (422 av. J.-C.), Délos était-elle accusée de n'avoir pas accompli les lustrations prescrites[4]. Pour de vieilles raisons que l'on ne connaît pas[5], et pour ne s'être pas purifiés après avoir trans-

[1] Les poissons, très-salés aux environs de Délos, avaient, dans le port même, une chair fort douce. PLIN., XXXII, 9, 1. — Certains poissons fort estimés se pêchaient près de Délos et de Tinos.

[2] ATHÉN., IV, 172, 173.

[3] Cf. p. 17.

[4] THUC., V, 1. — V, 32. — DIOD. SIC., II, 58, 6. — PAUS., IV, 27, 5.

[5] Le scholiaste anonyme d'Hermogène (Cf. HYPERID., *Or. att.*, éd. Didot, t. II, p. 392 et suiv.) cite un passage du discours déliaque d'Hypéride. L'orateur athénien raconte que de riches Eoliens, venus à Délos avec la Théorie, furent trouvés as-

porté les sépultures de Délos à Rhénée, les Déliens parurent commettre un acte sacrilége quand ils vaquèrent à leurs fêtes annuelles. Aux yeux des Athéniens, qui les accusaient de pencher pour Sparte, le crime fut évident, et, de plus, impardonnable. Les Déliens furent chassés et, recueillis par Pharnace, se réfugièrent la plupart en Asie, à Adramyttium [1]; Athènes s'empara de l'île, dont elle avait expulsé les vivants après les morts.

Quand les Athéniens prirent possession de leur triste conquête, ils n'y virent donc pas leurs victimes, et cependant le remords les saisit. Cette ville de temples sans habitants ni tombeaux rappelait trop vivement à leur imagination encore religieuse le souvenir de cette vieille théocratie et de ces hommes sacrés, que l'on avait sans provocation, sans colère, sans autre raison qu'une cupidité voilée d'hypocrisie, exilés du sol où, depuis des siècles, les barbares eux-mêmes les vénéraient. Quand après une bataille et un assaut, les anciens s'emparaient d'une ville, ses dieux l'abandonnaient; et ceux du triomphateur, y entrant avec lui, rassuraient sa conscience. La profanation de Délos dut paraître flagrante, lorsque les vainqueurs sans gloire pénétrèrent dans cette ville intacte et superbe, vide d'habitants, pleine de dieux.

sassinés sur le rivage de Rhénée. Les Déliens intentèrent un procès aux habitants de cette île, coupables, disaient-ils, de sacrilége. Il fut prouvé que le meurtre avait été commis par les Déliens. Il est fort probable que ce procès fut antérieur à 422, et qu'Athènes accusa les Déliens de ne s'être pas purifiés de ce meurtre. Cf. la dissertat. de Sauppe ad loc. cit.

[1] THUC., V, 11, 32. — PAUS., IV, 27, 5. Quelques-uns de ces exilés déliens apprirent par l'oracle de Delphes que Tégyre était la véritable patrie d'Apollon. Cf. p. 189 et suiv.

Les Athéniens s'effrayèrent donc et se repentirent. Engagés dans une lutte redoutable, où il n'y allait pas seulement de leur hégémonie, mais de leur existence, ils purent craindre pour eux-mêmes une pareille infortune et ils songèrent à conjurer la colère céleste. Elle semblait déjà se manifester : l'oracle de Delphes parla en faveur de Délos, et l'année fut malheureuse pour les armes d'Athènes [1]. Aussi les Déliens furent-ils, l'année suivante, autorisés à rentrer dans leur patrie (421 av. J.-C.). Beaucoup se rendirent à cet appel, d'autres demeurèrent en Asie et furent presque tous massacrés en 411 par Arsace, général de Tissapherne [2].

Le prudent et superstitieux Nicias ne fut peut-être pas étranger à la décision des Athéniens. Peu de temps après, quand Sparte et Athènes conclurent une trêve de cinquante années, il conduisait lui-même à Délos une Théorie [3] qui est demeurée fameuse entre toutes, autant par la munificence de l'archithéore que par l'enthousiasme qui l'accueillit.

Cependant les Déliens ne se réconcilièrent pas avec les amphictyons, qui ne se départaient d'aucune de leurs prérogatives religieuses. Quand le désastre d'Ægos-Potamos eut amené la prise d'Athènes et que la paix lui enleva les Cyclades, les Déliens crurent le moment venu de secouer le joug, et, s'adressant à Sparte, ils

[1] THUC., V, 32.

[2] THUC., V, 32. — PAUS., IV, 28, 5.

[3] PLUT., *Nicias*, loc. cit.; *Thés.*, loc. cit. — PAUS., VIII, 48. — Vid. supra, p. 261. — Les grandes Théories avaient lieu la troisième année de chaque olympiade. La paix de Nicias datant de l'ol. 89, 4, il est très-probable que la grande Théorie conduite par Nicias date de l'ol. 90, 3, c'est-à-dire de 418 av. J.-C.

revendiquèrent comme leur patrie et leur propriété cette île « dans laquelle ils ne pouvaient naître ni mourir. » Pausanias leur retourna l'argument : une île dans laquelle on ne peut naître ni mourir n'est pas une patrie ; et l'administration des temples et des terrains sacrés de Délos fut conservée aux Athéniens [1]. Ce procès ne peut dater que de l'olympiade 94, époque à laquelle Sparte, maîtresse de la destinée d'Athènes, inclinait à traiter cette rivale déchue avec quelques égards.

Plus d'une fois Délos fut ainsi abandonnée par les ennemis d'Athènes, et même livrée après leur victoire. Plusieurs causes expliquent ce fait étrange. Tombée au pouvoir de ses ennemis Spartiates, Macédoniens, Romains, Athènes se vit généralement épargnée, même honorée par eux : ils rendaient hommage à sa supériorité intellectuelle, et peut-être jugeaient-ils à propos de ménager dans ses habitants les hérauts de la renommée, et aussi les plus spirituels des railleurs. On savait Athènes jalouse de dominer à Délos ; on lui laissait volontiers un privilége dont elle était reconnaissante, qui lui coûtait d'assez fortes sommes et n'augmentait en rien son pouvoir. On l'embarrassait d'une possession ruineuse et de subordonnés mécontents. Puis Athènes avait depuis longtemps organisé les Théories, administré les temples déliens ; et les Grecs se faisaient souvent

[1] PLUT., *Apoph. lacon.*, 15. Suivant Plutarque, ce Pausanias est le fils de Cléombrote. D'Orville (*op. cit.*, p. 22) démontre qu'il s'agit ici de Pausanias, fils de Plistoanax, qui rendit aux Athéniens leur autonomie après l'expulsion des trente tyrans. En effet l'usage de transporter à Rhénée tous les morts de Délos ne date que de la seconde lustration, époque à laquelle Pausanias, fils de Cléombrote était déjà mort.

scrupule de toucher à des droits acquis, à des prérogatives religieuses depuis longtemps respectées.

Après la prise d'Athènes, Délos ne fut donc pas relevée de sa sujétion. Cependant ce n'était pas une dépendance absolue ; ses temples, il est vrai, et leurs revenus demeuraient entre les mains des amphictyons, mais elle conservait sa constitution politique et se gouvernait par ses propres lois.

§ III. *Amphictyonie des Athéniens (suite) et constitution politique des Déliens jusqu'à la guerre Lamiaque (De 404 à 322 av. J.-C.)*

L'amphictyonie délienne, composée d'abord des représentants des alliés, tomba tout entière, lorsque la confédération fut dissoute, entre les mains d'Athènes. Ce ne fut donc plus à proprement parler une amphictyonie, mais les Athéniens n'en tinrent que davantage à maintenir ce titre. Il figure sur tous les décrets relatifs à l'administration des temples de Délos, rédigés par les Athéniens et conservés dans l'Acropole. Les membres de l'amphictyonie sont alors exclusivement Athéniens ; ils siégent dans le temple d'Apollon à Délos, perçoivent les revenus sacrés de l'île, et portent un titre usurpé, odieux aux Déliens.

Le tableau des recettes et des dépenses que les amphictyons ont faites à Délos se trouve tout au long dans une inscription postérieure de quelques années à la prise d'Athènes (ol. 100, 4 ; 101, 1, 2, 3. 377-374 av. J.-C.)[1]. Cette inscription prouve que le temple d'Apollon

[1] C. I. Gr., 158.

appartenait complétement aux Athéniens, mais que Délos avait encore ses archontes particuliers, et, pour dater les décrets, des mois distincts. La confédération hellénique étant dissoute, il n'est plus question des hellénotamies[1].

Les amphictyons ont recueilli : 1° des intérêts (τόκοι) payés par différentes villes et d'autres, acquittés par des particuliers, généralement déliens, ou par leurs répondants. Le temple de Délos faisait donc la banque et percevait les revenus des capitaux qu'il avançait. 2° Les prix de location de terrains, de maisons, de propriétés religieuses situées à Rhénée ou à Délos; 3° Des amendes de dix mille drachmes infligées à plusieurs Déliens, coupables d'avoir arraché les amphictyons du temple d'Apollon Délien et de les avoir frappés. Il y eut aussi, en punition de ce sacrilége, des condamnations à la confiscation et à l'exil.

Entre différentes listes d'intérêts perçus est intercalé un catalogue de dépenses[2]. Les sommes reçues devaient acquitter surtout les frais des théories, des jeux, et des sacrifices. Suit la liste des demeures consacrées dans l'île à Apollon Délien.

[1] Bœckh, ad loc. cit., pense que les amphictyons avaient à rendre des comptes à la fin de chaque troisième année. — Deux catalogues que nous connaissons (Le Bas, *Inscr. att.*, 244 et 245) sont datés de la seconde année de l'olympiade.

[2] Il faut mentionner la somme d'un talent attribuée aux archithéores, et celle d'un talent et de mille drachmes donnée au triérarque pour le transport des théores et des chœurs. On a payé en outre une couronne au dieu, des trépieds pour les vainqueurs des jeux, des bœufs pour les sacrifices, des feuilles d'or pour les cornes des bœufs.

Les amphictyons administraient donc les revenus et surveillaient les dépenses du temple d'Apollon à Délos, et les propriétés du dieu étaient entre les mains d'Athènes. Une liste de ces revenus et de ces propriétés était sans doute dressée chaque fois que de nouveaux amphictyons entraient en charge. On a trouvé à Athènes une inscription dans laquelle ils consignent l'inventaire des richesses confiées à leurs successeurs. Nicias est cité pour les dons qu'il a faits au temple[1].

Mais les Déliens conservaient quelque indépendance politique, puisqu'ils avaient des archontes. Il y eut certainement lutte entre cette indépendance et l'influence qu'Athènes tenait de son autorité religieuse : les Déliens ont expulsé les amphictyons du temple, les ont frappés, et les amphictyons ont châtié les sacriléges. Or l'inventaire même dans lequel ce fait a été relaté, a été daté par les noms des archontes déliens, et trois d'entre eux portent exactement les mêmes noms que trois des coupables. Sont-ils de la même famille ? sont-ils les sacriléges eux-mêmes ? Il semble qu'en élisant de pareils archontes, les Déliens aient voulu faire de l'opposition aux amphictyons d'Athènes [2].

Plusieurs inventaires d'objets appartenant aux temples d'Apollon Délien ont été dressés par les amphictyons [3] et conservés dans l'acropole d'Athènes [4]; ces

[1] C. I. Gr., 159.

[2] C'est du moins l'opinion de Bœckh (*Comment. ad inscr.* 158). — En ce cas, les archontes déliens auraient été élus et non pas tirés au sort; mais cette hypothèse a besoin d'être confirmée.

[3] Le Bas, *Inscr. att.*, 242 à 245. — Rangabé, *Ant. hell.*, 857, 858.

[4] Le Bas, *ibid.*

objets ont presque tous été donnés par des Athéniens. Les présents sont disposés dans le grand temple d'Apollon Délien par rangée, dont le nombre augmente d'année en année avec les offrandes nouvelles. D'autres sont consacrés au « temple ancien » et d'autres encore « au temple des Déliens » [1] Leurs annexes non plus n'étaient pas oubliées, car une table de bronze est offerte à la déesse Aphrodite. [2], qui avait auprès d'Apollon une statue et un sanctuaire. Le catalogue augmente chaque année, et les listes les plus modernes reproduisent les plus anciennes en les continuant. Les noms d'archontes, mentionnés sur ces listes, permettent de fixer quelques dates. Ce sont Callistrate (ol. 106, 2; 355, av. J. C.), [3] probablement Evænète (ol. 111, 2; 335 av. J. C.) [4], et Polémon (312 av. J. C.) [5]. Le célèbre Callias, fils d'Hipponicos, contemporain de Socrate, fut archithéore. Son nom précède celui de Nicias, [6] avant lequel sans doute il avait exercé cette charge [7].

[1] N° 242, l. 9 et 11.

[2] N° 244, l. 10.

[3] N° 242, l. 10.

[4] N° 243.

[5] N° 245.

[6] N° 243, l. X. Callias et plus tard Nicias offrent au temple des στλεγγίδες bandelettes portées et consacrées par les théores-

[7] Ces détails topographiques, ces noms, ces dates, intéressent l'histoire. L'épigraphiste, en outre, pourra étudier avec profit ces longs catalogues d'objets sacrés. L'inventaire le plus complet (n° 244) mentionne 1° les diverses rangées, probablement de φιάλαι, pesées; 2° les objets non pesés, avec la mention des donateurs; 3° les objets placés dans le temple ancien, et d'autres dans le temple des Déliens; 4° une série de couronnes d'or avec feuilles imitant le laurier; 5° différents objets dont les noms se retrouvent dans d'autres inventaires sacrés. Men-

Pendant cette période, Délos, de gré ou de force, partagea la fortune des Athéniens lorsqu'ils firent la guerre aux îles [1]. (Cette guerre finit l'ol. 106, 2, an 355). Quand elles leur furent enlevées, quelques années plus tard, après la bataille de Chéronée, en 338 [2], l'administration des temples d'Apollon et de leurs propriétés religieuses n'en resta pas moins entre les mains d'Athènes, car l'un des inventaires amphictyoniques cités date de 335 [3], et, du reste, les Déliens avaient perdu, quelques années auparavant (de 346 à 344) [4], devant le grand tribunal des amphictyons de Delphes, que Philippe dirigeait, un procès par lequel ils revendiquaient le droit d'administrer ces temples.

Ce procès fut célèbre. Le peuple athénien avait chargé Eschine de la défense [5], mais en même temps temps il avait confié à l'aréopage le soin d'aviser à tous les détails du procès [6]; et l'aréopage, soupçonnant Eschine d'être vendu à Philippe et de vouloir

tionnons « les supports du cratère d'argent » l. 17, et l. 27, peut-être des éperons de trirèmes. Ce sont en outre des cratères, des tables, des vases divers; etc.

[1] CORN. NEP., *Timoth.*, 2, 3. — POLYEN, III, 9, 36.

[2] PAUS., I, 25, 3.

[3] LE BAS, *op. cit.*, n° 263. — Cf. C. I. GR., n° 159.

[4] Cf. *Frag. Hypérid.* or. att. éd. Didot, t. II, p. 392 et suiv., une excellente dissertation de Sauppe. Ce procès est postérieur à 346, date à laquelle Philippe hérite des deux voix des Phocidiens dans l'amphictyonie, et antérieur à l'ambassade de Python (344). Cf. Demosth., *Pro corona*, 138 et suiv.

[5] APOLLON., *De vit. Æschinis*, p. 2, éd. Dindorf., *Schol. Æsch.* — Sauppe, loc. cit.

[6] Cf. DÉMOSTH., *op. cit.*, 134.

trahir la cause d'Athènes [1], choisit Hypéride. Euthycrate d'Olynthe plaida pour les Déliens [2].

L'orateur athénien dut formuler contre les Déliens différentes accusations. On sait qu'il leur reprocha un meurtre [3], qui avait peut-être servi de prétexte à leur expulsion, en 422. Mais il s'attacha surtout à démontrer que la religion délienne venait de l'Attique. Il essaya donc de prouver que Latone, ayant denoué sa ceinture au cap Zoster, avait été conduite par Minerve Pronoia jusqu'à Sunium, et que, d'île en île, elle avait atteint l'île sainte [4]. Délos tenait donc sa religion de l'Attique.

En dépit de cette mythologie, qui trouva des sceptiques même parmi les Athéniens, Hypéride gagna sa cause [5] : mais on ignore s'il n'employa pas d'autres arguments plus sérieux empruntés de l'histoire. Il semble pourtant que, si les Athéniens avaient autrefois colonisé Délos, s'ils avaient été les véritables fondateurs de la ville sainte et les ancêtres de ses habitants, Hypéride n'eût pas manqué de le rappeler, et le souvenir en serait venu jusqu'à nous. Il faut donc penser que le peuple délien était encore considéré par les Athéniens eux-mêmes comme distinct et indépendant de celui d'Athènes.

[1] APOLLON., loc. cit. — *Vit. X orator.*, p. 849. — DÉMOSTH., loc. cit. — Les membres de l'aréopage ne voulurent pas qu'Eschine prît la parole avec eux. PHILOSTR., *Vit. Sophist.*, I, 18.

[2] HYPÉRID., *fr.* 80.

[3] ANON. HERMOG., IX, 6. 454.

[4] SAUPPE, *loc. cit.*

[5] HERMOG., *In rh. gr.*, III, p. 219, éd. Walz. — SAUPPE, éd. Didot, loc. cit.

Athènes demeura probablement en possession du temple d'Apollon Délien sous Philippe et sous Alexandre, qui la ménagèrent. Mais, après la bataille de Cranon, (322) le meurtrier de Démosthènes et d'Hypéride, Antipater, abattit la puissance des Athéniens et les humilia dans leur gloire. Sans doute il abolit leur suprématie à Délos, car des inscriptions prouvent que les Déliens ont ensuite administré leurs temples [1]. Cependant les Théories athéniennes ne cessèrent pas de fréquenter l'île sainte. Cette situation dura jusqu'à l'époque où Délos fut remise par Rome aux Athéniens.

§ IV. *Délos libre, (de 322 à 196 ; de 196 à 166).*

1° De 322 à 196.

Sous les successeurs d'Alexandre, la civilisation grecque et celle des peuples conquis se pénètrent et se confondent. Grecs d'origine, tous ces rois d'Asie Mineure, de Syrie, d'Egypte, tenaient fortement à la religion de leurs pères, peut-être par goût, certainement par intérêt. Ils partageaint leurs hommages entre les divinités de leurs sujets et les dieux conquérants, tous réunis en paix dans un olympe cosmopolite. Occu-

[1] Nous trouvons cependant (Le Bas, *inscr. att.*, 245) une inscription athénienne postérieure à 322 (elle semble dater de 312), qui a semblé à Le Bas contenir un inventaire d'objets sacrés conservés à Délos. Mais il est possible qu'Athènes, sans être maîtresse des temples déliens, ait continué à dresser la liste des objets qu'elle leur donnait. En outre, cette inscription mutilée, qui ne porte les noms ni des amphictyons ni du temple d'Apollon, peut avoir été faussement attribuée à l'amphictyonie de Délos.

pant une position encore centrale dans le cercle agrandi de l'Hellénisme, Délos vit augmenter le nombre de ses adorateurs.

L'histoire de ses relations avec les nations voisines est donc celle des honneurs qu'elle en reçut ou qu'elle leur rendit.

Sous le règne de Ptolémée Lagus (323-284), elle frappa des médailles consacrées aux dieux adelphes, qui sont à la fois Apollon et Diane, Ptolémée et Bérénice. Ptolémée Philadelphe (284-246), étant maître des Cyclades [1], une statue lui fut consacrée à Délos par les habitants des îles [2].

Philippe, fils de Démétrius, roi de Macédoine (221-178), érigea un portique près du temple d'Apollon [3]. Cette pieuse offrande ne l'empêcha pas d'être complément vaincu en 197 par les Romains, qui songèrent, dès l'année suivante, à rendre Délos aux Athéniens. Du reste, l'île sainte, en perdant sa liberté, ne perdit pas ses droits au respect des rois et des peuples, et l'on ne cessa pas de lui consacrer des offrandes, même sous la domination athénienne.

La cité libre des Déliens a reçu les marques d'une estime plus flatteuse encore : des cités grecques la convièrent à juger leurs litiges. Les habitants d'Ilium, en procès avec leurs voisins, probablement pour une délimitation de territoire, choisirent pour arbitres les peuples de quatre villes, en particulier de Rhodes, de Paros, de Délos. Ce procès est antérieur à l'année 566

[1] THÉOCR., *Idyll.*, XVII, 88.
[2] C. I. GR., 2273. — Cf. 2267 et 2356.
[3] Vid. p. 40.

U. C. (189 avant Jésus-Christ), époque où Rhodes et Ilium étaient fort mal ensemble [1].

L'administration intérieure de Délos, pendant cette période d'indépendance, ressemblait assez à celle des autres cités grecques. Elle avait, comme elles, un sénat et une assemblée du peuple. On a conservé quelques décrets par lesquels ce sénat et cette assemblée ont conféré à des étrangers les titres héréditaires de proxènes et d'évergètes du temple et du peuple. Délos, sans doute, était heureuse de n'avoir plus à séparer le sacré du profane. Elle décernait en outre à ces proxènes le droit de ne pas payer l'impôt, le droit d'asile, celui de posséder à Délos une terre et une maison, l'accès auprès du sénat et du peuple, aussitôt après les cérémonies religieuses, et une place d'honneur aux jeux [2]. Ces décrets, à la fois religieux et politiques, étaient inscrits dans le temple par les *hieropii*, et par les sénateurs dans l'édifice du sénat. — A cette époque, les Déliens rebâtirent le grand temple ; ils accordèrent aux ouvriers l'exemption d'impôt et le droit d'asile pour le temps des travaux et trente jours en sus [3].

L'inscription qui relate ce fait donne ainsi des renseignements fort précieux sur l'organisation des magistratures religieuses de Délos, redevenue tout-à-fait libre. Le soin de réparer le temple [4] fut confié à l'en-

[1] C. I. Gr., 3598. Sans doute Ilium gagna son procès, puisque les habitants de cette cité remercient et couronnent les peuples qui ont jugé.

[2] C. I. Gr., 2268, 2269, 2267.

[3] C. I. Gr., 2266.

[4] C. I. Gr., 2266. — Bœckh assigne à cette inscription une date qui varie entre 220 et 180 av. J.-C., parce qu'il s'y trouve

trepreneur, sur le devis de l'architecte, avec la garantie de répondants. Les épistates [1] surveillèrent ces travaux et fournirent l'argent, de concert avec les hiéropii, qu'il ne faut pas confondre avec les magistrats athéniens du même nom. Ces hiéropii déliens étaient aussi chargés de placer les décrets dans le temple du dieu [2].

Le contrat fut signé par les deux répondants, par les onze, magistrature délienne inconnue, par le greffier du sénat, par le greffier des hiéropii, par l'intendant de la ville et par les agoranomes. Ces noms, que l'on retrouve dans les inscriptions relatives à d'autres villes, n'ont pas besoin d'être expliqués.

Une autre inscription, qui appartient également à Délos libre, nous renseigne sur une autre de ses magistratures, la prytanie. La communauté des technites dionysiaques avait décidé qu'une statue, dédiée à Craton de Téos, lui serait élevée dans l'île sainte. Elle envoya des ambassadeurs auprès du peuple et du sénat déliens, qui chargèrent les prytanes de mettre à la disposition de ces technites l'emplacement nécessaire pour l'érection de la statue [3]. Sans doute, la prytanie était une section du sénat, à Délos comme à Athènes.

En résumé, les magistratures déliennes ne différaient guère à cette époque de celles des autres cités ; seulement, les préoccupations pieuses étant constantes à

un descendant de Théognès qui vivait pendant la 100e olympiade. En tout cas, il est certain que cette inscription appartient à Délos libre, car aucun dème attique n'est mentionné.

[1] L. 26, les épistates y sont une fois appelés épimélètes.

[2] C. I. Gr., 2268.

[3] C. I. Gr., 3067.

Délos, il n'y eut guère que des actes religieux à voter et à faire exécuter.

2° Délos revendiquée par les Athéniens. (De 196 à 166.)

Si l'on en croit Tite-Live [1], les Romains, vainqueurs de Philippe en 197, donnèrent l'année suivante aux Athéniens Paros, Imbros, Scyros et Délos. Suivant Polybe[2], Délos ne fut occupée que 30 ans plus tard. Quand Haliarte fut prise par les Romains, en 171, les Athéniens demandèrent sa grâce au sénat, puis, cette grâce refusée, son territoire; en même temps, ils réclamèrent Lemnos et Délos, et le décret du sénat fut rendu cinq ans après, en 166. Il est certain qu'Athènes a fini par obtenir ces îles, et aussi le territoire d'Haliarte, qui d'abord ne lui avait pas été accordé.

On peut concilier Tite-Live et Polybe. En 196, les Romains, dans un élan d'enthousiasme plus ou moins calculé, proclamèrent l'indépendance de la Grèce.

Sans doute, ils ont voulu plaire aux Athéniens, leurs alliés, et se sont engagés à leur rendre Délos ; mais, le moment venu de tenir leur parole, peut-être ont-ils mis beaucoup moins d'empressement à s'exécuter. C'est ce qui explique que l'affaire ait traîné jusqu'en 166.

Trente années s'écoulèrent donc pendant lesquelles Délos continua de s'administrer librement. Nous le savons par le décret des habitants d'Ilium, par l'inscription des technites dionysiaques, postérieure à 196, et

[1] T. L., XXXIII, 30.

[2] POLYB., XXX, 18 et 18 a.

(de 179 à 171), par une inscription que le peuple délien a dédiée à Laodice, femme de Persée [1].

L'histoire cite plusieurs fois le nom de Délos pendant cette courte période. Persée, à la mort de son père, y fit publier le décret, également porté à Delphes et dans le temple de Minerve Itonia, qui rappelait en Macédoine tous les exilés [2].

Le temple d'Apollon Délien reçut aussi le texte du traité conclu entre Persée et les Béotiens [3]. On le choisit sans doute à cause de la publicité qu'assurait à des actes de ce genre l'affluence des étrangers qui le visitaient. Il dut en même temps cette préférence à la vénération des peuples, qui le mettait encore à l'abri de toutes les spoliations, et, peut-être, aux vieux souvenirs de l'amphictyonie ionienne.

C'est ainsi que plusieurs décrets qui ne concernaient pas Délos furent gravés dans l'île sainte, exposés aux regards des étrangers et des théores, et confiés à la garde tutélaire des dieux [4].

[1] Persée, dès qu'il fut roi, demanda et obtint Laodice, fille de Séleucus Philopator, roi de Syrie. Séleucus, allant de Syrie en Macédoine sur la flotte des Rhodiens, dut aborder à Délos et y laissa quelques traces de sa générosité. De là sans doute, la reconnaissance des Déliens. C. I. Gr.. 2275.

[2] Polyb., XXVI, 5.

[3] T. L., XLII, 12.

[4] Le décret des Téiens. — Celui de Persée. — Un décret dont l'inscription nous est restée C. I. Gr., 2265 : Un débat qui s'élève entre les Pariens et les Naxiens fut jugé par Erétrie, peut-être à Délos. Une partie de l'amende fut consacrée à Apollon par les Pariens probablement vainqueurs, et la peau de la victime revint au prêtre. Le décret fut placé à Délos.

En 191, la flotte de Livius Salinator mouille à Délos. En 168, une trêve est conclue dans l'île sainte entre les représentants de Persée, Antenor et Calliope, et les commissaires romains, C. Popilius, C. Decimius et C. Hostilius[1]. Délos fut choisie parce qu'elle était neutre, indépendante et sacrée.

Elle dut à ce dernier caractère des présents magniques offerts au temple d'Apollon par Antiochus Epiphane (175-164)[2].

[1] T. L., XLIV, 28, 29.
[2] POLYB., XXVI, 10. — T. L., XLI, 20. — C. I. GR., 2275, b.

CHAPITRE III

Délos athénienne.

SOMMAIRE : § I. Depuis 166 av. J.-C. jusqu'à la fin de la guerre de Mithridate (84 av. J.-C.). — § II. Depuis 84 av. J.-C. jusqu'à 117 après J.-C. Délos sous la protection romaine. — Délos rendue aux Athéniens — § III. Depuis l'avènement d'Hadrien (117 après J.-C.) jusqu'à la mort de Julien (363 après J.-C.). — Conclusion.

§ I. *Depuis* 166 *av. J.-C. jusqu'à la fin de la guerre de Mithridate* (84 *av. J.-C.*)

Athènes, en occupant Délos qui ne voulait pas d'elle, tenait, dit Polybe, « le loup par les oreilles [1]. » Elle le savait bien, aussi prit-elle le parti de faire encore évacuer Délos et de préposer des Athéniens à l'administration civile et religieuse de l'île. Les Déliens durent quitter leur patrie, emportant chacun ses biens, et se réfugier en Achaïe, où le droit de cité leur fut conféré. Là, ils réclamèrent tous les priviléges dont les Achéens jouissaient auprès d'Athènes, tandis qu'Athènes prétendait voir encore des Déliens dans ces Achéens de nouvelle date. La cause fut portée devant le sénat de Rome, traîna quelque temps, et fut jugée enfin en faveur de ces anciens Déliens, qui furent assimilés aux autres peuples de l'Achaïe [2](160 av. J.-C.).

[1] POLYB., XXX, 18 et 18, a.
[2] POLYB., XXXII, 17.

Après avoir ainsi perdu, peut-être la totalité, au moins la plus grande partie [1] de ses habitants, Délos fut peuplée surtout d'Athéniens et d'étrangers, et gouvernée par Athènes, sous la protection de Rome.

Désormais, le nom de l'archonte éponyme d'Athènes y désignera l'année [2]; un épimélète, envoyé tous les ans par la métropole, sera chargé d'administrer l'île annexée [3]. A Haliarte, que Rome vient aussi de donner aux Athéniens, la date des inscriptions est également indiquée par les noms de l'archonte et de l'épimélète athéniens [4].

Cependant il n'est pas sûr qu'Athènes, maîtresse de Délos, y ait aussitôt installé des épimélètes. Quelques années seulement après cette prise de possession, les habitants de l'île inscrivirent dans l'Héracléium un décret où ils s'intitulèrent « le peuple des Athéniens habitant Délos [5]. » Ils l'ont rendu eux-mêmes par leur sénat et leur assemblée du peuple, et Athènes l'a contresigné. Un autre décret, un peu antérieur, concernant

[1] Cf. C. I. Gr., suppl., 2322, b. 17. Cette inscription funéraire, trouvée à Rhénée, date de l'époque romaine, et porte les noms de Calliphante, Délienne, et de Cléomaque, Délien. Il est possible que leur qualité de Déliens ait été mentionnée, pour les distinguer des « Athéniens habitant Délos. »

[2] Alb. Dumont, loc. cit. — Cf. les inscr. du Cynthe, n° 10.

[3] Inscr. du Cynthe, n° 8.

[4] Le Bas, *op. cit.*, 3e partie, 661.

[5] C. I. Gr., 2270. Ils remportèrent un prix, aux Panathénées.— En outre certains Athéniens, prêtres ou magistrats à Délos, contribuaient aux frais de l'ennéétéride Pythienne. On ne sait pas si Délos libre avait connu cette coutume. Vid. supra, p. 152.

les Héracléistes de Tyr [1], porte les mêmes mentions et la même approbation des Athéniens. Peut-être la sanction du peuple athénien n'était-elle pas nécessaire pour donner force de loi aux décrets rédigés à Délos [2].

Le nom des épimélètes ne figure sur aucun de ces deux décrets : il n'est donc pas sûr que cette magistrature ait été déjà instituée dans la nouvelle possession athénienne.

Ensuite le nom de l'épimélète se rencontre sur des inscriptions nombreuses ; ceux du sénat et du peuple des Athéniens habitant Délos ne reparaissent plus. Il est donc assez probable que ces nouveaux habitants de l'île eurent d'abord un sénat et une assemblée du peuple, et qu'un peu plus tard, un épimélète fut envoyé par Athènes pour gouverner au nom de la métropole.

Nous avons déjà donné la liste des épimélètes civils ou religieux qui administraient la cité, les cultes, le commerce. Outre ces épimélètes, les inscriptions [3] mentionnent plusieurs magistrats en résidence à Délos : l'agoranome, l'agonothète des jeux déliens, le gymnasiarque, le héraut. Les revenus du temple étaient per-

[1] C. I. Gr., 2271. — Le Bas, *inscr.*, 1915. — Foucart, *Associations religieuses chez les Grecs*, n° 43. — Inscr. du Cynthe, n° 18.

[2] Cf. C. I. Gr., 2329. Les Téniotes, voisins de Délos, vont porter un décret à Athènes uniquement pour faire honneur à la personne qu'ils veulent distinguer. — C. I. Gr., 2334, un décret de Ténos est placé à Délos « afin que beaucoup le connaissent. » — Cependant, un décret de Lycurgue, dans une affaire analogue, prouve que l'autorisation formelle du conseil et du peuple d'Athènes était nécessaire au Pirée pour que les décrets eussent force de loi. Cf. Foucart, *op. cit.*, p. 127.

[3] Inscr. du Cynthe, n° 8, et l'inscr. des prémices.

çus par un ou par deux habitants de l'île ; un autre était préposé à la banque publique de Délos. Le trésor public et le trésor sacré étaient donc gérés à part.

Cette époque fut pour Délos celle d'une merveilleuse prospérité. Des causes nombreuses, anciennes ou récentes, contribuaient à l'enrichir. Parmi les premières, il faut compter sa positition privilégiée et la bonté de son port, abrité contre les tempêtes qui bouleversent la mer Egée [1]; et surtout son culte, ses fêtes, et jusqu'à ses festins, qui faisaient affluer autour du temple les pélerins, les parasites [2], les étrangers [3]. Ville cosmopolite et ville de plaisir, elle ne pouvait manquer d'attirer les voyageurs, et les sécurités qu'elle offrait fixaient le commerce. Aussi, dans ces temps modernes comme à des époques bien antérieures, ce ne fut pas seulement de Grèce, mais de Syrie, de Phénicie, d'Egypte, qu'on se rendit à Délos pour faire le négoce, au centre du monde civilisé, sous la tutèle d'Apollon [4].

Tous ces étrangers enrichissaient leurs hôtes, qui se

[1] T. L. XXXVI, 43. — Syra doit aujourd'hui sa prospérité à des causes analogues. C'est aussi un port franc, comme Délos du temps des Romains. *Vid. infra.*

[2] Athen., loc. cit. — Strab., 486.

[3] Par exemple, le thiase des Héracléiotes tyriens. Foucart, *op. cit.*, p. 39.

[4] La moitié des inscriptions funéraires trouvées à Rhénée sont consacrées à des Grecs ou bien à des étrangers nés en Asie. C. I. Gr., suppl., 2322, 6, un Grec d'Alexandrie est mentionné. Le nom d'Antioche se rencontre aussi (inscr. 2322, b, 14 et inscr. 2322, b, 15), comme ceux de Tripolis (inscr. 2322, b, 40), de Tyr (insc. 2322, b, 41), de Sidon (inscr. 2322, b, 36), et surtout de Laodicée (2322, b, 22, 23, 24, 25), etc.

livraient en outre à quelques industries spéciales. Ils fabriquaient un airain fort apprécié [1]. Ils vendaient un onguent excellent [2], leurs poissons [3], du miel des Cyclades [4].

Ils avaient le talent d'engraisser la volaille, et c'était une profession d'en examiner les œufs. Sans doute, habitués de longue date à préparer les festins sacrés, ils connaissaient à fond les secrets qui touchent l'art culinaire. Enfin, leur industrie s'attaquant même à la race humaine, les eunuques déliens eurent le triste privilége d'être vantés par Pétrone [5].

Mais tous ces avantages, toutes ces pratiques [6] n'au-

[1] PLIN., XXXIV, 4. Cet airain servit d'abord aux pieds de lits et de tables, puis aux statues et aux vases.

[2] PLIN., XIII, 2.

[3] Ces poissons étaient peu salés dans le port. Cf. p. 291. — Le poisson nommé Ἥπατος ou Λεβίας, qui se pêchait près de Délos, était fort estimé. ATHEN., VII, 301.

[4] DIOSCORID., II, 101.

[5] PÉTRON., éd. Buecheler, p. 25.

[6] Ces préoccupations détournèrent les Déliens ou les Athéniens établis à Délos des travaux de la pensée. Délos inspira des chefs-d'œuvre et n'en produisit guère. Seuls, l'historien Sémus et le poète Dinarque méritent peut-être d'être nommés. Cf. le préamb. Le médecin délien Antiphane (CLEM. ALEX. *Pædag.*, II, 1) imagina cet aphorisme que toutes les maladies venaient de la variété des aliments : la postérité n'aurait guère perdu à ne le point connaître.

Des sculpteurs ont travaillé à Délos ; tous ou presque tous furent étrangers. Un des ancêtres du sculpteur Antherme avait fait des statues à Délos (Antherme date de la 60e ol.). Nous trouvons dans Bœckh (C. I. GR., 2285, b) que Scopas de Paros a réparé les statues d'un certain Agasias, connu à Délos. Myron travailla toute sa vie le bronze déliaque, mais il n'était pas délien. Cf. PLIN. XXXIV, 4, 1. Les inscriptions n'ont encore donné aucune signature intéressante ; plusieurs cependant

raient pas fait de Délos, pendant près d'un siècle, l'île la plus commerçante de la Grèce, si les événements ne l'avaient pas favorisée.

Elle eut le bonheur d'être protégée par les Romains. Il leur fallait un entrepôt près de l'Asie-Mineure, qu'ils avaient couverte de leurs chevaliers ; il fallait que la ville maritime qu'ils choisiraient ne leur devînt jamais redoutable. Délos leur offrait tous ces avantages. Est-ce pour en faire une place privilégiée, est-ce par respect pour son temple qu'ils lui accordèrent l'ἀτέλειαν, l'exemption d'impôts ? En tout cas, cet avantage favorisa le commerce de Délos ; et Rhodes, autrefois si florissante, et longtemps trop orgueilleuse aux yeux de Rome, se plaignait d'être ruinée par cette concurrence[1].

En même temps, la grande cité qui reliait le négoce de l'Orient à celui de l'Occident, Corinthe, succombait. Carthage éprouvait le même sort. Ces deux villes faisaient un grand commerce d'esclaves ; Délos prit la suite de leurs affaires, et dut vendre par surcroît des esclaves carthaginois ou corinthiens. Elle devint donc un entrepôt où les acheteurs affluaient. Il suffisait d'y toucher avec la marchandise, elle était aussitôt écoulée[2].

Tandis que Délos se livrait à ces trafics, sous la pro-

étaient gravées sur des bases de statues. (Statues d'épimélètes, 2286, 2287, 2288. — De Pédius, général de Ptolémée Evergète, 2285. — De Ptolémée Philopator, 2273. — De Laodice, femme de Persée, 2275. — De Mithridate, 2276, 2277. — De Stratonice, 2280. — D'un légat romain, 2295, bis. — D'Auguste, 2282, 2283.)

[1] Ses revenus tombèrent de 1,000,000 de drachmes à 150,000. Polyb., ann. 590, XXXI, 7.

[2] Strab., 486 et 668.

tection de ses dieux et de ses temples, d'autres temples, d'autres prêtres des dieux achetaient aussi des esclaves, mais pour les délivrer. Ces achats n'étaient pas désintéressés, puisque l'affranchissement ne s'obtenait qu'au prix d'une rançon. Cependant l'homme sorti d'esclavage, devait quelque reconnaissance au sanctuaire qui l'avait comme tenu en réserve pour la liberté.

L'Apollon de Délos fut moins en honneur parmi les captifs mis en vente près de son temple. Il y en eut dans le nombre qui, fugitifs et révoltés, se firent brigands ou pirates. Ces opprimés se plairont à profaner les sanctuaires les plus révérés de ce paganisme qui fut pour eux impitoyable, et le temps est proche où Délos ne sera plus défendue contre tant de haines ni par son antique prestige, ni par la puissance inviolable d'Apollon.

Cependant, elle jouissait d'une sécurité profonde, enviée même par l'Italie[1].

Outre les Orientaux et les Grecs, des Romains[2], des Siciliens[3], des Italiens la peuplaient; ils la couvraient de comptoirs et de riches villas. Les rois continuaient

[1] Cic., *Pro Manil.*, 18.

[2] Appien, *De bell. Mith.*, 28. — C. I. Gr., 2285, b. En 114, les Romains élevèrent une statue à Caïus Billiénus. — Le nom de Rome figure à côté de celui d'Athènes dans plusieurs inscriptions. C. I. Gr., 2270, etc. On n'a trouvé à Délos et à Rhénée que deux inscriptions écrites en latin. (C. I. Lat., Mommsen, Berlin, 1873, vol. III, part. 1, nos 484 et 485, dans laquelle un Scaurus est nommé). — Mummius, le destructeur de Corinthe, termina ses jours à Délos. Appien, *De bell. civil.*, I, 37.

[3] On voit (C. I. Gr., 2334) qu'un Syracusain habitant Délos procura à la confédération des insulaires une somme en drachmes rhodiennes sans rien prélever pour le change. On lui éleva une statue.

à lui porter leurs présents. C'était, après plusieurs Ptolémées[1], Mithridate Evergète, père de Mithridate le Grand[2]. C'était enfin ce grand Mithridate[3], le futur destructeur de la ville sainte.

Pendant que de nouvelles offrandes venaient chaque jour enrichir Délos et que les Théories la visitaient encore, une classe d'hommes toute nouvelle, celle des savants, s'y portait déjà, moins pour y prier, que pour admirer et s'instruire. Cicéron, qui la visitera bientôt, étudiera jusqu'au dernier de ses acrotères[4]. Ces admirations enrichissent toujours un peu le pays qui les provoque. Ainsi la dévotion, qui n'était pas encore éteinte, et la curiosité plus observatrice du scepticisme grandissant s'unissaient pour augmenter cette prospérité merveilleuse.

La quiétude de l'île sainte ne fut troublée qu'un instant, vers la fin de l'olympiade 161; les esclaves se soulevèrent dans presque tout l'empire, en Attique[5], et, pendant qu'Eunus tenait campagne en Sicile, à Délos[6]. La révolte fut étouffée au commencement de la 162e ol. (vers 132 av. J.-C).

[1] Ptolémée Physcon est mentionné dans une inscription délienne C. I. Gr., 2285. Une dédicace a été faite sur le Cynthe en l'honneur de Ptolémée Evergète 2 (Inscr. du Cynthe, n° 11).

[2] C. I. Gr. 2271.

[3] C. I. Gr. 2277.

[4] Cic., *Ep.*, l. V, 12, 13.

[5] Cf. Dumont, *Archontes ath.*, p. 43. — Hérakleitos (qui fut archonte en 111) était prêteur quand les esclaves se révoltèrent en Attique. Cette révolte, d'après la discussion de Corsini, doit être fixée aux environs de l'olympiade 162.

[6] Diod. sic., XXXIV, 2, 19.

Délos était donc tout-à-fait prospère lorsque Mithridate fit la guerre aux Romains. Athènes soutint le roi de Pont, Délos resta fidèle à Rome. On ignore comment Athènes fut séparée ainsi d'une île pleine d'Athéniens. Peut-être les Romains et les Italiens, fort nombreux aussi, ont-ils maintenu le reste de la population ; peut-être furent-ils soutenus par une garnison ou par une flotte romaine.

Délos fut donc enlevée aux Athéniens, qui envoyèrent Apellicon pour la réduire[1]. Cet érudit s'improvisa général. Philosophe péripatéticien, et de plus archéologue, il aimait à recueillir de vieilles inscriptions, et n'aurait jamais dû tenter d'autres conquêtes. Pendant qu'il menait son expédition plutôt comme une procession que comme une armée, et qu'assiégeant Délos munie d'un rempart provisoire[2], il ne songeait ni à se retrancher lui-même, ni à garder les derrières de l'île, le propréteur romain Orbius ou Orobius, qui défendait la ville, le surprit, dispersa toutes ses troupes, presque sans combat, et prit ses machines de guerre. Apellicon s'échappa, et les vainqueurs érigèrent un trophée avec une inscription commémorative.

Les armes romaines plutôt encore que la protection d'Apollon avaient épargné à Délos un désastre, mais pour quelques mois à peine. Archélaüs, général de Mithridate, soumit les Cyclades, prit Délos, extermina vingt mille habitants, la plupart italiens, et transporta

[1] ATHÉN., V, 211, 214, 215, d'après Poseidon d'Apamée.

[2] Si Délos n'avait pas été quelque peu fortifiée, Apellicon, tout mauvais général qu'il était, ne se serait pas muni d'une hélépole.

dans Athènes le trésor sacré[1]. Cette dévastation fut complète : on massacra non-seulement les métèques, mais les Déliens eux-mêmes, et l'on réduisit leurs femmes et leurs enfants en esclavage. On pilla tous les comptoirs des négociants, tous les trésors des dieux, et l'on s'acharna même contre leurs temples. On brisa leurs statues, on les jeta à la mer, et l'une d'elles, si l'on en croit la tradition, aborda au cap Malée, où elle fut recueillie. En un instant l'île sainte devint un désert[2].

Athènes allait tomber au pouvoir de Sylla en 86 av. J.-C. Le sac de Délos est un peu antérieur à cette date. L'île, ruinée et sans doute à peu près vide d'habitants, fut rendue aux Romains à la paix de 84 av. J.-C.[3]

Mithridate fut donc trois ou quatre ans maître de Délos. Deux inscriptions datent de cette époque[4]. L'une est dédiée à Nicomède III, l'autre à Mithridate, par un gymnasiarque d'Athènes. Il est probable qu'Athènes administrait alors Délos comme un ville conquise, et que ces deux inscriptions sont du commencement de l'année 87.

[1] PLUT., *Sylla*, 10 et suiv. — APPIEN., *De bell. Mith.*, 28. — FLORUS, III, 8. — STRAB., 486. — Suivant Appien, c'est Archélaüs qui détruisit la ville. Le nom de Néoptolème est cité par Florus; enfin, Pausanias nomme Ménophane. Ce Ménophane doit être le même que Métrophane qui, d'après Appien, conquit l'Eubée. Il est probable qu'Archélaüs commandait en chef et que ses lieutenants, Néoptolème et surtout Ménophane, ont présidé au sac de Délos. On lit dans Strabon qu'elle fut pillée par les généraux de Mithridate.

[2] PAUS., loc. cit.

[3] STRAB., loc. cit.

[4] C. I. GR., 2279, 2277.

§ II. *Depuis 84 av. J.-C. jusqu'à 117 ap. J.-C. — Délos sous la protection romaine. — Délos rendue aux Athéniens.*

Il est rare qu'un état périsse en une fois. Délos, rendue aux Romains, redevint assez riche pour tenter la convoitise des pirates. En révolte contre les lois et les religions du monde ancien, ils semblent s'être fait une gloire d'en piller les sanctuaires les plus augustes : maîtres des Cyclades, ils n'eurent garde d'épargner Délos. Un an après la naissance de Virgile (ol. 177, 4; 69 av. J.-C.), pendant que Lucullus triomphait de Tigrane et de Mithridate, le pirate Athénodore[1] emmenait les Déliens en esclavage; et les statues en bois de leurs dieux, si vénérées par la dévotion païenne, étaient encore une fois renversées, mutilées, brisées. Caïus Triarius, légat romain, releva Délos et la fortifia. Il était un peu tard : dès 66, les pirates, réduits par Pompée, n'étaient plus à craindre, et désormais Délos ne sera pas assez riche pour avoir des ennemis.

Cependant il lui restait encore de quoi tenter ses amis. Verrès, qui la visita, ne dédaigna pas les restes de son antique opulence. Inaugurant cette ère de rapines qui ne se fermera pas de si tôt, il fit enlever nuitamment plusieurs statues, mais il ne put les embarquer [2], et, comme des déprédateurs plus modernes,

[1] Photius, citant Phlégon de Tralles. Cod. 97, éd. cit., p, 83.

[2] Cic., *Verr.*, *de Prætura urbana*, 17, 18. — *De Suppliciis*, 72.

il encourut le double reproche et d'avoir profané des monuments vénérés, et d'avoir sans profit mutilé des œuvres d'art.

Recouvrée par Sylla, conquise par les pirates, délivrée par Pompée, Délos fut mise sous la protection des Pariens. On le sait par un décret que Flavius Josèphe a reproduit [1]. Sur le point de combattre en Afrique Scipion et Caton, César, par suite de son alliance avec Hyrcan, roi de Judée, rendit plusieurs décrets pour assurer aux Juifs le libre exercice de leur culte dans l'empire romain. Ces décrets, déposés au Capitole, sont de 48 ou de 47 avant Jésus-Christ. L'un d'eux, qui concerne Délos, a été notifié aux Pariens, chargés de l'exécuter. De passage à Délos, César avait écouté les plaintes des Juifs qui l'habitaient, métèques ou citoyens; et il enjoignit aux archontes, au sénat, au peuple de Paros, de laisser aux Israélites déliens toute liberté pour l'exercice de leur culte et l'organisation de leurs thiases. Délos avait donc été enlevée aux Athéniens, sans doute par Sylla, et ne leur était pas encore rendue. Ce décret prouve aussi qu'il y avait encore des Juifs à Délos, et, par conséquent, du commerce.

L'année précédente (49 ans avant Jésus-Christ), les Déliens, obéissant à M. Pison, chargé de lever des troupes dans leur île, avaient eux-mêmes porté et daté du nom de leur archonte Βοιωτός, un décret dispensant du service militaire les Juifs citoyens romains [2]. Quoi-

[1] FLAV. JOSEPHE., *Ant. Jud.*, XIV, 10, 8. La seconde partie du décret ne s'accorde pas avec le commencement et doit appartenir à un autre document un peu postérieur au premier.

[2] FLAV. JOSEPHE, *op. cit.*, XIV, 10, 14.

que Délos fût placée sous le protectorat des Pariens, elle avait donc conservé le droit de s'administrer et de nommer ses archontes.

Il est probable que César la rendit aux Athéniens, car on a relevé dans l'île une inscription dédiée par le peuple athénien au roi Ariobarzane III, qui mourut en 42 avant Jésus-Christ [1]. Une autre inscription [2] des Athéniens et des habitants de Délos, en l'honneur de César Impérator, fils de Jules, est de l'an 28 avant Jésus-Christ, année pendant laquelle Octave, déjà Impérator, n'est pas encore Auguste.

L'île est alors gouvernée par les épimelètes athéniens, et les noms des archontes athéniens servent à dater les actes publics. On connaît au moins cinq noms d'archontes athéniens inscrits à Délos, à peu près contemporains du Christ: (Διονύσιος, Λυκίσκος, Διότιμος, Ἰσιγενὴς, Ναυσίας [3]. L'archontat de Zénon figure aussi sur les marbres déliens. On connaît deux Zénon : l'un est de 54 av. J.-C. ; l'autre de l'an 41 de l'ère chrétienne [4]. C'est du second sans doute qu'il est fait mention à Délos. Il était contemporain de l'épimélète Alexandre [5]. Il faut reporter à cette période, un peu avant l'ère chré-

[1] C. I. Gr., 2280.

[2] C. I. Gr., 2282.

[3] Dionysios est de l'an 7 av. J. C.; Lyciscos de l'an 8 av. J.-C.; Diotimos de l'an 11 av. J.-C.; Isigène de l'an 2 av. J.-C.; Nausias de l'an 9 av. J.-C. — Boeckh les a pris pour des archontes déliens. Cette erreur évidente d'un savant qui se trompe si rarement, a été réfutée surtout par M. Dumont. Cf. les inscr. du Cynthe, n° 17.

[4] Alb. Dumont, *op. cit.*, loc. cit.

[5] C. I. Gr., 2287.

tienne[1], le nom d'un Myron qui appartenait peut-être à la famille du célèbre statuaire.

Toutes les fonctions religieuses étaient alors, comme les magistratures civiles[2], occupées par des Athéniens; et, lorsque la population se fut en grande partie retirée de l'île, Athènes ne cessa pas néanmoins d'entretenir ses temples et d'y consacrer de nombreuses offrandes. Cela nous explique pourquoi tant d'inscriptions trouvées aujourd'hui à Délos, datent de cette époque.

En même temps, l'île faisait encore quelque commerce et recevait les visites des amateurs d'antiquités. « Des Athéniens et des Romains habitant ou voyageant dans l'île, » « des marchands, » « des étrangers, » y dédièrent plusieurs inscriptions, surtout aux épimélètes.

Toutefois la ruine de Délos était consommée. Sa déchéance était définitive, car les Romains n'avaient plus aucun intérêt à l'en relever. Ils avaient fait de Délos, à une époque antérieure, l'entrepôt de leur commerce avec l'Orient; mais ce commerce suivait d'autres voies. D'une part, l'Égypte et souvent la Syrie communiquaient directement avec Rome; et, de l'autre, les places de la mer Egée, Rhodes surtout et Mitylène, se souciaient peu de recourir à l'intermédiaire de Délos; enfin la civilisation se développant au nord du monde grec, entre la mer Egée et le pont Euxin, Thessalonique et Byzance furent les nouveaux marchés sur lesquels l'Orient et l'Occident se rencontrèrent. En face de la Grèce appauvrie, Délos resta isolée.

[1] Cf. C. I. Gr. 2284.

[2] Sur ces magistratures, cf. les inscr. du Cynthe, n°s II, III, VIII et *passim*.

La religion lui attirait aussi moins d'hommages qu'autrefois. Les rois d'origine grecque, magnifiques comme des parvenus, désireux de se concilier par des largesses les dieux de leur race, et les rois barbares, qui s'alliaient aux Hellènes et les flattaient en vénérant leurs sanctuaires, furent remplacés par des gouverneurs romains sceptiques et avides. Alors l'Egypte, la Syrie, le Pont, la Macédoine, cessèrent d'envoyer leurs offrandes à Délos. Les Grecs eux-mêmes, dans leur abaissement et dans leur misère, n'avaient plus ni le moyen ni le désir d'enrichir encore cette petite île athénienne. Quant aux Romains, ce qu'on pouvait leur demander, c'était de ne pas la piller eux mêmes.

Athènes, il est vrai, y accomplissait toutes les cérémonies prescrites [1]; mais la confiance et par conséquent la joie manquaient à ces solennités, et qu'était-ce que des fêtes déliennes célébrée sans allégresse? Sans doute, un culte formaliste et comme machinal, rendu par de mornes adorateurs à un dieu qui n'avait su protéger ni la Grèce, ni son propre sanctuaire: des chants entendus jadis par des ancêtres, « beaux comme les dieux, » aimés par la Grèce libre, écoutés maintenant avec une tristesse que ravivait le souvenir du passé. A force d'être répétée sans joie ni conviction, la légende d'Apollon est devenue banale au point que Virgile la dédaigne [2].

Les sacrifices des Hyperboréens ont cessé [3]. Peut-

[1] PAUS., VIII, 331. — STRAB., 48, 6.
[2] Cf. p. 247.
[3] MÉLA, III, 17. — Pourtant on voit dans Pausanias que les présents hyperboréens étaient encore transportés de Prasiæ à

être ne reste-t-il plus assez de jeunes filles déliennes pour former les chœurs chargés de les accueillir. La Grèce n'interrompt point ses fêtes traditionnelles, comme pour se prouver à elle-même qu'elle existe encore; mais ses pompeuses cérémonies, réglées par l'usage, qui ne relèvent aucune espérance et n'inspirent aucune poésie, ont perdu leur sens.

Le monde ancien ne fut pas insensible au spectacle de cette infortune. Il est facile de plaindre les grandeurs disparues, et ce lieu commun a été traité par quelques poëtes. C'est Tibulle, qui voit avec tristesse les navires passer devant Délos sans s'y arrêter[1] ; c'est Apollonidès ou Antipater de Thessalonique déplorant le sort de Délos, devenue moindre que Tinos[2]; c'est plus tard Alphée de Mitylène[3] qui la réhabilite, malgré sa misère présente, au nom de son glorieux passé. Les historiens se contentent de constater cette décadence. On lit dans Strabon que Délos ne se releva jamais du coup qui lui fut porté par Ménophane[4]; et, dans Pausanias[5], que les Athéniens préposés à la garde des temples sont les seuls habitants de l'île sainte.

Les chrétiens, Tertullien[6] et les Pères de l'Eglise de-

Délos. Sans doute les sacrifices par lesquels on accueillait ces présents étaient tombés en désuétude. Peut-être aussi les Antonins ont-ils remis en vigueur certaines cérémonies auparavant négligées.

[1] TIBUL., *Eleg.*, II, 3, 30.

[2] *Anthol. gr.*, éd. Bosch, 1795, t. 58, ép. I.

[3] ID. *ibid.*, ép. III.

[4] STRAB., 485, 486.

[5] PAUS., VIII, 33, 1.

[6] *De Pallio*, 2.

vaient triompher bientôt de cet abaissement que les sibylles avaient prédit [1], car les oracles sibyllins, remplis de prophéties menaçantes pour le paganisme, leur semblaient inspirés par un esprit de vérité. Enfin, la philosophie de Lucien, plus cruelle, n'épargna pas cette vieille gloire du paganisme [2].

Parmi tous ces témoignages, les plus anciens, ceux qui datent d'Auguste ou de Tibère, représentent Délos comme une petite ville, et les inscriptions prouvent en effet qu'elle avait encore à cette époque un peu de commerce. Pausanias, qui écrit après Hadrien, puis les Pères de l'Eglise attestent que Délos est déserte. Sans doute, la vie s'en est peu à peu retirée. Elle reste toujours entre les mains d'Athènes. Strabon, contemporain de Tibère, l'affirme [3]; et lorsqu'en 74, Vespasien créa une province des îles, Délos ne fut point mentionnée.

§ III. *Depuis l'avénement d'Hadrien (117 apr. J.-C.), jusqu'à la mort de Julien (363 apr. J. C.)*

Tous les témoignages postérieurs au second siècle, et par conséquent à l'avénement d'Hadrien, prouvent que Délos n'avait déjà presque plus d'habitants. Un texte de Stéphane de Byzance a pu faire croire à quelques érudits qu'Hadrien avait relevé la ville sainte. L'auteur

[1] Vid. p. 13.

[2] LUCIAN., *Dial. mar.*, X.

[3] STRAB., loc. cit. — Vers la fin du règne de Claude, un Athénien, Novius, fils de Philinus, est prêtre d'Apollon Délien pour la vie. Cf. C. I. Gr., 381.

qualifie de Τόπος ἐν Δήλῳ [1], un temple de Jupiter Olympien qu'Hadrien a restauré. Mais la suite du passage prouve que ce temple, « situé dans la nouvelle Athènes d'Hadrien, » est l'olympieion d'Athènes. On sait en effet que Athènes fut divisée en deux villes, la ville de Thésée et la nouvelle Athènes d'Hadrien, et que le temple de Jupiter Olympien se trouve dans cette dernière. Pausanias, qui ne vit d'autres habitants à Délos que les Athéniens préposés à la garde du temple, rapporte qu'Athènes refleurit sous Hadrien [2]. C'est donc par erreur que le nom de Délos s'est glissé dans ce texte écrit par Stéphane ou par son abréviateur Hermolaüs.

Mais pourquoi cette erreur? Peut-être ont-ils songé, sans y prendre garde, à quelque temple qu'Hadrien aurait édifié ou restauré à Délos; car il est vraisemblable, même en l'absence de toute preuve directe, qu'Hadrien s'est intéressé à ces vieux sanctuaires, si augustes aux yeux des païens. Du reste, des jeux déliens sont mentionnés une fois dans une inscription qui semble dater de cette époque [3]. Citons aussi une inscription postérieure au règne d'Hadrien, qui a été consacrée dans le gymnase de Délos [4] : mais elle prouve seulement qu'Athènes n'avait pas perdu l'habitude de placer dans l'île sainte des dédicaces et des catalogues.

En tout cas, nous pensons que, vers la fin du paganisme, les sanctuaires de Délos, sans doute les plus anciens

[1] STEPH. BYZ., Ὀλυμπίειον. L'auteur cite Phlégon de Tralles.
[2] PAUS., I, 20, *in fine*.
[3] HEYDEMANN, *op. cit.*, n° 235.
[4] C. I. GR., 2309. On y trouve la mention des fêtes éleusiniennes d'Antinoüs, et celle du dème Hadrianide.

furent remis en honneur. On consulta l'oracle du Cynthe ; on offrit des victimes à l'autel d'Apollon Génitor [1].

L'oracle sembla même assez auguste aux yeux de Julien pour qu'il le fît interroger, avec les plus célèbres, avant d'aller combattre les Perses [2].

Julien mort (en 363), le paganisme s'éteint, et Délos n'a plus d'histoire. Une mention très-sèche de Pomponius Festus [3], un texte d'Hiéroclès [4], qui place Délos avec Athènes dans l'éparchie de la Hellade, ne nous apprennent pas si l'île sainte avait encore un seul habitant.

Ses monuments furent désertés et quelques-uns rasés. L'oracle du Cynthe, le temple de Sérapis, les sanctuaires du dernier jour, furent détruits non par la cupidité, mais par la colère des hommes. L'aspect de leurs ruines, nivelées en partie à la hauteur du sol, nous le prouve. Partout ailleurs, et jusqu'au fond des solitudes, une innombrable quantité de chapelles ou d'églises s'élèvent sur les emplacements des anciens temples. A Délos, on n'en rencontre pas une seule.

Cet abandon, unique dans toute la Grèce, nous étonne. Peut-être quand le christianisme triompha, ne se trouva-

[1] Cet oracle, cet autel sont mentionnés surtout par les auteurs païens de la décadence et par les premiers écrivains du christianisme. Cf. CYRILLE, *Adv. Jul.*, IX, 307, b.

[2] THÉODORET., III, 21. Himère, contemporain de Julien, mentionne cet oracle et cite quelques-unes des traditions retenues par les habitants de l'île, qui le signalent au respect des païens. Cf. p. 108.

[3] Comment. au vers de Lucilius :
Inde Dicearchi populos, Delonque minorem (L. III, 17.)

[4] HIÉROCLÈS, *Synec.*, p. 645.

t-il dans l'île sainte des païens aucune famille convertie pour élever une chapelle sur les débris d'un vieux temple et prier à la même place que ses ancêtres. Personne non plus ne vint habiter parmi ces édifices qui avaient vu naître, prospérer, et lutter jusqu'au dernier jour les divinités du paganisme, vaincues, mais encore redoutées et considérées comme des génies malfaisants. La religion nouvelle voulut que l'oracle des livres sibyllins s'accomplît, et que l'île brillante devînt invisible [1], sans une croix pour arrêter les regards. Elle renversa quelques temples, et, du reste, elle abandonna l'île à ses dieux. Cet effet de sa vengeance dut suivre de près la mort de Julien.

Nous terminons ce récit à la chute du paganisme, quand les maisons de Délos n'ont plus un habitant, ni ses temples un serviteur. Plus tard, son histoire n'est que celle de ses ruines et de leur destruction lente. On y passe, on les pille, on n'y réside pas : qu'importent les noms de leurs maîtres ?

[1] *Orac. Sib.*, éd. Alex., l. III. 363 ; IV, 92 ; VIII, 165.

[2] Si l'on désirait cependant faire l'histoire de Délos au moyen-âge, il faudrait consulter à Venise les archives inédites dei Frari, et les collections particulières où l'on pourrait trouver des marbres venus de Délos. Voici les dates qui devraient marquer les subdivisions de cette histoire. Les Scythes et les Goths ravagent les Cyclades en 376 sous Valens. Elles sont ensuite pillées par les Sarrasins. — En 727 les îles se révoltent contre l'iconoclaste Léon l'Isaurien. — En 769, invasion des pirates Esclavons. — En 821 les pirates Agarénens venus d'Espagne, s'établissent en Crète, et de là, pendant 135 ans infestent les Cyclades. — Après la conquête de Constantinople, Venise donne les îles à ceux des siens qui pourront s'en emparer. André et Jérôme Ghizzi prennent Tinos, Scyros

§ IV. *Conclusion.*

L'histoire nous offre peu de cités dont la destinée ait été aussi mélangée de splendeur et de misère. Rien de plus heureux, de plus brillant en apparence que cette Délos, chantée par les poètes, vénérée par les peuples et les rois, et recevant durant de longs siècles, parmi les sacrifices et les fêtes, les prières et les hommages du monde hellénique. Rien d'aussi précaire, d'aussi misérable en réalité que le sort de cette cité sans puissance et sans courage, convoitée, dominée, envahie par les Athéniens, replacée sous leur joug par leurs ennemis mêmes qui ne daignent pas l'affranchir, et la rendent à ses anciens maîtres comme une possession sans valeur. Cette histoire de Délos est celle de sa propre servitude et de l'injustice d'Athènes.

Elle est peu faite pour honorer l'un et l'autre peuple. Les Athéniens ont occupé Délos sans droit et sans

Scopelos, Mykonos. — En 1207, Sanudo est créé duc de l'Archipel (Ducanisia). — Les hospitaliers de St-Jean occupent Délos, CANTACUZÈNE, *Hist.*, l. IV, et PONTANUS, ad. cap. II. lib. 42, Hist. Cantac. — Cf. TOURNEFORT, *op. cit.*, vol. I, p. 318. On a même cru, mais à tort, que les murs de soutènement du plateau du Cynthe avaient été ceux d'un de leurs châteaux. Les hospitaliers ont peut-être habité la grande Délos, c'est-à-dire Rhénée. — En 1566, la principauté de l'Archipel est donnée par Sélim II au juif Michel Nassy. — Les îles deviennent ensuite indépendantes, en payant l'impôt, et sont gouvernées par des épitropes nommés tous les ans. — En 1774 les Russes occupent l'archipel et bâtissent un consulat à Mykonos. Vient ensuite la guerre de l'indépendance. Cf. LACROIX, *op. cit.*, p. 435, 436.

lutte; ils en ont chassé les habitants sans autre raison que leur convenance, en colorant une odieuse usurpation par des sophismes dont eux-mêmes n'étaient pas dupes. Ils en ont mendié la restitution à leurs ennemis particuliers ou même à ceux de la Grèce entière.

La conduite des opprimés ne leur mérite non plus aucune estime. Jouets d'événements qu'ils n'ont jamais su diriger, ils n'ont jamais honoré leur défaite par un simulacre de résistance armée; et le seul exploit que l'on connaisse d'eux, c'est d'avoir frappé des amphictyons d'Athènes. Il n'y a pas de cité grecque qui ne fasse meilleure figure : les plus faibles ont su résister et combattre, les plus abandonnées ont rencontré, avant de périr, des alliances ou des sympathies. L'île sainte, placée au centre du monde grec, ne trouve, ni en elle-même, ni au dehors, une force qui la protége. Rien de si honoré que sa théocratie, rien de si impuissant.

Cela tenait surtout à l'esprit même de la religion grecque. Composée de traditions diverses et souvent opposées, elle fut trop hospitalière à toutes sortes de dieux pour préposer à la conservation de cultes immuables des théocraties fortement organisées. Elle n'eut guère de dogmes; et, si quelquefois des colléges conservèrent le dépôt d'antiques vérités religieuses, tous les magistrats ayant plus ou moins un caractère sacerdotal, on ne reconnut pas de différence tranchée entre le prêtre et le citoyen. Les prêtres qui ne formaient pas une caste spéciale, étaient faciles à remplacer, et les sanctuaires pouvaient changer de ministres sans que la religion fût en rien menacée. C'est ainsi qu'aux yeux des Grecs qui apportaient leurs offrandes à Délos, peu importait que le temple fût desservi par un Athénien ou par un prêtre de race délienne.

Le prestige des hommes sacrés, compatriotes d'Apollon, suffit d'abord à les protéger. Bientôt l'Athénien, né railleur, tout en adorant Apollon et Artémis, n'eut plus assez de foi pour vénérer leurs parasites. Quand il s'agit de les chasser, Apollon, comblé de présents, laissa faire, du moins il ne réclama qu'une seule fois. La Grèce ne se montra pas plus exigeante : elle admirait les Théories athéniennes, et quand la religion d'un peuple est tout art et toute poésie, satisfaire ses regards et son imagination par la pompe du spectacle devient le meilleure titre pour présider au culte de ses dieux. Point d'objection tirée des intérêts politiques. A quoi bon empêcher Athènes de jeter son or sur un îlot stérile, dans une cité ouverte, sans remparts et sans force militaire ? Le sort de Délos était fixé d'avance, c'était d'être vénérée et asservie.

Les Déliens eurent le sentiment de leur faiblesse et, ne pouvant lutter, ils s'abandonnèrent. Dès Anios et la guerre de Troie, ils vantaient la paix, mère de l'abondance et de la sécurité ; plus tard, ils n'eurent garde de renier leurs antiques traditions. Ils n'avaient pas l'habitude de donner, sur les champs de bataille, cette mort qui était exclue de leur territoire, et leur sang ne l'a jamais souillé.

Nous en savons trop peu sur la constitution de la cité délienne pour connaître les secrets de son organisation et ses moyens de résistance. Dans cette cité à laquelle Aristote a consacré un livre spécial, nous ne connaissons que des magistratures analogues à celles des autres pays. Si Délos, à l'époque historique, avait eu, comme au temps d'Anios, un prêtre roi, peut-être aurait-il été difficile aux Athéniens de le renverser, et surtout de le remplacer.

On comprend donc pourquoi des villes religieuses telles que Délos, qu'Amyclées, qu'Eleusis ont été si facilement conquises ; on est surpris seulement que de si faibles cités aient vu naître et prospérer de si puissantes religions. Delphes est la seule ville sainte qu'il n'ait pas été facile de réduire. Elle dut sans doute cette force de résistance à son collége de prêtres puissamment organisé, au conseil des amphictyons, à l'influence quotidienne de son oracle religieux et politique. Et encore Delphes, surprise un moment par les Phocidiens, serait-elle restée en leur pouvoir, si la Grèce avait pu voir de sang froid piller les trésors d'un temple aussi riche, et si des raisons toutes macédoniennes n'avaient invité Philippe à ressusciter les vieilles prérogatives de l'amphictyonie.

Revenons à Délos. Ses enfants, nous le savons, n'ont jamais prétendu à la gloire militaire ; elle n'a produit aucun grand capitaine, et peut-être aucun homme politique. Elle n'est guère plus riche en littérateurs, en philosophes, en artistes qu'en héros. Un historien, Sémus, un poète, Dinarque, voilà les seuls Déliens dont l'obscur souvenir puisse être rappelé. Quelle est la cause de cette stérilité? Nous savons pourquoi les Déliens n'ont pas été des hommes d'action ; mais pourquoi, dans le sein de leur oisiveté sacrée, ne se sont-ils pas créé d'honorables, de glorieux loisirs?

Cela pourrait s'expliquer par la rareté des talents supérieurs et par la petitesse même de l'île, si les grands artistes n'avaient pas abondé en Grèce, et si l'exiguïté de Délos n'avait pas été compensée par sa nombreuse population. Il semble donc que cette race, élevée dans la paix et dans l'abondance, loin de toute image funeste, au son des hymnes et des fêtes et parmi ces temples peuplés de dieux, aurait dû s'élever au-dessus des préoccupations habituelles de l'humanité, et, saisie d'émulation, ajouter à cette dîme sacrée des chefs-d'œuvre que la Grèce lui envoyait. Loin de là, ce sont les fonctions les plus prosaïques et parfois les métiers les moins avouables qu'adoptent soit les Déliens, soit les Athéniens implantés à Délos : parasites, cuisiniers, marchands d'esclaves, faiseurs d'eunuques.

Cela tint à la vie qu'ils menaient, trop facile et trop exclusivement envahie par les soins du culte. Pour qu'une réunion d'hommes protégés et nourris par une religion se maintienne dans la dignité de ses sentiments et la pureté de sa morale, il est nécessaire que ce culte leur enseigne l'ascétisme et le renoncement, peu connus de Phébus-Apollon et de ses ministres. Vivant largement de l'autel, les Déliens s'amollissaient au sein de cette abondance et devenaient avides de cet argent qui affluait vers eux sans demander ni fatigues, ni périls. Les moins cupides, se résignant à leur oisiveté, s'attablaient aux festins des dieux, et laissaient couler comme un rêve ces jours pleins de fêtes auxquels ils ne prévoyaient d'autre terme qu'une douce mort tardivement envoyée par Apollon. Les autres ne songèrent qu'à s'enrichir sous la protection de leurs temples. S'il y eut à Délos des âmes plus vertueuses et plus fermes, elles furent découragées par le spectacle de leur impuissance, et, du reste, elles ne reçurent pas l'éducation qui, dans les autres cités grecques, formait les talents en trempant les caractères. Délos n'a pas connu ces fatigues guerrières, ces luttes de la place publique qui donnent de l'énergie aux esprits, surexcitent leur activité, et leur communiquent, avec l'amour de la patrie, le désir ardent de lui consacrer des chefs-d'œuvre. Tirant toute sa gloire du dehors, Délos n'avait rien à demander à ses enfants, et dans cette cité incomplète, les âmes ont manqué de ressort.

Le sentiment religieux y fut lui-même frappé de stérilité. On voit les Déliens courir à la rencontre des Théories avec un tel désordre qu'ils empêchent les processions de se former; c'est l'empressement des foules vers le spectacle qui les attire plutôt que le recueillement d'une foi profonde. Vivre trop près d'une religion en émousse la poésie. Ce dieu, dont on fait chaque jour le service, n'inspire plus; on a vécu trop familièrement avec ses mystères, on a parcouru trop souvent tous les détours de son temple; ses légendes se décolorent, l'imagination s'éteint, et l'esprit, rassasié de détails précis, ne sait plus comment embellir un culte qu'il a malgré lui pénétré jusqu'au fond. Une adoration monotone, sans répit, ni diversion, épuiserait le plus religieux des poètes. Aussi Délos, où tant d'hymnes furent chantés, ne paraît pas en avoir produit elle-même. Aux étrangers à célébrer Apollon, aux Déliens à préparer ses tables.

Délos inspira donc le monde hellénique tout entier excepté les Déliens. Un bien-être sans gloire, telle a été leur condition, et leur histoire n'est que celle des empiétements d'Athènes. Cette histoire intéresse l'archéologie religieuse et l'épigraphie, surtout des magistratures athéniennes; elle est, du reste, d'une complète stérilité. Mais, à nos yeux, l'histoire de Délos est celle de la mythologie, de la poésie, de l'art hellénique, des cultes importés dans l'île sainte et qui s'y développèrent, des hymnes qu'elle inspira, des statues et des temples qui lui furent consacrés par les peuples et par les rois. Cette cité naquit, grandit et s'éteignit avec le paganisme; et maintenant encore, la ville sainte d'Apollon, où ne s'élève parmi les ruines des temples aucun sanctuaire chrétien, semble être restée fidèle à son dieu.

TABLE DES MATIÈRES

PREMIÈRE PARTIE.

Archéologie.

DEUXIÈME PARTIE.

PREMIÈRE SECTION.

Mythologie, Poésies et Fêtes.

DEUXIÈME SECTION.

Histoire.

VERSAILLES. — IMP. CERF ET FILS, 59, RUE DU PLESSIS

Revue Générale de l'Architecture et des Travaux Publics _ 51, Rue des Écoles, Paris.
Dirigée par Mr CÉSAR DALY, architecte
Vol. XXXIème de la Collection générale. (XXXVe ANNÉE DE LA FONDATION _ 1874) Quatrième Série _ Vol. 1_ Pl. 1.

A	Base de la Statue
B	Porte du Temple
C	Base de la Cortina
D	Mur d'appui
D'	Enceinte accessoire
E.E'	Escalier dans le roc
F.F	Mur d'appui du chemin G
G	Chemin montant vers l'escalier E'E'
H.H	Esplanade
K.K	Mur de façade du Temple
L	Partie supre du ravin
d.d	Entailles dans les arêtes du toit
c	Trou au charbon
i.i	Pierres équarries en place
m	Lieu où était une plaque de marbre
o	Trou où l'eau se rassemble
p	Hypèthre
q	Lieu où était du Charbon
r.r	Substructions probables de la sainte table

Echelle du Plan
0m 002 pr mètre

Emile Burnouf del. — Durand sc.

TEMPLE PRIMITIF D'APOLLON

A DELOS

Imp. A. Salmon ... Paris

A . Base de la Statue
B . Porte du Temple
C . Base de la Cortina
D . Mur d'appui
D' . Enceinte accessoire
E.E' Escalier dans le roc
F.F' Mur d'appui du chemin G
G . Chemin montant vers l'escalier E.E'
p . Hypèthre
q . Lieu où était du Charbon
r r Substructions probables de la sainte table
Echelle du Plan
L
E
S
N
Signal du mont Zikina de Tinos

TEMPLE PRIMITIF D'APOLLON

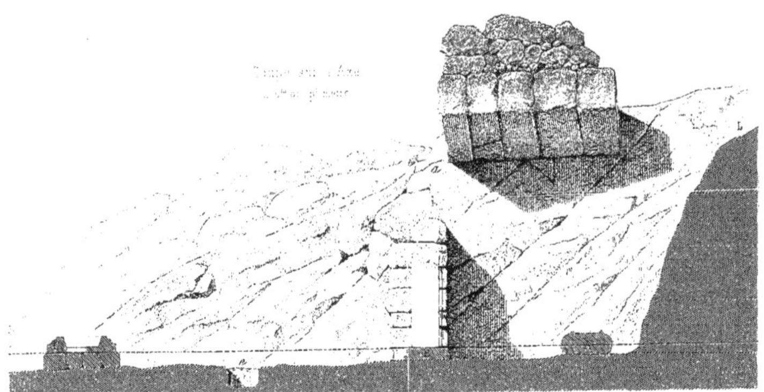

Emile Burnouf del. — A[ee] Guillaumot père sc.

TEMPLE PRIMITIF D'APOLLON

Imp. A. Salmon r. Vieille Estrapade 15, Paris

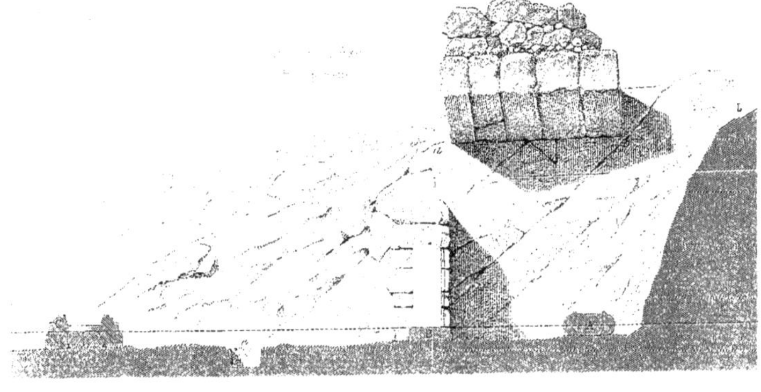

TEMPLE PRIMITIF D'APOLLON

AUBÉ (B.), *docteur ès-lettres*, etc. — **Saint Justin philosophe et martyr.** Essai de critique religieuse. De l'apologétique chrétienne au IIe siècle. 1 vol. in-8.. 7 fr.

CHAIGNET (A.-Ed.), *professeur à la Faculté des lettres de Poitiers.* — **Théorie de la déclinaison des noms en grec et en latin,** d'après les principes de la grammaire comparée. 1875. In-8.......... 4 fr.

DUMONT (Albert), *directeur de l'École française d'Athènes.* — **Inscriptions céramiques de Grèce,** 1870. 1 beau vol. gr. in-8, imprimé à l'Imprimerie nationale, contenant : six pages préliminaires, 445 de texte avec un très-grand nombre de caractères épigraphiques, près de 150 bois intercalés dans le texte, et 14 belles planches noires ou coloriées renfermant un grand plan d'Athènes, 4 fig. color. et 259 figures gravées. 18 fr.
Tiré à 150 exemplaires. Presque épuisé.

— **La population de l'Attique,** d'après les inscriptions récemment découvertes. 1872. In-4, 12 pages.................................. 2 fr.

— **Fastes éponymiques d'Athènes.** Nouveau mémoire sur la chronologie des archontes postérieurs à la CXXIIe olympiade; tableau chronologique et liste alphabétique des éponymes. 1874. Grand in-8........ 5 fr.

— **Peintures céramiques de la Grèce propre.** Recherches sur le nom d'artistes lus sur les vases de la Grèce. 1874. In-4.......... 7 fr. 50

— **Rapport sur un voyage archéologique en Thrace.** Gr. in-8 cavalier.. 3 fr.

— **Les vases peints de la Grèce propre.** Brochure grand in-8 2 fr.

— **Inscriptions et monuments figurés de la Thrace.** 1876. gr. in-8.. 6 fr.

FOUCART (P.), *ancien membre de l'École française d'Athènes, professeur au Collége de France.* — **Mémoire sur l'affranchissement des esclaves par forme de vente à une divinité, d'après les inscriptions de Delphes.** 1867. In-8.......................... 2 fr.

— **Sénatus-consulte inédit de l'année 170 avant notre ère.** 1872. Gr. in-8.. 2 fr.

JOLY (Henri), *professeur de philosophie à la Faculté des lettres de Dijon.* — **L'instinct, ses rapports avec la vie et avec l'intelligence.** Essai de psychologie comparée. *Deuxième édition*, revue, corrigée et augmentée. 1 beau vol. in-8.................................. 7 fr. 50
Ouvrage couronné par l'Académie française.

LALLIER (R.). — **De la condition de la femme dans la famille athénienne au Ve et au IVe siècle.** 1 vol. in-8..... 5 fr.

PERROT (Georges, *membre de l'Institut.* — **Essai sur le droit public d'Athènes.** 1 vol. in-8.................................. 6 fr.
Ouvrage couronné par l'Académie française.

PETIT DE JULLEVILLE (Louis), *professeur à la Faculté des lettres de Dijon.* — **Histoire de la Grèce sous la domination romaine.** 1875. 1 vol. in-8.. 7 fr. 50
Ouvrage couronné par l'Académie française et par l'Association pour l'encouragement des études grecques en France.

ROSSIGNOL (J.-P.), *membre de l'Institut, professeur de littérature grecque au Collége de France.* — **Des artistes homériques,** ou Histoire critique des artistes qui figurent dans l'Illiade et dans l'Odyssée. Grand in-8 3 fr.

— **Trois dissertations :** Sur l'inscription de Delphes citée par Pline ; sur l'ouvrage d'Anaximènes de Lampsaque, intitulé : *Des Peintures antiques* ; sur la signature des œuvres de l'art chez les anciens. In-8, avec une planche.. 3 fr.

VERSAILLES. — CERF ET FILS, IMPRIMEURS, RUE DU PLESSIS, 59

AUBÉ (B.), *docteur ès-lettres*, etc. — **Saint Justin philosophe et martyr.** Essai de critique religieuse. De l'apologétique chrétienne au IIe siècle. 1 vol. in-8.. 7 fr.

CHAIGNET (A.-Ed.), *professeur à la Faculté des lettres de Poitiers.* — **Théorie de la déclinaison des noms en grec et en latin,** d'après les principes de la grammaire comparée. 1875. In-8........ 4 fr.

DUMONT (Albert), *directeur de l'École française d'Athènes.* — **Inscriptions céramiques de Grèce,** 1870. 1 beau vol. gr. in-8, imprimé à l'Imprimerie nationale, contenant : six pages préliminaires, 445 de texte avec un très-grand nombre de caractères épigraphiques, près de 150 bois intercalés dans le texte, et 14 belles planches noires ou coloriées renfermant un grand plan d'Athènes, 4 fig. color. et 259 figures gravées. 18 fr.
Tiré à 150 exemplaires. Presque épuisé.

— **La population de l'Attique,** d'après les inscriptions récemment découvertes. 1872. In-4, 12 pages.................................. 2 fr.

— **Fastes éponymiques d'Athènes.** Nouveau mémoire sur la chronologie des archontes postérieurs à la CXXIIe olympiade ; tableau chronologique et liste alphabétique des éponymes. 1874. Grand in-8....... 5 fr.

— **Peintures céramiques de la Grèce propre.** Recherches sur le nom d'artistes lus sur les vases de la Grèce. 1874. In-4......... 7 fr. 50

— **Rapport sur un voyage archéologique en Thrace.** Gr. in-8 cavalier.. 3 fr.

— **Les vases peints de la Grèce propre.** Brochure grand in-8 2 fr.

— **Inscriptions et monuments figurés de la Thrace.** 1876. gr. in-8.. 6 fr.

FOUCART (P.), *ancien membre de l'École française d'Athènes, professeur au Collége de France.* — **Mémoire sur l'affranchissement des esclaves par forme de vente à une divinité, d'après les inscriptions de Delphes.** 1867. In-8.......................... 2 fr.

— **Sénatus-consulte inédit de l'année 170 avant notre ère.** 1872. Gr. in-8.. 2 fr.

JOLY (Henri), *professeur de philosophie à la Faculté des lettres de Dijon.* — **L'instinct, ses rapports avec la vie et avec l'intelligence.** Essai de psychologie comparée. *Deuxième édition*, revue, corrigée et augmentée. 1 beau vol. in-8................................ 7 fr. 50
Ouvrage couronné par l'Académie française.

LALLIER (R.). — **De la condition de la femme dans la famille athénienne au Ve et au IVe siècle.** 1 vol. in-8..... 5 fr.

PERROT (Georges, *membre de l'Institut.* — **Essai sur le droit public d'Athènes.** 1 vol. in-8...................................... 6 fr.
Ouvrage couronné par l'Académie française.

PETIT DE JULLEVILLE (Louis). *professeur à la Faculté des lettres de Dijon.* — **Histoire de la Grèce sous la domination romaine.** 1875. 1 vol. in-8.. 7 fr. 50
Ouvrage couronné par l'Académie française et par l'Association pour l'encouragement des études grecques en France.

ROSSIGNOL (J.-P.), *membre de l'Institut, professeur de littérature grecque au Collége de France.* — **Des artistes homériques,** ou Histoire critique des artistes qui figurent dans l'Iliade et dans l'Odyssée. Grand in-8 3 fr.

— **Trois dissertations :** Sur l'inscription de Delphes citée par Pline ; sur l'ouvrage d'Anaximènes de Lampsaque, intitulé : *Des Peintures antiques* ; sur la signature des œuvres de l'art chez les anciens. In-8, avec une planche.. 3 fr.

VERSAILLES. — CERF ET FILS, IMPRIMEURS, RUE DU PLESSIS, 59

www.ingramcontent.com/pod-product-compliance
Ingram Content Group UK Ltd.
Pitfield, Milton Keynes, MK11 3LW, UK
UKHW021847190726
13855UKWH00001B/185

9 782013 358880